U0633102

普通高等学校"互联网+"立体化教材

大学体育数字化教程

主编 郭荣 唐杨 郭孝君

北京体育大学出版社

策划编辑：邓梓维
责任编辑：姜艳艳
责任校对：文　茜
版式设计：李　莹

图书在版编目（ＣＩＰ）数据

大学体育数字化教程 / 郭荣, 唐杨, 郭孝君主编
. -- 北京 : 北京体育大学出版社, 2022.8
ISBN 978-7-5644-3651-3

Ⅰ. ①大… Ⅱ. ①郭… ②唐… ③郭… Ⅲ. ①体育教
学－数字化－高等学校－教材 Ⅳ. ① G807.4

中国版本图书馆 CIP 数据核字 (2022) 第 091391 号

大学体育数字化教程
DAXUE TIYU SHUZIHUA JIAOCHENG

郭荣　唐杨　郭孝君　主编

出版发行：北京体育大学出版社
地　　址：北京市海淀区农大南路 1 号院 2 号楼 2 层办公 B-212
邮　　编：100084
网　　址：http://cbs.bsu.edu.cn
发 行 部：010-62989320
邮 购 部：北京体育大学出版社读者服务部 010-62989432
印　　刷：艺堂印刷（天津）有限公司
开　　本：787mm×1092mm　1/16
成品尺寸：185mm×260mm
印　　张：22
字　　数：548 千字
版　　次：2022 年 8 月第 1 版
印　　次：2022 年 8 月第 1 次印刷
定　　价：42.00 元

《大学体育数字化教程》 编委会

前　言

　　大学体育是高等院校的必修课程，是学校课程体系的重要组成部分，是面向大学生传授体育知识、介绍体育健身方法、培养健康意识、提高身体素质的重要途径。对于大多数学生而言，大学阶段是学生一生中接受学校体育教育的最后阶段，也是由学校体育向社会体育过渡的重要环节。帮助大学生树立终身体育意识，熟练掌握一两项可以终身开展的体育活动的技能，养成健康科学的生活方式，能够使大学生终身受益，因此大学体育发挥着至关重要的作用。

　　当前的社会发展对人才培养提出了更高的要求，即健全的体魄，高尚的道德情操，丰富的科学文化知识。这一要求强化了体育教学在教育体系中的重要作用，引起了人们对体育教学的重视。在我国，大学体育作为全面发展教育的组成部分，在学校教育中具有十分重要的作用。近年，体育教育者开始关注充分发挥大学体育在培养应用型人才中的作用问题：如何切实贯彻"健康第一"；如何改革创新体制和机制；如何通过鼓励学生进行身体锻炼，倡导科学健身，养成健康、文明的生活方式，促进学生全面发展，丰富校园文化生活，推动学校和谐发展等。基于对以上问题的现实考虑，编者编写了本书。

　　编者根据《国务院办公厅关于强化学校体育促进学生身心健康全面发展的意见》《高等学校体育工作基本标准》《全国普通高等学校体育课程教学指导纲要》和《国家学生体质健康标准（2014年修订）》等文件的精神，结合近年来学校体育教学改革的实际情况编写成本书。编者在编写本书的过程中，坚持"两个原则"：第一，坚持体育的教育性原则，注重对学生学习态度、进步幅度、参与度、体育道德与团队合作精神的培养；第二，坚持教学改革与教育信息化相结合的原则，利用融媒体技术，不断激发学生的学习兴趣，方便学生课内外学习，提高教学效果。

　　编者力求在以下方面进行创新：① 课堂教学与课外活动相衔接，即保证课程时间，提升课堂教学效果，加强课内外锻炼的科学指导；② 培养兴趣与提高技能相促进，即遵循教育和体育规律，以兴趣为引导，注重因材施教和主动参与，重视运动技能培养，逐步提高运动水平，为学生养成终身体育锻炼的习惯奠定基础；③ 群体活动与运动竞赛相协调，即面向全体学生，广泛开展普及性体育活动，有序开展课余训练和运动竞赛，积极培养体育后备人才，全面提高学生体育素养，大力营造校园体育文化；④ 构建体育教学、课余训练、运动竞赛和课外体育活动"四位一体"的体育俱乐部制教学平台，实现课内外一体化。

　　本书包括基础理论篇和运动技能篇，共分为18章，围绕"健康第一""终身体育"

的教育理念，采用"互联网+"立体化信息技术。本书结构体系新颖，图文并茂，理论与视频相结合，通俗易懂，便于学生学习和实践。

在编写本书的过程中，编者参考和借鉴了众多的书籍等文献资料，在此向相关作者表示衷心感谢！

由于编者水平所限，本书若有不完善之处，敬请读者提出宝贵意见，以便今后进行修订和完善。

编者

2022 年 4 月

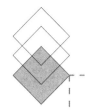

目　录

基础理论篇

运动技能篇

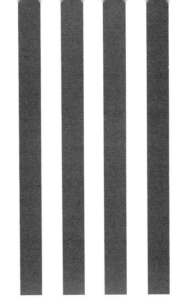

基础理论篇

第一章　健康概述

内容提要

※ 科学健康观。

※ 影响大学生健康的因素及应对措施。

※ 亚健康的成因与调节。

学习目标

※ 掌握健康的内涵，深刻理解健康的重要性。

※ 了解影响大学生健康的因素，能结合自身情况，积极主动地采取应对措施。

※ 了解亚健康的成因，并能科学地调节亚健康状态。

　　健康既是促进社会经济发展的基础条件，也是促进大学生全面发展的必然因素。大学生身心健康是国家富强、民族振兴的重要标志。习近平强调："要坚持健康第一的教育理念，加强学校体育工作，推动青少年文化学习和体育锻炼协调发展。"大学生树立"每个人是自己健康第一责任人"的理念，学会和掌握促进健康的知识与技能，能够为人人终身健康、建成健康中国奠定基础。大学生应正确认识健康在生活、学习、成长和发展中的重要价值，并且要对自己的健康承担"第一责任"。因此，体育不仅是一门课程，还应成为一个人一生的爱好。大学生的身体素质不仅关系到当代大学生的健康成长，还关系到国民的整体体质水平，事关国家的发展。

第一节　科学健康观

一、健康观的发展过程

　　在古代，生产力低下，生活水平较低，解决温饱问题是人们的生存标准。在此基础上，人们对健康所定的标准也较低，即身体没有疾病。

　　随着生产力的发展，人类对自然界的认识水平不断提高。到了近代，生物科学的进步使人们对人体、生命等的认识提高到了新的高度。人们对人体健康有了新的认识，了解到健康与先天遗传和后天获得相关，表现为人体形态结构、生理机能和心理因素的相对稳定。

进入 20 世纪，人们逐渐认识到健康与自然环境、社会环境、个体的生物遗传、后天的心理行为等因素密切相关。随着人们对健康认识的不断更新和发展，健康的内涵也在不断丰富。

《现代汉语词典（第 7 版）》对健康的定义："（人体）发育良好，机理正常，有健全的心理和社会适应能力。"

《大辞海·体育卷》对健康的定义："健康指人体各器官和系统发育良好、协调配合并发挥作用，有充沛的活力，能够在适当的时间做自己想做的和需要做的事，在生理和心理上与环境相适应的良好状态。"

《世界卫生组织组织法》对健康的定义："健康不仅为疾病或羸弱之消除，而系体格、精神与社会之完全健康状态。"

由此可以看出，健康并非只包含身体健康，而是要从生理、心理和社会相结合的角度来考虑。健康的个体，首先，应具备身体各器官、各系统发育良好，功能正常，精力充沛；其次，要有良好的劳动效能；最后，应在社会上与人和谐相处，并具备处理各种问题或应对危险的应激能力。另外，健康应该是一个动态标准，不同年龄的人、不同个体情况的人，其健康标准也是有所区别的。也就是说，同一个个体在不同年龄段，应有不同的衡量健康的标准。

二、健康的标准

科学技术水平的不断提高使健康的概念不断完善。当前，人们普遍认同，健康是一个人的整体状态反应，不仅包括身体健康，还包括心理健康、社会适应良好和道德健康。

（一）健康的内涵

1. 身体健康

身体健康是指人在生物学方面的健康，即人体结构完整和生理功能正常。身体健康不仅指身体无病，还包括具备充沛的体能。后者是一种能够满足生活需要且有足够能量完成各种活动的能力。这种能力有助于人们预防疾病、增进健康，从而提高生活质量。

2. 心理健康

心理健康是指人的内心世界丰富充实，拥有积极的处世态度，能够与周围环境保持协调。心理健康包括两层含义：① 自我人格完整，心理平衡，有较好的自控能力，能正确地评价自己，能及时发现并改正自己的缺点；② 有正确的人生目标，能不断地进取，对未来充满信心。

3. 社会适应良好

社会适应良好是指个体能与他人保持正常的人际关系，并且其行为能适应复杂的社会环境，能为他人所理解、为社会所接受，符合其社会角色。

4. 道德健康

道德健康属于社会要求。道德是社会意识形态之一，是人的行为准则和规范。道德健康的人，遇事冷静，常以宽容之心善待他人，以维护良好的社会秩序和公德为己任，努力营造和谐的社会环境，推动社会文明的进程。道德不健康的人在面对所接触的事物或功利是非时，可能会处于紧张、愤怒、沮丧等情绪之中。这些不良情绪易使机体各系统的功能失调、免疫力下降，易使人患各种疾病，影响人的健康。

以上4个方面是相互联系和相互作用的，某一方面的健康会对其他3个方面的健康有积极的影响。

（二）健康的具体标准

健康既有其科学的内涵，又有其科学的标准。

（1）有充沛的精力，能够从容不迫地承受日常生活和工作中的压力而不感到过度紧张。

（2）处世乐观，态度积极，勇于承担责任，事无巨细，不挑剔。

（3）善于休息，睡眠良好。

（4）应变能力强，能适应外界环境的各种变化。

（5）能够抵抗一般性的感冒和传染病。

（6）体重适当，身材匀称；站立时，姿态端正。

（7）眼睛明亮，视觉敏锐，眼睑不发炎。

（8）牙齿整洁，无龋齿，无疼痛；牙龈颜色正常，无出血现象。

（9）头发有光泽，无头屑。

（10）走路轻快。

在这10条标准中，前4条标准是关于心理健康和社会适应能力方面的，后6条标准则主要是关于生理（身体）方面的。这些健康标准实际上是健康概念的具体体现。人们可以用此标准来检验自己是否健康。

三、城市健康的影响因素

根据世界卫生组织2021年10月的数据报道，全世界超过55%的人口生活在城市地区，到2050年，这一比例将上升至68%。可见，城市化已成为世界各国发展进程中不可忽视的方面。城市化进程给人们带来便利的同时，也对人们的健康造成了新的威胁。

世界卫生组织2021年发布的数据显示：① 近40%的城市居民无法获得安全管理的环境卫生服务，许多人无法获取充足的饮用水。② 估计城市地区有91%的人呼吸着被污染的空气。③ 设计不当的城市交通系统造成了一系列威胁，包括道路交通伤害、空气和噪声污染，以及安全身体活动障碍——所有这些都导致非传染性疾病和伤害的发生率更高。④ 预计持续的城市化将导致城市成为包括媒介传播疾病在内的疾病传播中心。

世界卫生组织还指出，非传染性疾病负担的增加、传染病暴发的持续威胁，以及暴力和伤害风险的增加是城市地区主要的公共卫生问题。具体而言，不健康的生活和工作条件，绿色空间不足，噪声，水和土壤污染，城市热岛效应及缺少步行、骑行和积极生活的空间等，加剧了心脏病、哮喘、癌症、糖尿病等非传染性疾病的发生。在缺乏良好交通和步行/骑行基础设施的城市，糖尿病与肥胖和缺乏身体活动有关。城市化还与抑郁、焦虑和精神疾病发生率高有关。

四、我国的促进全民健康的措施

科学健康观已普遍为人们所接受。我国以科学健康观为基础，采取了多项措施，以促进全民健康，推进健康中国建设。全民健康是基本实现社会主义现代化的重要基础。

（一）卫生健康标准化

标准是对重复性事物和概念所做的统一规定，它以科学技术和实践经验的结合成果为基础，经有关方面协商一致，由主管机构批准，以特定形式发布，作为所有人或某个领域共同遵守的准则和依据。

2022年，国家卫生健康委印发的《"十四五"卫生健康标准化工作规划》指出："标准是经济活动和社会发展的技术支撑，是国家治理体系和治理能力现代化的基础性制度。卫生健康标准是实施卫生健康法律法规、落实卫生健康政策规划、维护人民群众身体健康和生命安全的技术保障……到2025年，基本建成有力支撑健康中国建设、具有中国特色的卫生健康标准体系。卫生健康标准化工作基础不断夯实，体制机制更加健全，标准体系进一步完善，标准多途径供给、协同发展局面基本形成，标准应用实施更加广泛，卫生健康服务标准化程度不断提升，卫生健康标准国际影响力显著增强。"

（二）推动全民健身

2021年国务院印发了《全民健身计划（2021—2025年）》（以下简称《计划》），以促进全民健身更高水平发展，更好地满足人民群众的健身和健康需求。

在这5年间，要从以下方面推动全民健身，提高人们的健康水平：加大全民健身场地设施供给；广泛开展全民健身赛事活动；提升科学健身指导服务水平；激发体育社会组织活力；促进重点人群健身活动开展；推动体育产业高质量发展；推进全民健身融合发展；营造全民健身社会氛围。

《计划》指出："到2025年，全民健身公共服务体系更加完善，人民群众体育健身更加便利，健身热情进一步提高，各运动项目参与人数持续提升，经常参加体育锻炼人数比例达到38.5%，县（市、区）、乡镇（街道）、行政村（社区）三级公共健身设施和社区15分钟健身圈实现全覆盖，每千人拥有社会体育指导员2.16名，带动全国体育产业总规模达到5万亿元。"

（三）以体育强国推进健康中国建设

为更好地推进健康中国建设，将全民健身计划落到实处，同时，为统筹推进"十四五"时期体育各项事业发展，加快把体育建设成为中华民族伟大复兴的标志性事业，国家体育总局印发了《"十四五"体育发展规划》（以下简称《规划》）。《规划》由15个部分组成，分三大板块，对"十四五"体育改革发展进行了全面部署，围绕体育强国建设，力求推动"十四五"体育重点领域实现高质量发展。

《规划》按照体育的各个领域来阐述"十四五"时期体育改革发展的主要任务，安排了12个部分，分别是全民健身、竞技体育、青少年体育、体育产业、体育文化、体育对外交往、北京冬奥会备战与冰雪运动发展、体育科教信息及体育人才、体育法治、反兴奋剂、行业作风建设、体育服务经济社会发展等，并明确了这些领域的工作思路和重点任务。其中，全民健身、青少年体育、冰雪运动、体育人才发展是当前人们较为关注的方面。

1. 落实全民健身国家战略，推动健康中国建设

全民健身是增强人民体魄、追求健康生活的基础和保障，是实现国民主动健康的核心力量。"十四五"时期是把全民健身国家战略落实落细的关键时期，整个全民健身工作要以高质量发展为主题，既要承上启下巩固全面建成小康社会阶段的全民健身发展成果，又要深入落实为建设社会主义现代化强国夯实健康基础的新要求。

2. 加强体教融合，促进青少年体育健康发展

青少年体育是整个体育工作的基础和先导，是体育强国建设的基础工程。要加强体教融合，应从以下方面着手：加强青少年体育优秀人才培养；深化体校改革；完善青少年体育竞赛活动体系；培育青少年体育社会组织；加强青少年体育骨干队伍建设。

3. 推动我国冰雪运动跨越式发展

《规划》从举办北京冬奥会、普及冰雪运动、推动冰雪产业发展、提升冰雪运动国际影响力4个方面对冰雪运动的发展进行了全面部署，对于实现"带动三亿人参与冰雪运动"、推动冰雪运动跨越式发展具有重要意义。

4. 深化体制机制改革，推动体育人才高质量发展

《规划》中体育人才内容紧扣体育强国建设目标，以体育行业发展需求为导向，破解人才体制机制中的突出问题，统筹体育各类人才队伍建设，聚焦高层次人才、急需紧缺人才，为未来体育发展总体目标的实现打造了人才基础和智力支持，为体育人才工作指明了发展方向，为中长期体育人才工作奠定了基础。

综上所述，健康是促进人的全面发展的必然要求，是经济社会发展的基础条件。实现全民健康，是国家富强、民族振兴的重要标志，也是全国各族人民的共同愿望。大学生作为社会新技术、新思想的前沿群体，既年轻又充满活力，是推动社会进步的主要人群，更应积极响应国家号召，以科学健康观为指导，从自身出发，养成良好的生活习惯，科学健身，为推动全民健身、建设健康中国贡献自己的力量。

第二节　大学生健康的危害因素及促进措施

大学生是国家的未来。健康体魄是大学生将来服务祖国和人民的基本前提。大学生脱离了高中相对规律的学习和生活，迎来了更加丰富多彩的学习和生活，开始独立管理自己的生活与健康，需要关注自己的健康状态。大学生对健康和生活品质抱有较高的期待，希望改善自己的生活方式，因而有必要了解大学生健康的危害因素及促进措施。

一、大学生身体健康的危害因素及促进措施

由中学步入大学后，大学生离开家人，开始自理生活。缺少了父母的约束，一些大学生开始放松自我管理，逐渐养成不健康的生活习惯，从而影响自身的健康。为了增进健康，更好地学习和开创自己的未来，大学生应了解可能影响自己身体健康的因素，以便及时发现问题，及时采取应对措施。

（一）大学生身体健康的危害因素

1. 作息不规律

相较于中学的学习压力而言，大学的学习压力有所降低，课程安排也较中学更为自由灵活。一些大学生因此放松了对自己的要求，作息开始不规律。不充足的睡眠会造成大学生的思考能力下降、判断力减弱、免疫力降低等。

2. 不健康的饮食习惯

不规律的作息还会影响大学生的饮食，造成饮食不规律，从而引发胃肠道的不适。另外，很多大学生不注意膳食平衡，同学聚餐时暴饮暴食，控制体重时过度节食。不合理的膳食安排和不平衡的营养摄入，同样会影响大学生的身体健康。

3. 吸烟和饮酒

部分大学生自认为已经成年，在好奇心的驱使下开始吸烟。这对大学生的身体健康造成了很大影响。《中国吸烟危害健康报告（2020）》（以下简称《报告》）指出，吸烟与呼吸系统疾病、恶性肿瘤、心脑血管疾病、糖尿病等关系密切。同时，吸烟不仅有损自身健康，也会危害他人健康。二手烟中大量的有害物质同样会增加吸烟相关疾病的发病风险。另外，电子烟也是不安全的，会对健康产生危害。电子烟会对青少年的身心健康和成长造成不良后果，同时会诱导青少年使用卷烟。

步入大学后，大学生的社交面变广，频繁的聚餐也会使大学生接触到一些不良的"酒桌文化"。部分自控能力或判断力较弱的大学生容易受他人影响，"借酒交友"，开心要喝酒，不开心也要喝酒，丧失了青年人应有的朝气蓬勃的精神风貌。不仅如此，长期饮酒还会对人体的肝脏、神经系统造成损伤，饮酒过度还极易造成酒精中毒，危害身体健康。

（二）大学生身体健康的促进措施

1. 养成规律的作息习惯

在每个学期开学之初，大学生应根据本学期的课程安排制订作息计划，并将体育锻炼也加入计划。跑步、跳绳、广播操等运动项目可以在晨起或傍晚开展，这些运动项目对场所要求不高，大学生可根据自身情况灵活掌握运动时间和运动量；踢毽子、球类运动等集体项目可以在充足的休闲时间进行，大学生既能锻炼身体，又能增进友谊。

作息计划还应包含三餐的时间，以确保饮食规律。

2. 了解营养学知识，平衡膳食

当前社会信息化高度发展，大学生有多种渠道能够了解和学习到科学的营养学知识。为了增进健康，大学生应在学习专业课之余，加强对营养学知识的了解，做到平

衡膳食。科学合理的饮食是大学生进行体育锻炼，增进健康的营养保障。

3. 戒烟限酒

《"健康中国 2030"规划纲要》提到要控烟限酒，要"积极推进无烟环境建设，强化公共场所控烟监督执法。推进公共场所禁烟工作，逐步实现室内公共场所全面禁烟""加强限酒健康教育，控制酒精过度使用，减少酗酒"。

大学生应积极响应国家号召，展现良好的精神风貌。在公共场所禁烟工作推进的同时，大学生应时刻意识到吸烟的危害，杜绝吸烟行为。

另外，客观看待餐桌上的饮酒行为，理智饮酒。

二、大学生心理健康的危害因素及促进措施

大学生的心理健康与身体健康息息相关。若大学生的心理健康出现问题，会使整个人的情绪状态低落，无法积极地学习和生活，更无法积极地进行体育锻炼。心理健康的问题往往较为隐蔽，很难及时发现，因此大学生应对此类问题保持敏感，关注自身和同伴的情绪，及时发现和解决问题。

（一）大学生心理健康的危害因素

1. 学习、就业等客观压力

（1）学习压力。

大学的学习方式与中学的学习方式有很大差别，前者更强调个人学习的自主性。在大学期间，教师的教学往往是引导性的，更加细化的知识内容则需要学生运用适合自己的学习方法来吸收和消化。有的学生在进入大学后，没有意识到这一点，仍然被动地学习，有的学生则缺乏自制力，无法合理地分配学习和娱乐时间，从而造成学习成绩下滑。这些学生面对自己下滑的成绩，可能会产生自我怀疑，并产生心理压力。

（2）就业压力。

据教育部统计，2021 年全国普通高校毕业生达 909 万人，同比增加 35 万人。在疫情的影响下，就业形势更加严峻。大学生面临如此复杂的就业形势，产生压力在所难免，也因此可能会产生心理问题，出现不自信、茫然无措等表现，影响心理健康。

2. 对新环境的不适应

一部分大学新生要前往新的城市开始新的学习和生活。面对陌生的环境，一些新生会手足无措。另外，来自各地的大学生汇聚到一起，共同学习和生活，不同的生活习惯、风俗等可能造成误解，使大学生之间产生误会甚至矛盾，从而令大学生产生心理问题，影响心理健康。

（二）大学生心理健康的促进措施

1. 尽快形成适合自己的学习方法

大学新生在新的学业阶段之初，应积极主动地与教师、学长交流，了解本专业课程的特点，并注意总结不同教师的教学风格，将这些情况与自身的情况相结合，尽快找到适合自己的学习方法。

2. 确定学习目标，制订合理的学习计划

与中学的学习相比，大学的学习更侧重学生自主学习。为了更好地掌握知识，大学生应该主动设定学习目标，并根据目标制订合理的学习计划。学习目标的设定可以由大到小，即制定一个长远目标，再逐级分解成小目标，最终落实到当下具有可行性的目标。

3. 客观看待就业，从"小处"做起

虽然当前毕业生的就业形势相对严峻复杂，但是就业岗位其实并不少。大学生要客观看待从学校到社会的就业过程，不要好高骛远。选择自己感兴趣的领域，从低处做起，脚踏实地，才能有更好的发展。

4. 拓宽眼界，就业路不止一条

当前社会发展迅速，只要努力，各行各业都能有大学生施展拳脚之地。进入基层服务人民、参军入伍挥洒汗水、埋头研究奉献青春、自主创业开辟新天地等都是就业之路。大学生可以结合自身情况，充分考虑自己的理想和兴趣，选择适合自己的工作。

三、大学生社会适应的危害因素及促进措施

（一）大学生社会适应的危害因素

1. 环境变化

大学新生初到学校，面临着生活、学习和居住环境完全改变，身边的教师、同学等都是陌生人。环境的突然转变可能会让大学新生手足无措，以往有父母的帮持，如今则需要自己独自面对，并要想办法尽快熟悉和融入新环境。在这个过程中，大学新生难免会遇到各种各样自己从未面对过的问题或情境，如果无法积极面对，不能妥当处理，很可能会影响自身今后在学校的适应情况。

2. 人际关系多样

正如前文所述，大学生需要独自面对学校中的各种人际关系。师生关系，班级、院系的同学关系，室友关系，社团人员关系等都需要大学生自己去维护。毕竟人与人是不同的，每个人的交流方式和想法也不同。这些不同碰撞在一起，难免会出现摩擦。大学生如果处理不好这些关系，无法建立健康的人际关系，就会影响自身的情绪，与他人产生隔阂，从而影响自身的人际交往，形成恶性循环。

3. 对比产生"伤害"

同龄人在一起学习和生活，会不自觉地将自己与他人进行比较。这种比较，如果处理得当，会让大学生发现自身不足，督促自己改正缺点或不好的习惯，使自己变得更好。但若处理不当，大学生就会出现极端情况，甚至逐渐降低自信心。例如，有的大学生在比较的过程中，妄自菲薄，导致自身无法面对人群，消极逃避人际交往；有的大学生在比较的过程中，妄自尊大，贬低他人，导致他人对自己疏远，不利于人际交往。

（二）大学生社会适应良好的促进措施

1. 乐观积极熟悉环境

大学就是一个小型的社会。大学生在这里开始独自去面对这个社会，对自身而言是非常好的锻炼机会。在开学前，从学校网站了解学校概况、院系设置、教学设施、场馆位置等，都有利于大学生在入学后更快地熟悉环境。另外，各个高校在学生报到之时，也会安排教师和高年级的学生引导新生。新生完全可以借此机会，将一些自己的疑问提出来，与教师或高年级学生积极沟通和交流。每一个人在面对陌生环境时，都有一个从不熟悉到熟悉的过程，这个过程是必然存在的，它的长短也会因人而异，因此，大学生应客观地看待这个过程，并积极地了解和融入这个新环境。

2. 积极交友，"远近得当"

人本身具有社会属性，不可能孤立存在，因此，大学生在学校里也应积极交友，让自己融入不同的群体，获得满足感和幸福感。大学生在面对纷繁的人际关系时，要注意保持人际交往距离，做到"远近得当"。其实，在人际交往时，礼貌地保持距离反而会有助于建立健康的人际关系。

3. 遇到困难，积极寻求学校帮助

当在人际交往时遇到困难或棘手的问题，不知道如何解决时，大学生应积极地寻求可靠帮助，千万不要将自己封闭起来，胡思乱想。自己的任课教师、辅导员、校心理咨询室人员等都是能够为大学生提供帮助的可靠帮手，他们有的具有丰富的人生阅历，有的具有专业的心理咨询资格，能够帮助大学生找到解决问题的合理方法。

4. 珍惜生命，接纳"不同"

"世界上没有两片完全相同的树叶。"大学生要看到自己的独特性，相信自己。在与人交往的过程中，从他人身上发现优点，反省自己的不足，可以让自己变得更加优秀。同时，大学生也要意识到，"优秀"也可以是不同的，在自我完善的过程中，没有必要一味地效仿他人，要善于发现自己的优点，接纳自己与他人的不同之处。大学生要珍惜生命，热爱生活，树立自信心，努力为这个世界增添不一样的色彩。

四、大学生道德健康的危害因素及促进措施

（一）大学生道德健康的危害因素

1. 舆论环境

科技进步促进了网络的发展。在当前的信息化社会，大学生所面对的舆论环境，较以往而言，更为多元，也更为复杂。由于网络发言存在隐蔽性的特点，一些人因此不顾道德底线，肆无忌惮地发表过激言论。大学生处于青春期末期，虽然生理各项指标已接近或达到成年人水平，但是心理发展的成熟水平却因人而异，并且容易受他人影响。在面对一些过激言论时，如果大学生不能明辨是非，就很容易被蛊惑。

2. 交友影响

较之中学生，大学生在交友方面具有更大的自由度，接触的人员范围也更加广泛。倘若交友不慎，受社会上不良人员的影响，很可能会形成不健康的道德观念，甚至做

出违背道德规范、法律规范的行为。

3. 自身素质水平

每个人受教育的环境不同，自身素质水平也会有所差别。素质较高的大学生，在面对不道德言论或行为时，能自觉摒弃或远离；而素质相对较低的大学生，很有可能会受到不道德言论或行为的影响，从而影响自身的道德健康水平。

（二）大学生道德健康的促进措施

1. 沉稳处事，明辨是非

当代大学生都是受过良好教育的，有着积极、正确的世界观和人生观。然而，由于所处年龄阶段的特殊性，在遇到事情时，有的大学生难免情绪激动，无法做出客观判断。因此，大学生要在平时修身养性，积极培养自己沉稳处事的习惯，对人、对事都要勤加思考，明辨是非。

2. 谨慎交友

正所谓"近朱者赤，近墨者黑"。大学生在结交朋友时，要尽可能全面地了解对方，不要单凭一个人的外表，盲目地对其做出评价。大学生要细心观察，通过了解对方各方面的行为方式和处世原则来对其做出尽可能客观的评判。一位益友能让人受益终身。

第三节　亚健康的成因与调节

一、亚健康的概念

亚健康，又称第三状态、次健康状态，是指身体虽然没有患病，但是已出现生理机能减退、代谢水平低下的状态。亚健康的主要表现是情绪低落、忧郁、烦躁、焦虑、失眠、精神不振、易疲劳、出虚汗等。

亚健康是介于健康与患病两种状态之间的身体状态。亚健康的躯体并未患病，因此亚健康的表现不能归类为疾病。亚健康状态既可能通过积极的调节转为健康状态，又可能因个体的忽视而导致患病。

二、大学生亚健康的成因和表现

（一）大学生亚健康的成因

大学阶段是由学校向社会过渡的阶段，大学生的生活状态也是在校园生活与社会生活之间过渡的状态，因此大学生亚健康的成因与职场人员亚健康的成因既有相似点又有差异。

1. 不良生活习惯

一部分大学生在步入大学之初，因为没有繁重的课业压力，就放松了对自己的要求。作息不规律、饮食不规律，使一些大学生精神萎靡，营养不均衡。课余时间被上网、睡觉占去了大部分，导致身体缺乏运动，中学时期打下的健康基础被大大削弱，进而导致亚健康。

2. 学业、就业压力

学业、就业的压力给一些临近毕业的大学生造成了困扰。想要继续在学业上深造的大学生，要面临考研、择校的压力；准备就业的大学生，要面临择业的压力；对于以上二者仍举棋不定的大学生，也备受抉择的困扰。这些都有可能使大学生情绪低落，进而导致亚健康。

3. 人际交往变化

作为新生时，大学生面临建立新的人际关系的压力；待熟悉了大学生活后，大学生又面临着多种繁杂的人际关系，且需要自己面对、处理。师生关系、同学关系、异性关系等都是大学生要独自面对和处理的人际关系。随着年龄的增长，大学生的人际关系会越来越多、越来越复杂。在人际交往中的不顺利可能会使大学生感到不自信、烦恼和焦虑，进而导致亚健康。

（二）大学生亚健康的表现

大学生亚健康的表现：容易疲劳，无法参加正常的体育活动；容易困乏，嗜睡；容易失眠，入睡困难；学习时，无法集中注意力；不愿参加集体运动，面对人群感到不适；自怨自艾，无端哭泣；烦躁不安；脾气暴躁，稍不顺心就大发雷霆；不愿与人交流。

大学生自身或者身边的人有以上表现时，务必要引起重视。其实，越早意识到亚健康问题，越早采取措施，就越容易避免亚健康状态恶化。大学生一旦有以上表现，一定要积极找出问题所在，寻求帮助，采取措施进行调节。

三、亚健康自测

在亚健康初期，亚健康的表现通常都较为隐秘，不易被察觉。尤其在大学，集体活动很容易填满大学生的闲暇时光，更容易使大学生忽略自身亚健康的细节表现。大学生可以通过表 1-3-1 中所介绍的方式进行亚健康自测。

表 1-3-1 亚健康自测

表现	反映问题
早上 7 点起床，晚上 9 点就困	缺乏运动或过度疲劳
拎起约 3 千克的物品，手臂就会酸痛	肱二头肌力量薄弱，肩、背、胸等部位的肌肉群力量不达标
垂直跳跃 10 次，心跳加速	心肺功能有待加强
关节弯曲时感到不适	关节炎（可能是缺乏运动导致，也可能是运动过度导致）
后踢腿跳，脚跟无法触及臀部	缺乏运动，导致柔韧性变差
两腿不动，转身后看时身体不适	身体的中枢肌肉力量及柔韧性不够
乘坐火车、飞机等交通工具时，把行礼放在行李架上略感吃力	腰背部和腿部力量薄弱

资料来源：薪跃. 规律运动 健康生活 办公一族远离"亚健康"[N/OL]. 中国体育报，2017-05-16[2022-04-12]. https://www.sport.gov.cn/n20001280/n20001265/n20066978/c20286482/content.html.

四、调节亚健康状态

（一）有氧运动促进健康

有氧运动是非常好的锻炼方式，能够提高心肺耐力，改善体能，增进健康，减脂塑形，且易于开展。常见的有氧运动包括健步走、慢跑、跳有氧健身操等。这些运动适合在校园开展，安全性较高。有氧运动在大学具有很强的实践性和趣味性。

（二）传统养生运动的作用

中国人很早就认识到调节气息和锻炼肢体对促进健康的作用。无论是我国传统的导引还是现代的健身气功，都有着明确的养生导向。五禽戏、太极拳、八段锦等传统养生运动都对调节人体健康有着非常积极的作用，并且其中还蕴含着我国传统的哲学思想。当前，很多高校都已开设了中国传统运动课程，教授大学生传统养生运动方法。大学生应认真钻研和领悟，既掌握健身方法，又领悟其中的哲学道理。

（三）辅助食疗

盲目节食和暴饮暴食都是不良的饮食习惯。大学生在开展体育运动的同时，要确保规律饮食，保证膳食平衡，营养合理且丰富。一日三餐的食物量分配：早餐提供的能量应占全天总能量的 25% ～ 30%，午餐占 30% ～ 40%，晚餐占 30% ～ 35%。

1. 早餐

经过一夜的睡眠，距离上一次的进食间隔时间较长，因此早餐种类应尽可能丰富，以补充人体所需的各种营养，如碳水化合物、蛋白质、各种维生素等。吃好早餐有助于满足机体的营养需要，还有助于维持血糖平稳、改善认知能力和提高学习效率。

可选择的早餐饮食：薯类、蔬菜、水果、鸡蛋或肉类、奶制品、豆类、坚果等。

2. 午餐

午餐的补充应该以能够补偿上午消耗的能量，以及能够为下午的学习供应充足能量为标准。午餐应注重荤素搭配，口味清淡，摄入适量。

可选择的午餐饮食：主食以杂粮为主，如杂粮米饭、杂粮馒头、荞麦面等；各种蔬菜（如黄瓜、芹菜、菠菜、西蓝花等）、豆类、菌类等，以素炒或凉拌为宜；肉类以牛肉、鸡肉、鱼肉为主，以清淡的烹饪方式进行处理，最好不要红烧或油炸。

3. 晚餐

晚餐饮食的选择与午餐相似，但是由于晚餐后几小时就要入睡，且晚上能量的消耗一般较少，因此晚餐最好不要摄入过多脂类和碳水化合物。另外，由于大学生晚上仍然有学习任务，因此可在晚餐后适当进食脱脂牛奶、核桃等。需要注意的是，在睡前 2 小时内不要再进食，否则容易造成脂肪堆积，或者影响肠胃消化。

可选择的晚餐饮食：薯类、玉米、杂粮馒头、各种蔬菜、豆类、菌类、牛肉、鸡肉、鱼肉等。

（四）预防亚健康的十字口诀

（1）平心：平衡心理，积极阳光。

（2）减压：自我调节，找寻适合自己的方法缓解紧张情绪，释放压力。

（3）顺钟：作息规律，顺应自己的生物钟，有助于调节内分泌和保证睡眠质量。

（4）增免：积极参加自己感兴趣的体育运动，增强自身免疫力。

（5）改良：改变不良的生活习惯，预防亚健康。

课后实践

1. 谈一谈你对健康的理解和认识。

2. 结合自己的校园生活，谈一谈自己当前的压力和困惑。

3. 制订一份适合自己的食谱，并与同学互相监督，坚持健康饮食。

第二章　体育锻炼与健康

 内容提要

※ 体育锻炼与身体健康。
※ 体育锻炼与心理健康。
※ 体育锻炼与社会适应。

 学习目标

※ 掌握体育锻炼的方法，能够自行制订锻炼计划，并坚持锻炼。
※ 能有意识地在体育锻炼过程中促进自身的心理健康和社会适应。

体育锻炼是增强体质和提高健康水平积极、有效、经济的手段。经常参加中等强度到较大强度的体育活动对健康有很多益处。体育锻炼的一些益处可以在短期内获得，如减轻焦虑，降低血压，改善睡眠、认知功能和胰岛素敏感性等。体育锻炼的其他益处，则需要几周或几个月才能获得，如提高心肺功能、增强肌肉力量、提高柔韧性等。体育锻炼可以延缓和阻碍常见的慢性疾病（如高血压、2型糖尿病等）的发展。坚持规律的体育锻炼可以带来持久的益处。

第一节　体育锻炼与身体健康

体育锻炼能够促进身体各项机能的发展，有利于身体健康。身体机能可以通过身体素质反映出来。根据《大辞海·体育卷》，身体素质是人体活动的一种能力，主要指力量素质、速度素质、耐力素质、速耐素质、柔韧素质和灵敏素质。它们是相互联系又相互制约的。进行体育锻炼能够发展身体素质，增强体质，也能够提高运动技术水平。

一、体育锻炼促进力量素质发展

（一）力量素质的概念

力量素质是指人体的整体或某一部分肌肉在运动中克服阻力（包括内部阻力和外部阻力）的能力，包括最大力量、力量耐力和速度力量（含爆发力等）。力量素质是人体进行体育活动的动力来源和获得运动技能的物质基础，对身体其他素质的发展也有重要作用。

最大力量是指人体或某部位尽全力克服阻力的能力，主要表现为肌肉收缩强度（即神经兴奋强度）较大。

力量耐力是指人体在克服一定外部阻力时，坚持尽可能长的时间或重复尽可能多的次数的能力。其表现为克服外部阻力时，不但肌肉收缩强度大，收缩与放松交替时间短，而且持续时间较长，或在整个动作和运动中重复次数较多。

速度力量是指人体在做快速动作时用力的能力。它是力量和速度综合素质的表现，其典型的表现形式是爆发力，即在最短时间内发出的最大力量。

（二）发展力量素质的练习方法

1. 发展力量素质的练习指导

发展力量素质的练习方法可以分为静力练习法和动力练习法。

（1）静力练习法。

① 对抗性静力练习：针对某一部位的肌肉，保持身体姿势不变，用极限力量对抗固定的物体，如平板支撑。

② 负重静力练习：针对某一部位的肌肉，在保持身体姿势不变的前提下进行负重练习，如静态负重深蹲。负重大小可根据个人情况进行调节。

③ 慢速力量练习：做速度非常慢的慢速力量练习，不借助反弹和惯性，相当于在动作过程的每个阶段都进行短时间的身体姿势保持，如做俯卧撑时，向下慢速俯卧。

（2）动力练习法。

① 最大力量练习：进行负荷为最大负重的85%～100%的练习，每组1～3次，共做6～10组。

② 力量耐力练习：进行负荷为最大负重的40%～60%的练习，每组15～30次，共做2～4组。

③ 速度力量练习：进行负荷为最大负重的65%～80%的练习，每组5～15次，共做4～6组。

2. 发展力量素质的具体练习

（1）发展上肢力量素质的练习。

上肢力量练习主要发展手腕、前臂、上臂等部位的肌肉力量。涉及肌肉包括肱二头肌、肱三头肌、前臂肌群等。

肱二头肌力量练习：杠铃弯举、斜托弯举、上斜坐姿哑铃弯举、哑铃交替弯举、锤击式弯举、拉力器弯举、斜托拉力器弯举、反握弯举等。

　　肱三头肌力量练习：拉力器下压、杠铃坐姿/站姿/仰卧臂屈伸、哑铃仰卧/俯身/站姿臂屈伸、双杠臂屈伸、背后臂屈伸等。

　　前臂肌群力量练习：杠铃/哑铃腕弯举、背后腕弯举、杠铃/哑铃反握腕弯举、反握杠铃弯举、反握斜托杠铃弯举、反握拉力器弯举等。

　　（2）发展肩部力量素质的练习。

　　肩部力量练习涉及的肌肉主要是三角肌。

　　具体练习：站姿/坐姿颈前杠铃推举、颈后推举、哑铃推举、站姿飞鸟、哑铃前举、俯身飞鸟、坐姿俯身飞鸟、直立划船等。

　　（3）发展胸部力量素质的练习。

　　胸部力量练习涉及的肌肉主要是胸肌。

　　具体练习：杠铃卧推、上斜杠铃卧推（自由杠铃）、哑铃卧推、上斜哑铃卧推、下斜哑铃卧推、哑铃飞鸟、上斜哑铃飞鸟、拉力器夹胸、前倾拉力器夹胸、仰卧拉力器夹胸、屈臂撑、仰卧直臂上拉等。

　　（4）发展背部力量素质的练习。

　　背部力量练习涉及的肌肉包括背阔肌、斜方肌、菱形肌等。

　　具体练习：宽/窄握引体向上、宽/窄握坐姿下拉、杠铃/哑铃俯身划船、T杠划船、单臂哑铃划船、拉力器单臂划船、坐姿划船、硬拉、俯卧撑等。

　　（5）发展腹部力量素质的练习。

　　腹部力量练习涉及的肌肉包括腹直肌、腹外斜肌、腹内斜肌、腹横肌等。

　　具体练习：卷腹、转体卷腹、反向卷腹、悬垂卷腹、收腹举腿、上斜屈膝抬腿、悬垂抬腿、垂直转体抬腿等。

　　（6）发展下肢力量素质的练习。

　　下肢力量练习涉及的肌肉包括臀大肌、股四头肌、腘绳肌、腓肠肌、比目鱼肌等。

　　具体练习：腿举、深蹲、半蹲、颈前深蹲、卧蹬、哈克深蹲、弓步蹲、腿屈伸、腿弯举、直腿硬拉、负重提踵、坐姿提踵、单腿提踵、反向提踵等。

3. 力量素质练习的注意事项

　　（1）练习前，锻炼者要做充分的准备活动，以身体微出汗为宜。

　　（2）力量练习应循序渐进，在不清楚自身最大力量的情况下，锻炼者应先进行最大力量测试，再确定负重。随着力量素质的不断发展，锻炼者应逐渐增大负重，但需在安全范围内。

　　（3）在进行上身负重力量练习时，锻炼者要确保核心力量的稳定，将注意力集中在要锻炼的肌肉上，避免腰部不恰当发力，以免造成运动损伤。

　　（4）在进行下蹲类的下肢力量练习时，锻炼者屈膝时要确保膝关节在地面的投影不超过脚趾，否则会对膝关节造成损害。

　　（5）结束负重力量练习时，锻炼者务必缓慢放下器械，禁止突然卸力，否则易造成肌肉损伤。

（三）增强力量素质对大学生生活的积极影响

　　增强力量素质最直观的结果是肌肉更加紧实、身材更加健美。强健的肌肉还能对内脏起到保护作用。若发生身体碰撞，能在一定程度上减轻内脏损伤。在日常生活中，随着力量素质的提高，大学生不易出现疲劳，从而能够以更加良好的身体状态进行学习，并且有精力参加其他活动，促进人际交往。

二、体育锻炼促进速度素质发展

（一）速度素质的概念

速度素质是指人体或人体某一部位快速移动、快速完成动作或对外界刺激做出快速运动反应的能力。速度素质包括移动速度、动作速度和反应速度，它在周期性运动项目和非周期性运动项目的竞赛中均具有重要作用。

移动速度是指人体在特定方向上位移的速度，以单位时间内机体移动的距离为评定指标。在体育运动中，常常以人体通过固定距离所用时间来表示移动速度。

动作速度是指人体或人体某一部位快速完成动作的能力，具体表现为人体完成某一技术动作（如挥臂、击打、踢踹等）时的速度，以及在单位时间内连续完成单个动作时的重复次数，即动作频率。

反应速度是指人体对各种信号刺激（如声、光、触等）快速应答的能力。在体育竞赛中，主要表现为竞速项目运动员接收信号枪信号后做出反应的速度，乒乓球运动员接收球的视觉信号后做出反应的速度等。

（二）发展速度素质的练习方法

1. 发展速度素质的练习指导

（1）保持注意力高度集中。

（2）采用多样化的信号刺激，如改变刺激的强度和信号发出的时间等。

（3）结合专项特点进行训练。例如，乒乓球运动员应主要进行提高视觉反应速度的练习；篮球、排球运动员应主要进行提高视觉、听觉、触觉反应速度的练习；短跑和游泳运动员应主要进行提高听觉反应速度的练习。

（4）合理安排练习顺序和时间。速度素质练习最好安排在锻炼者身心状态最佳时进行。例如，在大周期中，速度素质练习应安排在准备期的后期和竞赛期的前期进行；在一周中，速度素质练习最好安排在小强度训练或调整训练后的第一天进行；在一天或一次训练课中，一般安排在上午或训练课的前半部分进行。

（5）练习时间不宜过长。快速运动需要神经系统发出高强度的神经冲动，高强度的神经冲动维持时间仅为几秒。进行速度素质练习，如果练习时间过长，容易出现动作迟缓、反应速度下降的现象，事倍功半。

2. 发展速度素质的具体练习

（1）移动速度练习：不同距离（100米、200米、400米等）的直线冲跑练习、往返冲跑练习。

（2）动作速度练习：10米前后冲跑练习、10米往返冲跑练习等锻炼瞬间加速能力的练习。

（3）反应速度练习：看手势或听信号做出相应的反应动作练习，如看手势或听信号进行快速全场移动。

3.速度素质练习的注意事项

（1）速度素质练习对人体肌肉瞬间收缩的要求较高，因此大学生在进行速度素质练习前，务必做好准备活动，以确保将身体机能全面调动起来。

（2）一组速度素质练习的持续时间不能过长，否则会造成疲劳，事与愿违。

（3）速度练习不能孤立地开展，应与其他身体素质练习共同进行，以便收到较好的练习效果。

（三）增强速度素质对大学生生活的积极影响

发展速度素质能有效强健骨骼和其他结缔组织，使关节更健康；有利于消耗多余脂肪，保持良好身材；有利于增强无氧耐力。这些改变能够使大学生更有活力。速度素质的提高对大学生学习、生活的各个方面都有促进作用，有利于大学生以充沛的精力和饱满的精神面对生活。

三、体育锻炼促进耐力素质发展

（一）耐力素质的概念

耐力素质是指人体长时间克服疲劳坚持运动的能力。根据能量供应方式，耐力素质可分为有氧耐力、无氧耐力和有氧-无氧混合耐力。其中无氧耐力又可分为乳酸系统耐力和非乳酸系统耐力。对于运动员而言，耐力素质还可分为一般耐力和专项耐力。

有氧耐力是指人体长时间进行有氧供能的工作能力，即需要氧气来产生能量，为人体供能。其所对应的运动方式为有氧运动。进行有氧运动期间，人体肌肉进行有节奏的协调运动。

无氧耐力是指在缺氧状态下，人体长时间为肌肉收缩供能（即通过腺苷三磷酸、磷酸肌酸、葡萄糖等的无氧代谢为肌肉活动提供能量）的工作能力。其所对应的运动方式为无氧运动（短时间、较大强度的体育运动）。

有氧-无氧混合耐力是指有氧耐力和无氧耐力相结合的人体工作能力。其所对应的运动方式为有氧-无氧混合运动。

（二）发展耐力素质的练习方法

1.发展耐力素质的练习指导

有氧运动要求持续运动20分钟以上，运动时的心率控制在120～160次/分。进行中等强度的有氧运动，运动时的心率应控制在120～140次/分；进行大强度的有氧运动，运动时的心率应控制在141～160次/分。

无氧运动一般为短时间的剧烈运动。在这类运动中，有氧代谢不能满足机体的供能需求，人体不得不采用无氧供能方式。

事实上，有氧运动和无氧运动很少独立存在，也不会突然从一种运动状态转换到另一种运动状态。多数时间，它们是共同存在的，只不过有时候人体内的有氧代谢供能占主导，有时候人体内的无氧代谢供能占主导。因此，在发展耐力素质时，锻炼者要对有氧耐力练习和无氧耐力练习进行合理搭配，在以有氧耐力练习为主的情况下，适当安排一些无氧耐力练习，以提高练习质量，但要把握适宜的运动强度。若运动强度过大，无氧代谢供能占主导，则不利于发展耐力素质；若运动强度过小，则不能引起生理变化，无法收到训练效果。

2. 发展耐力素质的具体练习

（1）有氧耐力练习。

① 波比跳：30 次/组，组间休息 5 分钟，做 4～6 组。

② 原地高抬腿：100～150 次/组，组间休息 2～4 分钟，做 6～8 组。

③ 连续蛙跳：20～30 次/组，或 50～60 米/组，组间休息 5 分钟，做 3～5 组。

④ 俯卧臂支撑移动：用两手和两脚撑地，向左或向右移动。20～30 次/组，组间休息 4 分钟，做 4～6 组。

（2）无氧耐力练习。

① 原地间歇高抬腿：根据自身情况，进行 5 秒/组、10 秒/组、30 秒/组的原地快速高抬腿练习，越快越好，组间休息 2～3 分钟，做 6～8 组。

② 反复加速跑：100～300 米跑距，跑至终点后放松地走回起点再继续加速跑，重复 8～12 次。

③ 法特莱克跑：一种在野外地形条件下利用加速跑与慢跑交替进行的中长跑训练方法。锻炼者可用不同的速度跑 3000～4000 米，或采用阶梯式变速法，如 50 米快—100 米慢—100 米快—150 米慢渐快等方式。

3. 耐力素质练习的注意事项

（1）时刻监测运动心率，确保达到有氧代谢的标准。

（2）不同人的身体素质不同，对运动的耐受度也不同，因此耐力练习的运动强度也应因人而异，锻炼者不能照搬照抄。一项既定运动强度的耐力练习，对一个人而言是有氧运动的内容，对另一个人而言可能是无氧运动。

（3）耐力素质练习的时间一般较长，在练习结束后，要做好整理活动，使机体充分放松，并及时补充能量，保证充足的睡眠，否则很可能造成身体长时间疲劳。

（三）增强耐力素质对大学生生活的积极影响

增强耐力素质能明显改善心肺机能，增加肺活量；能促进新陈代谢，降低血脂和胆固醇水平；能改善皮肤质量，使气色更好；能减脂塑形，使身材更加健美；能强健身体，提高免疫力。以上身体的积极变化能增强大学生的自信心，在促进其身体健康的同时促进其心理健康。

四、体育锻炼促进速耐素质发展

（一）速耐素质的概念

速耐素质是指人体在相对较长的时间内保持快速运动的能力。速耐素质包括用较长时间完成动作的能力、对外界信号刺激快速反应的能力和快速位移的能力。速耐素质是速度素质和耐力素质的综合，要求锻炼者具有良好的有氧代谢和无氧代谢能力。

（二）发展速耐素质的练习方法

1. 发展速耐素质的练习指导

发展速耐素质需要接受较大运动强度的刺激，以及适当的组间休息时间。练习如果达不到一定的运动强度或者组间休息时间过长，就难以提高机体对乳酸的最大耐受力；如果组间休息时间太短，机体不能获得一定程度的恢复，就无法保证适宜运动强度练习的完成。发展速耐素质，需要同时进行一般耐力、力量耐力、协调能力的训练。

2. 发展速耐素质的具体练习

（1）300米跑，组间休息6分钟，做6～8组。

（2）300米—200米—100米组合跑，两个跑段间歇3～4分钟，组间间歇7分钟，做4组或5组。

（3）300米快跑—50米慢跑—100米组合冲刺跑，组间间歇8分钟，做4组或5组。

3. 速耐素质练习的注意事项

（1）锻炼者在具备较高水平的速度素质和耐力素质后，再开展速耐素质练习。

（2）速耐素质练习对机体运动水平的要求较高，因此开始练习之前，锻炼者务必做好准备活动，预防运动损伤；练习结束之后，做好整理活动，防止运动疲劳。

（三）增强速耐素质对大学生生活的积极影响

相较于其他身体素质，速耐素质更具专业性，常被用来作为体育生或运动员专项身体素质的评价标准。大学生积极发展速耐素质对发展其他身体素质具有较好的促进作用，能够使身体素质得到全面提高，并使健康水平和运动能力登上更高一级台阶。在日常生活中，具备良好的速耐素质能够使大学生更好地完成学习任务和体力劳动。

五、体育锻炼促进柔韧素质发展

（一）柔韧素质的概念

柔韧素质是指人体运动时各关节的肌肉、韧带等组织的伸展能力和活动幅度。根据不同的分类标准，柔韧素质可分为一般柔韧素质和专门柔韧素质、动柔韧素质和静柔韧素质、主动柔韧素质和被动柔韧素质。发展柔韧素质对加大运动幅度、增强运动效果和提高运动技能均具有重要作用。

（二）发展柔韧素质的练习方法

1. 发展柔韧素质的练习指导

发展柔韧素质有两种方式：被动拉伸（在助力作用下进行关节活动的运动形式）和主动拉伸（主动控制肌肉紧张与放松进行关节活动的运动形式）。无论是进行被动拉伸还是主动拉伸，都可采取以下方法。

（1）静态拉伸：用缓慢、匀速的动作进行拉伸，拉伸到自身的最大限度时，保持约30秒。

（2）动态拉伸：通过身体摆动或弹振增大关节的活动范围，拉伸肌肉。

（3）本体感觉神经肌肉促进法（PNF）拉伸：在肌肉放松的前提下对肌肉进行静

力拉伸；在外力作用下被动地进行静力拉伸。

2. 发展柔韧素质的具体练习

（1）颈部拉伸：两手放在髋部，挺直背部，呼气，抬头，颈部后伸，拉伸颈部前侧肌肉。以同样的方式拉伸颈部左侧、右侧和后侧的肌肉，可用手助力。

（2）三角肌拉伸：站姿，一臂向前伸直并向对侧伸展，对侧臂拉伸此臂以加大此臂肌肉拉伸的范围。完成后，换对侧练习。

（3）肱三头肌拉伸：站姿，两腿微分，右臂上举，于头后屈肘，右前臂自然下垂；左手扶右臂肘关节，向左侧拉伸。完成后，换对侧练习。

（4）牵拉胸大肌：站姿，两腿微分，吸气，抬头挺胸，两臂下垂伸直，两手在体后交叉握紧；呼气，两臂上抬，肩胛骨下沉，拉伸胸大肌。

（5）腹直肌拉伸：俯卧，两腿微分，两手在胸两侧撑地，使上体抬离地面，两臂伸直，髋关节贴地，拉伸腹直肌。

（6）广角式腰方肌拉伸：坐姿，两腿伸直，向两侧打开至最大限度，右臂伸直，上体向左侧屈，拉伸右侧腰方肌。完成后，换对侧练习。

（7）侧弯式腹斜肌拉伸：站姿，两臂伸直上举，身体向右侧弯，拉伸左侧腹斜肌。完成后，换对侧练习。

（8）抱头斜方肌拉伸：站姿，两腿并拢，微屈膝，两手抱头，含胸，拉伸两侧斜方肌。

（9）背阔肌拉伸：面对墙壁站立，距墙约1米，两臂向前伸直，两手撑墙，上体前屈至约与地面平行，两臂略高于上体，两腿垂直于地面。保持背部平坦，切勿含胸。

（10）婴儿式背部拉伸：跪姿，两腿并拢，臀部坐在脚跟上，两臂向前伸直，呼气，上体前屈，额头触地，臀部勿抬离脚跟。

（11）仰卧转髋拉伸：仰卧，屈右膝，转髋，右腿倒向身体左侧，肩部和背部勿抬离地面，可用左手助力。完成后，换对侧练习。

（12）股四头肌拉伸：站姿，左腿屈膝，小腿后弯，两手扶左脚，拉伸左腿股四头肌。完成后，换对侧练习。

（13）臀大肌拉伸：仰卧，左腿屈膝屈髋，右脚放在左大腿上，头部及上体勿抬离地面。两手抱住左大腿，并将其拉向胸部，使右侧臀大肌有拉伸感。完成后，换对侧练习。

（14）广角式内收肌拉伸：坐姿，两腿伸直，向两侧打开至最大限度，身体前倾，两臂向前伸展。

（15）腘绳肌拉伸：跪姿，一腿向前伸直，脚尖回勾，臀部后坐，两手撑地，背部平直下压，使腹部尽量贴靠前伸腿的大腿。完成后，换对侧练习。

（16）坐位体前屈拉伸大腿后侧肌肉：坐姿，两腿伸直并拢，两脚回勾，上体前屈，两臂伸直，两手回拉两脚。

以上练习，锻炼者既可进行静态拉伸，也可进行动态拉伸。

3. 柔韧素质练习的注意事项

（1）与力量素质练习相结合，准备活动要充分，以提高肌肉的兴奋性。

（2）训练后应进行整理活动，使肌肉柔而不软，韧而不僵。

（3）动作幅度和运动强度要由小到大，且每次练习应达到最大活动范围。若不逐渐增大动作幅度和运动强度，则柔韧素质发展效果不明显，甚至会减退。

（4）不同部位的练习要交替进行。练习中应先拉压、后振踢，先主动、后被动，动作由小到大，力量由弱到强。

（5）柔韧素质减退较快，因此应尽可能每天练习。

（三）增强柔韧素质对大学生生活的积极影响

对于大学生而言，增强柔韧素质最明显的效果就是运动损伤发生的风险降低。柔韧素质增强能使人体关节的活动幅度增大，提高关节的灵活性，增强肌肉的柔韧性，使大学生在体育运动中做出大幅度动作时不至于轻易受伤。另外，柔韧素质练习能使大学生的形体更为伸展，可以纠正大学生因长时间伏案学习而形成的不良体态（如含胸、驼背等）。柔韧素质练习还能够拉长肌肉，使锻炼者在力量素质练习过程中形成的块状肌肉呈现条状，更显身材美。

六、体育锻炼促进灵敏素质发展

（一）灵敏素质的概念

灵敏素质是指人体在复杂多变的运动环境中，迅速、准确、协调地改变身体运动姿势的能力。灵敏素质包括协调性、灵敏性和准确性3个基本因素。对于运动员来说，灵敏素质还可以分为一般灵敏素质和专门灵敏素质。发展灵敏素质对个体运动技能的形成，以及运动员技战术水平和比赛能力的提高具有重要作用。

（二）发展灵敏素质的练习方法

1. 发展灵敏素质的练习指导

灵敏素质是在中枢神经系统的主导下表现出来的综合性身体素质，与人体生理机能的发展水平有较强的相关性，因此灵敏素质练习具有明显的年龄区分和练习时间的个性化特征。换言之，开展灵敏素质练习，要根据个体年龄所对应的生理发展水平，以及个体精力旺盛的时间段来确定练习方法。另外，灵敏素质练习应注重多样化和趣味性。

2. 发展灵敏素质的具体练习

（1）固定转换体位的练习，如各种穿梭跑、8字跑、折返跑等。

（2）在跑、跳中做迅速改变方向的各种跑、躲闪、突然起动，以及各种快速急停和迅速转身等练习。

（3）指导者突然发出各种指令；锻炼者接受指令后，迅速做出反应。

（4）器械训练、体操、武术中的一些复杂动作练习，以及速度、动作、力量等经常变化的不对称练习和各种球类运动练习。

（5）复杂多变的综合练习，如由之字跑、躲闪跑、穿梭跑、立卧撑4项组成的综合性练习。

（6）专门练习，如立卧撑跳转180°连续进行、上步纵跳、左右弧线助跑、单腿起跳、旋转360°连续进行等。

（7）变速和变向练习。在跑、跳过程中快速、协调、准确地完成各种动作，如变速、变向等。

3. 灵敏素质练习的注意事项

（1）灵敏素质练习要与速度素质练习、力量素质练习、柔韧素质练习等相结合。

（2）灵敏素质练习应在大脑处于兴奋状态、心理状态良好时进行，通常安排在练习课的前半部分。

（3）不同人的灵敏素质差异较大，锻炼者应根据自身的具体情况进行锻炼。

（4）女性进入青春期，灵敏素质会出现明显下降的趋势，这主要是女性体重增加、有氧耐力下降所致。锻炼者应了解这一规律，在练习过程中不要急躁。若锻炼方法得当，在青春期后，灵敏素质仍可恢复和发展。

（三）增强灵敏素质对大学生生活的积极影响

灵敏素质是一个人身体素质的综合反映。增强灵敏素质，可以有效地降低运动损伤的可能性，能促进其他身体素质的发展，并能使大学生在运动中具备更高的运动水平，使其更好地参与运动。例如，在篮球运动中，锻炼者具备较强的灵敏素质，可以更快地对场上情况做出判断，迅速地选择合理位置，调整动作方向或改变动作节奏，以及快速地进行动作变换。

灵敏素质应用在学习中，有助于大学生更机敏地发现问题，积极思考，灵活应对。灵敏素质应用在生活中，有助于大学生从容地处理各种难题，处变不惊。

第二节　体育锻炼与心理健康

一、我国重视促进大学生心理健康教育

2021 年 7 月，《教育部办公厅关于加强学生心理健康管理工作的通知》指出："充分发挥体育、美育、劳动教育以及校园文化的重要作用，全方位促进学生心理健康发展。严格落实开齐开足上好体育课和美育课的刚性要求，积极推广中华传统体育项目，广泛开展普及性体育运动和丰富的艺术实践活动，结合各学段特点系统加强劳动教育，吸引学生积极参加各种健康向上的校园文化生活和学生社团活动，切实培养学生珍视生命、热爱生活的心理品质，增强学生的责任感和使命感。"

2021 年 11 月 29 日，教育部召开全国高校学生心理健康教育工作推进会，部署推动高校学生心理健康教育工作高质量发展。会议指出："教育是培养人的事业，让广大学生更加健康阳光，是落实立德树人根本任务的应有之义，要加强源头治理，全面培育学生的积极心理品质。""积极引导要更加立体多维，进一步发挥体育、美育、劳动教育以及校园文化活动的重要作用。"

可见，近年来，我国在校大学生的心理健康教育促进工作已得到教育主管部门的重视。各高校应对相关文件精神给予积极贯彻落实，明确大学生心理健康教育促进工作的指导原则，全方位、立体化地采取实效措施，做到科学识别，实时预警，心理测

评以全面覆盖、精准应用为目标，咨询服务更加规范、专业、高效、便捷，精准干预大学生的各类心理问题，促进大学生的心理健康。

二、体育锻炼促进大学生心理健康的表现

（一）增强自信，改善精神面貌

体育锻炼对大学生最重要的影响就是能够塑形健身。通过科学开展体育锻炼，大学生能够增强体质，提高抵抗力，强身健体，改善身材和体态，这些改变能令大学生更加自信。另外，体育锻炼还能促进大脑的开发，使神经系统的兴奋和抑制过程更加集中，对外界刺激的反应更加迅速、准确，促进神经系统功能的增强，从而综合提高人的视觉、听觉、感觉水平，神经传导速度，以及神经过程的均衡性和灵活性。这些改变由内而外地展现出来，反映在行为上，会让大学生的精神状态更加饱满，更朝气蓬勃，更能展现新时代大学生的风采。

（二）改善情绪状态

情绪状态是衡量体育锻炼对心理健康影响的主要指标。

从生理角度而言，体育锻炼能促使人体内产生更多的多巴胺。多巴胺是一种神经传递物质，能传递兴奋的信息。因此，大学生通过科学开展体育锻炼，能够从生理层面产生愉悦感。

从心理角度而言，大学生在开展体育锻炼的过程中，能够缓解不安、焦躁、压抑的情绪。在完成某个有难度的动作后，大学生也会获得自信，从而增强对自我的肯定。另外，体育锻炼对神经衰弱也有一定的改善作用，可以改善大学生的睡眠状况，促进其情绪改善。

因此，体育锻炼可以从生理和心理两个层面改善大学生的情绪状态。

（三）提高心理承受能力

有的大学生在面对压力或难题时，无法勇敢面对或积极解决，容易产生负面情绪。而体育的实践性、技能性、竞争性等特点可以使大学生在开展体育锻炼的过程中培养不惧失败、勇攀高峰的精神，有助于增强大学生的心理承受能力和抗挫折能力。

（四）加强自我约束力

在学校体育教学活动及体育竞赛中，大学生必须遵守规则。在这种规则意识的引导下，大学生遵守制度、规范、法律等的意识也将逐渐得到培养。大学生具备较强的规则意识，会在生活和学习的方方面面注意遵守规则，并为自己设定为人处世的原则；不仅对自己严格要求，还会提醒和启迪他人。

（五）增强意志品质

意志品质是指一个人的果断性、坚韧性、自制力，以及勇敢顽强和主动独立等的精神。意志品质既是在克服困难的过程中表现出来的，又是在克服困难的过程中培养

起来的。在体育锻炼中，大学生要不断克服各种客观困难（如气候条件的变化、动作的难度等）和主观困难（如懒惰、畏难等）。这一过程能够培养大学生的意志品质，逐渐增强其内心的耐性和韧性，并使大学生将这些优良的品质迁移到学习和生活中成为可能。这种顽强坚韧的精神能够帮助大学生勇敢地面对困难，积极寻找解决的办法，展现新时代大学生健康向上的风采。

第三节　体育锻炼与社会适应

一、我国重视促进大学生社会适应

2003年6月，教育部印发的《全国普通高等学校体育教育本科专业课程方案》指出："增强学生选课的灵活性，调动学生学习的积极性和主动性，提高他们的社会适应能力。"

2021年7月，《教育部办公厅关于加强学生心理健康管理工作的通知》指出，学校应"针对学生在学习、生活、人际关系和自我意识等方面可能遇到的心理失衡问题，主动采取举措，避免因压力无法缓解而造成心理危机"，应"及时了解学生在人际交往、恋爱情感、集体生活中所遇到的困难和问题，有针对性地开展个别谈话、团体辅导等，帮助青年学生树立正确的交友观、恋爱观"。

可见，我国教育主管部门很早就开始关注学生的社会适应情况，并注意将培养学生的社会适应能力与学校体育结合起来，积极采取措施，以期提高学生的社会适应能力。随着社会的不断进步和教育水平的不断提高，各高校应不断完善和改善教学方式，及时发现大学生的社会交往问题，突出体育锻炼对大学生社会适应的促进作用，做到有针对性地解决问题。

二、体育锻炼促进大学生社会适应的表现

（一）确立良好、客观的自我概念

自我概念是个体主观上对自己的身体、思想、情感等的整体评价，包含个体对自我的各方面认识，如自己的外表、性格、爱好、能力、知识水平等。

一方面，大学生科学开展体育锻炼，能够树立科学的健康观，对自身形象有更为健康、客观的评价标准，能够促进其为了获得更加健康的形象而更加积极主动地健身锻炼，从而形成良性循环。

另一方面，大学生在体育锻炼的过程中遇到的挫折和成功，能够让其更加客观地看待生活中的困难和收获。当遇到困难，踟蹰不前时，在体育锻炼中培养的勇敢顽强的意志品质会促使大学生直面挫折，积极寻找解决方法。当获得荣誉时，在体育竞赛中获得的"强中更有强中手"的体验会让大学生保持冷静，客观看待成功。

（二）提升集体荣誉感和责任感

体育竞赛，特别是团体体育竞赛，能够很好地培养大学生的集体荣誉感和责任感。在参加体育竞赛的过程中，无论是在赛场上拼搏的运动健儿，还是在赛场下努力做好后勤保障的团队成员，都在为了团队的荣誉努力付出。竞赛最终结果承载着所有团队成员的汗水。在为了实现同一目标奋斗拼搏的过程中，团队成员的凝聚力越来越强，每个人对自己所肩负责任的理解也越来越深刻。体育竞赛就是通过这种方式使每位参与者的荣誉感和责任感在潜移默化中得到提升。

大学生在大学阶段的团队合作经验会成为其在工作中拼搏的坚实基础，有助于其在工作团队中找准自己的定位，积极发挥强项，与团队成员互相配合，互相成就。

（三）培养综合素质

社会角色是个体在社会群体中被赋予的身份及该身份所发挥的功能，是构成社会群体或组织的基础。大学生积极参加体育锻炼和团体活动，勇于承担不同的工作内容，有助于其发现自己的长处和短处，并在今后的工作中注意扬长避短。例如，在开展足球运动时，大学生在掌握了基本足球技术的前提下，了解场上各个位置的技战术特点，在日常的练习中勇于尝试；或者，在各项活动中，大学生先后尝试承担组织工作、策划工作、宣传工作；等等。这些尝试不仅能够多方位地锻炼大学生的能力，还能够让其深刻地体会到处于不同位置的人看待问题、考虑问题的角度也不同，从而让大学生在今后的社会交往中能设身处地地考虑他人的情况，在面对棘手问题时，能全面地、综合地思考问题，与各方积极沟通，从而得出相对完善的解决方案。

（四）协调人际关系

人际关系是在人际交往中建立和发展起来的人与人之间的关系。在体育锻炼中，人与人之间的关系是多样化的，如师生关系、队友关系、对手关系等。在人与人相处的过程中，摩擦不可避免，如教师的严格要求与学生的懒惰思想之间的摩擦、队友之间不同战术意见的摩擦、对手之间的竞争摩擦等。然而，体育锻炼的魅力就在于，无论团队成员之间是否存在摩擦，一旦投入运动，锻炼者内心的拼搏精神和合作精神就会被激发，并暂时地忘记摩擦，为了实现自己和团队的目标而努力奋斗。在这一过程中，大学生会切身体会到尊重、体谅、友爱、信任等的重要性，深刻领悟其内涵，并不断改正自己在人际交往中的缺点，以更加乐观积极的态度去面对各种摩擦，处理好人际交往中的问题。

课后实践

1. 为自己制订一份锻炼计划，并与同伴互相监督，坚持开展体育锻炼。
2. 阅读一本与心理健康相关的书籍，并与同班同学分享读后感。

第三章　体育课程思政教育

内容提要

※ 体育与爱国主义精神和团队精神。

※ 体育与公平竞争意识和规则意识。

※ 体育塑造健全人格。

※ 体育锤炼意志品质。

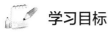

学习目标

※ 了解思政教育的重要性。

※ 理解体育课程的思政作用，并深刻挖掘体育课程的思政内涵。

在体育课程中开展课程思政能充分发挥体育课程的育人功能，这也是贯彻落实习近平总书记重要讲话精神和实施"立德树人"的有效途径和重要抓手。体育课程在实施课程思政的过程中有着得天独厚的先天条件。体育运动始终与民族的命运和民族的振兴有着天然的联系。体育精神强调的是团结、合作、拼搏。在体育课程中让学生了解、学习体育名人事迹，学习体育文化，是引导学生树立健康向上的精神风貌、激发学生爱国情怀的重要方法。体育课程项目特征明显，内涵丰富，教育方式多样化。例如，田径课程能培养学生顽强、坚忍不拔的意志品质；又如，球类课程需要在同伴的配合下进行，既可以培养学生的集体主义精神，又可以增进学生互相帮助、团结友爱的思想品德；再如，体操课程可以培养学生的勇敢精神等。体育教师可以采用"讲故事，观视频，显精神，塑人格"的教学方式，以鲜活的故事形式激发学生兴趣，引起学生思考，使其与教师产生互动共鸣，以案例的形式引导学生寻找思政元素，从而最大限度地发挥体育课程的思政育人功能，这对促使体育课程与思政课程同向同行，促进公共体育课程完成从知识本位到能力本位再到价值本位的提质升级具有积极的意义。

第一节　体育与爱国主义精神和团队精神

一、体育与爱国主义精神

在战争年代，爱国主义精神集中体现在全军全民的浴血奋战和保家卫国的行为中，是一种崇高的民族精神。在和平年代，爱国主义精神具有凝聚人心、团结各族人民的重要作用，体现在全民共建和谐家园的过程中。爱国主义教育在教育工作中，或者更细化地说，在德育工作中，处于核心地位。

大学生是社会的特殊群体。从生理角度而言，他们已成年，但从心理角度而言，他们还未成熟。大学生接受过系统的教育，具备较高的文化水平和综合素质水平，是社会新技术、新思想的"代言人"，有着青春活力和开拓精神，是推动社会进步的主要人群之一。让大学生接受爱国主义教育是必要的，也是必须的。这不仅能够增强其民族自豪感和自信心，更能够坚定其报效祖国的信念，激发其拼搏精神。

（一）体育为中华民族优秀传统文化的传承提供了途径

中华民族优秀传统文化是几千年中华文明积淀的精神财富，是经历了几千年历史发展的文化瑰宝，是中华儿女智慧的结晶。传承优秀传统文化是对我国历史的认同，是对优秀传统文化的珍惜，更是爱国主义的行为表现。因此，大学生应该加强自身对优秀传统文化的了解和学习，深刻理解其在我国历史发展中的作用，增强文化认同，并主动承担起传承优秀传统文化的责任。

中国古代体育为中华民族优秀传统文化的传承提供了很好的突破口和途径。例如，武术是中华民族优秀传统文化的代表。武术运动源远流长，博大精深。太极拳、长拳等都展现了我国武术的多样性。大学生深入了解武术，还能发现武术所蕴含的深刻的哲学理念。这些武术被传承至今，更加说明了充分利用中华传统体育活动，传承体育精神，使大学生对中华民族优秀传统文化有更深的认识是必要的，也是可行的。

（二）体育为爱国主义精神的展现提供了窗口

中华民族的发展和祖国的强大既是每一位中华儿女的殷切期盼，也是每一位中华儿女心甘情愿担负起的责任和一生奋斗的目标。接受过系统思政教育的当代大学生应该更能够理解这种家国情怀，同时更应该具备为实现这种家国情怀而奋斗的动力和勇气。

当我国运动健儿在赛场上拼搏时，当我国观众在场下加油助威时，当志愿者默默无闻地工作只为保障赛事正常进行时，他们每一个人都怀揣着爱国信念。为国争光不仅体现在运动员在赛场上挥洒的汗水中，还体现在每一位中国人的言行举止中。当我国运动健儿取得优异成绩时，响彻运动场的国歌和冉冉升起的国旗是我国繁荣富强的展现，这会极大地激发每一个中国人的民族自豪感，这也是每一个中国人爱国主义信念的体现。

二、体育与团队精神

团队是具有某种性质的集体或团体。团队精神就是集体合作、共同奋斗的精神。学校体育是培养学生团队精神的重要手段。

很多人片面地认为团队精神就是无私奉献、牺牲自我。其实，团队精神的内涵是个体充分且客观地认识自己和团队其他成员，准确定位，并充分挖掘自身潜力和发挥自身优势，与团队成员互补互助、互相成就，最终达到共同的既定目标。由此看出，团队精神不是盲目奉献，而是要求团队成员互相配合，在共同完成某项任务的过程中共同成长。

（一）体育中的团队精神的体现

体育运动的社会性决定了参与者并非孤立地开展运动，体育运动的竞技性则决定了参与者要有为集体荣誉而战的目标和动力。很多体育项目是以团队形式开展的，如接力跑、球类运动、定向越野、登山等。即使是个人参加的体育项目，其所代表的也是班级、院系、学校、社区、省、国家等不同的团体。这便将体育运动与团队精神牢牢地连接在了一起。在团队中，成员情况各不相同，但他们为了共同的目标，通过体育这一媒介凝聚在了一起。

（二）大学生具备团队精神的重要性

团队精神既是人的社会属性的外在表现，也是人类社会能够延续、发展的基础和条件。大学生具备团队精神具有以下现实意义：① 可以督促大学生客观地认识自己，使其既能发现自己的闪光点，也能看到自己的不足并加以改善；② 可以让大学生体会到集体生活的乐趣；③ 可以提高大学生的人际交往能力；④ 团队的成功会使团队中的大学生个体获得成就感，提高他们的自信心；⑤ 为大学生毕业后快速融入工作团队打好基础。

（三）体育培养团队精神的方式

在体育运动中，合作意识和团队精神贯穿始终。各项体育运动都要求团队成员相互配合，以便实现团队目标。

1.互帮互助，共同提高

在日常的体育教学中，教师在讲解技战术后，会让学生分组练习。很多分组练习要求组内学生共同完成，如互相帮助拉伸、观察其他成员的动作是否到位并指出问题、保护高难度动作的实施者、共同探讨技战术等。学生通过与同组同学合作完成练习，能够充分了解自己与同组同学的特点、长处和缺点，进而深刻理解团队的部署安排和战术设计。在分组练习的过程中，同组学生会进行深入的沟通，开展配合练习，围绕共同目标最大程度地发挥个人水平。这一过程有利于培养大学生强烈的责任感、组织纪律性，以及团结互助、爱护集体的意识。

2.公平竞争，完善自我

在体育教学中，公平的竞赛活动有助于培养大学生的团队精神。每一位参加过体育竞赛的大学生都能够深刻地领悟到，在激烈的竞争中，个人的运动技术固然重要，但是团队的合理战术安排及全体成员之间的默契配合也很重要。体育教学中良性、公平的竞赛活动为大学生提供了体会团队合作重要性的机会，能够促使大学生更加积极地完善自我、融入团队。公平竞争会激发大学生的团队精神，而团队精神又激励着大学生努力完善团队配合、积极参与公平竞争，形成了良性循环。

第二节　体育与公平竞争意识和规则意识

一、体育与公平竞争意识

公平竞争即竞争者之间进行的竞争是公开、平等、公正的。公平竞争的重点不在于竞争，而在于公平。竞争是一把双刃剑。有了公平意识，竞争才会是良性的，才能推动事物不断发展；不公平的竞争只能损人害己。

（一）体育中的公平竞争意识的体现

首先，体育竞赛参与者需要根据各自不同的情况进行分组比赛。例如，举重比赛需要根据重量级划分竞赛队伍；儿童、青少年、成年人等有不同的竞赛类别；等等。其次，体育竞赛有公平的评判标准，不因参与者的国籍、民族、能力等而对其有不公正的判罚。最后，体育竞赛要求所有参与者获得平等的对待和尊重，不能因参与者的能力或职责的不同而区别对待。

（二）大学生具备公平竞争意识的重要性

大学生具备公平竞争意识，既是教育的培养目标，也是教育效率提高的手段；既有目标价值，又有手段价值。

第一，具备公平竞争意识可以让大学生客观看待成败。公平竞争的内涵并非只是要求人们公平地对待竞争过程，还要求人们客观地看待竞争结果。具备公平竞争意识的大学生能用辩证的眼光看待成功和失败，谦虚地对待荣誉，平静地接受失败，积极地面对挫折。

第二，具备公平竞争意识可以提高大学生的心理承受能力。当大学生能够客观看待竞争结果时，其对客观事物的心理承受范围也会扩大，从而能逐渐培养沉稳处事的能力。

第三，具备公平竞争意识可以让大学生认识到"人无完人"，使其能够认识到和接受自己的不完美。及时发现缺点，才能积极改正。公平竞争意识让大学生能够勇于正视自己的不足，为其主动、积极地提高自身水平提供了可能性和动力。

（三）体育培养公平竞争精神的方式

体育是公平竞争精神表现尤为突出的学科，也是能够让大学生深刻体会公平竞争精神重要性的学科。体育竞赛的魅力在于其竞争性，而其灵魂在于所有参与者公平、平等地竞争。

教师在组织体育教学的过程中，会充分考虑学生的能力和水平，注重依据学生的个人情况开展分组竞赛和对抗练习。教师注重公平的教学方式有利于培养学生的公平竞争精神。另外，学生可以在参与体育活动的过程中自然培养公平竞争意识。例如，在足球赛场上，如果一方有运动员受伤倒地，在裁判未及时吹哨的情况下，另一方的持球者会主动将球踢出场外，让伤员获得救治。这种行为是参与者在运动过程中自然形成的行为。公平竞争，让获胜者更体面，让失败者更有尊严。

由此看出，体育在培养大学生公平竞争意识方面所起到的作用是潜移默化的，也是其他学科无法替代的。

二、体育与规则意识

规则是大家共同遵守的制度或章程。"没有规矩，不成方圆。"人人都遵守规则，才能让社会有序运转、良性发展，人与人之间才能和谐共处。遵守规则是社会活动有效进行的必要前提和基本保障。

体育具有竞技性。每一项体育竞技项目的开展都需要规则作为保障。所有参与者必须在遵守规则的前提下进行竞争，这就是体育中规则意识的重要体现。不同地区的地理环境、文化背景、风俗习惯各不相同，各类运动在不同地区可能会有些许差别。当来自不同地区或不同团体的人汇聚一堂、共同竞争时，规则统一、明确，才能确保竞赛的顺利开展。

（一）大学生具备规则意识的重要性

一方面，规则意识能够体现一个人的素质水平。无论社会如何发展，对人才的要求如何变化，具备规则意识永远是人才选拔的基本标准。具备规则意识有助于人们在日常工作和生活中恪守原则，严守道德和法律底线。从发展的角度看，大学生具备规则意识，可以更好地满足社会的需求，获得个人和所在团体的长远发展。

另一方面，崇高的政治信念和高尚的道德情操是建立在大学生具备规则意识的基础之上的。加强大学生的规则意识是提高大学生综合素质水平的前提。因此，在实施思政教育的过程中，学校应将培养大学生的规则意识作为基础，这是实现个人、学校、社会三方可持续发展的共同前提和客观要求。

（二）体育课程培养规则意识的方式

规则意识并非天生存在。规则意识是人们在成长过程中，通过与外界的接触及信息交换逐渐了解不同人员、不同环境中存在的底线而形成的。简而言之，规则意识是要靠后天的教育和培养形成的。另外，规则不是一成不变的，其范围也并非固定。对于体育竞赛而言，不同的竞赛项目有不同的规则；已有的规则也会随着竞赛的开展或社会的发展而有所修改。具备规则意识有助于人们主动了解规则，进而遵守规则。

体育的特性决定了其具有相对较多的规则，体育课程自然而然成了培养大学生规则意识的重要课程。在体育课上，教师会组织大学生开展各项运动，并要求参与者严格遵守相关的运动规则。在这一过程中，大学生的规则意识得以树立和培养，并能够迁移至今后的学习、工作和生活中，使大学生终身受益。

第三节　体育塑造健全人格

一、人格概述

（一）人格的概念及影响因素

人格是人的性格、气质、能力等特征的总和。其形成是多种作用的结果，既有内在因素的影响，也有外在因素的影响。

1. 内在因素

人格的形成与遗传有很大的关系。例如，当个体还是幼童，尚未被教化时，其所表现出的兴趣、爱好、性格、行为方式等大多与其父母相似。另外，一个人本身的文化素养对其人格的形成也有很大影响。他读过的书、学习过的知识都会化为内在的力量，对其人格的形成和改变发挥潜移默化的作用。

2. 外在因素

首先，一个人的家庭环境对其人格的形成发挥着重要的作用。俗话说："父母是孩子的第一任老师。"父母是孩子模仿的对象，父母的思维方式、言行举止等会影响孩子人格的形成。

其次，学校教育和社会环境也会影响人格的形成。学校教育和社会舆论的引导对一个人的世界观、人生观、价值观的形成具有教化作用。

最后，国家、地区、民族等的文化传承、风俗习惯等也会对人格的形成产生影响。例如，中华民族吃苦耐劳、勤劳勇敢的特性印刻在每一位中华儿女的骨血之中，即使人格再多元，也改变不了中华儿女的"中国心"。

（二）人格的辩证特点

人格的特点具有鲜明的辩证性质，即人格既有共同性又有独特性，既有稳定性又有渐变性。

1. 共同性和独特性

一方面，人格的形成受社会环境、文化背景的影响，因此，在一定的社会群体中，其成员的人格具有一定的共同性。另一方面，多种因素作用于不同人身上，会产生不同的结果，也就会形成不同的人格。正所谓"人心不同，各如其面"，意思是不同的人的内心世界（即人格）是不同的，就如同人的面貌各不相同。人格的独特性是一个人区别于他人的本质标志。

2. 稳定性和渐变性

一方面，人格具有较强的稳定性，并不会因为一句话、一件事而突然改变。"江山易改，秉性难移"说的就是这个意思。另一方面，人格也并非是一成不变的。随着个人的成长、阅历的丰富，以及外界环境的改变，人格也会潜移默化地发生改变。

二、大学生具备健全人格的重要性

健全人格是指人格健康、全面。其具体表现：人格结构各要素完整；自我认知明确、客观，言行一致；性格积极、乐观；社会交往融洽，人际关系和谐；等等。

大学生担负着建设祖国、实现中华民族伟大复兴的历史使命，因此其具备健全的人格，具有正确的世界观、人生观、价值观，对于社会发展而言是非常重要的。具备健全人格的大学生既能够在面对困难和挑战时勇往直前，乐观进取，也能够以开放、包容的心态来接纳世界，兼容并蓄，博采众长，最终实现个人与社会的可持续发展。

三、体育塑造大学生健全人格的方式

体育既能够促进身体健康，又能够促进心理健康、社会适应和道德健康，对人格的塑造也有独特且不可替代的作用。体育锻炼不仅能发展生理机能，而且能够强化精神力量，促进个体形成遵守道德规范的意识，有助于个体形成健康的世界观、人生观和价值观，从而实现塑造个体健全人格的最终目标。

（一）约束自我，增强遵规意识

体育竞赛讲究公开、公平、公正。所有参与者都必须遵守规则，共同营造有组织、有纪律的公平竞争环境，确保竞赛有序、合规地进行。大学生参加各项体育运动，必须先了解各项目的运动规则和竞赛规则，以及相关赛事的组织和开展程序，并在日常练习和实际比赛中始终遵守规则。做到这些，需要大学生内心认同并牢记相关规则。在这个过程中，大学生将逐渐形成规则意识，并在日常的学习和生活中也会约束自己，形成法规意识，进而养成遵守社会规范的行为习惯。

另外，当大学生代表自己的班级、院系、学校、国家参加体育赛事时，其一举一动都与集体的荣誉息息相关。为了集体荣誉，大学生会注意自己的言行举止，在比赛全过程中遵守规则，尊重裁判，尊重对手。这一过程将促使大学生形成更高层次的道德思想与品行，并逐渐促进大学生健全人格的形成。

（二）开阔眼界，形成健康的世界观

大学生想要提高体育运动的技战术水平，不应闭门造车，而应不断地了解和学习世界先进技战术。大学生可以通过阅读书籍、进行网络查询等方式获取先进理论知识，并在努力提高自身技战术水平的基础上，把握机会，与其他运动队积极交流，踊跃参与实践训练，以期更加高效地提高自己的综合实力。

通过与他人的交流、合作，大学生能够开阔自己的眼界，更加深刻地了解客观事物的发展规律，以形成健康的世界观。

（三）笑看风云，形成健康的人生观

"胜败乃兵家常事"，这个道理也适用于体育竞赛。一名运动员无论日常训练得多刻苦，技战术水平多高，他也不能保证自己或自己所在团队赢得每一场比赛。再所向披靡的队伍也会遇到困难和挑战。这些困难并非无法克服，但是其能否被成功攻破取决于面对者的心态是否积极。体育以其独特的方式和魅力让大学生学会客观看待难题，

在遇到困难时保持冷静，迎难而上。这种面对困难的态度和思考问题的方式会被逐渐迁移至大学生的学习和生活中，帮助其形成健康的人生观。

（四）视角多元，形成健康的价值观

体育项目虽然包含诸多规则，但也具有诸多视角，鼓励人们以多元的视角看待客观世界。例如，在体育发展的过程中，一些原本被认为不适合女性参与的运动，如今也为女性提供了展示的舞台；残奥会，与其说是为残疾人提供的体育平台，不如说是残疾人用坚韧顽强的意志激励世人的途径。体育世界为大学生打开了多元化的窗口，让大学生学会欣赏不一样的风景，品味不一样的魅力，相信一切皆有可能，从而帮助大学生形成健康的价值观。

综上所述，体育具备独特的学科特点，有助于促进大学生形成健全的人格。大学生在校期间，要积极主动地参与体育实践，通过体育，认识自我，了解自我，超越自我，坚定理想信念，为自身的健康成长打下坚实的基础。

第四节　体育锤炼意志品质

一、意志品质的概念及表现

意志是指个体决定达到某种目的而产生的心理状态，往往由语言和行动表现出来。品质是指个体在行为、作风上所表现的思想、认识、品行等的本质。意志品质则是指一个人在行动中具有明确的目的，不屈从于周围的压力，按自己的信念、知识和行为方式采取行动的品质。意志品质主要表现在一个人的独立性、果断性、自制性和坚持性方面。

（一）独立性

意志品质本身就包含个体不屈从于外界压力的内在意义。因此，具有良好的意志品质的个体在面对困难时通常能够冷静思考，结合客观实际，做出准确判断并付诸实际行动，不受外界环境或他人意见的影响。需要注意的是，独立性不同于独断性。前者以客观的评估决策为前提，后者则是盲目自信，固执己见。

（二）果断性

具备良好意志品质的人能够在恰当的时刻迅速做出合理的决策，这便是果断性的体现。个体必须能够明辨是非，统筹全局，随机应变，才能在关键时刻果断做出合理的决策，避免优柔寡断，也避免草率地做出决定。

（三）自制性

具备良好意志品质的人能够控制自己的情绪，客观冷静地支配自己的行动，既不

会轻易被引诱而做出违背自身意愿或违背道德法规的行为，也不会轻易动摇自己内心坚守的信念。

（四）坚持性

具备良好意志品质的人能够百折不挠，坚持不懈，直至实现既定目标。坚持性强的人能够在任何情况下都不松懈，时刻保持紧张，直至最后一刻。然而，坚持并非顽固执拗。前者是一种优良品质，个体能够接纳合理意见，不断完善自我，直至实现最终目标；后者则是人们应该避免的，顽固执拗的人往往傲慢自负，不愿听从他人的建议，最终只会一叶障目。

二、大学生具备良好意志品质的重要性

（一）良好的意志品质是学生的基本素质之一

《中共中央国务院关于深化教育改革，全面推进素质教育的决定》从不同的角度对大学生的意志品质提出了要求：从加强大学生心理健康教育的角度，提出要"针对新形势下青少年成长的特点，加强学生的心理健康教育，培养学生坚韧不拔的意志、艰苦奋斗的精神，增强青少年适应社会生活的能力"；从加强学校体育工作的角度，提出要重视"培养学生的竞争意识、合作精神和坚强毅力"；从教育与生产劳动相结合的角度，强调要着重培养学生"热爱劳动的习惯和艰苦奋斗的精神"。良好的意志品质并非是与生俱来的，而是在后天的社会实践与教育中逐步锻炼和培养起来的，它是学生的基本素质之一，对促进大学生成才有着不可低估的作用。苏轼曾说："古之立大事者，不唯有超世之才，亦必有坚忍不拔之志。"

（二）能够达到现代社会对人才的要求标准

随着科技的发展，当今社会信息化水平不断提高，社会对人才的综合素质的要求也越来越高。具有良好意志品质的大学生在职场上更具竞争力。历史事实证明，但凡成功人士，皆具备良好的意志品质。大学生若想在今后获得更长远的发展，实现自己的人生价值，就应当高度重视对自身意志品质的锤炼。

三、体育锤炼大学生意志品质的方式

体育在锤炼大学生的意志品质方面发挥着其他学科无法替代的作用。综合前文所述，体育具有较强的竞争性、规范性、实践性、集体性等特点，体育运动自带的困难因素是锤炼大学生的良好"磨刀石"。

（一）体育运动中的困难因素

体育运动中的困难包括内部困难和外部困难。

内部困难是指与实现目标相冲突的来自个体自身的障碍，又分为生理困难和心理困难。生理困难是指个体先天造成的运动困难（如身高、体重、协调性、灵敏性等，会限制个体运动水平），以及剧烈运动所造成的生理困难（如大强度的训练造成的呼吸困难、耐力下降等，会使个体难以维持现有运动水平）。心理困难源于生理困难和外部困

难，如先天不足、能力有限造成个体缺乏信心、情绪低落等；另外，在学习与活动中的自我压力、想获取他人认可的压力等也可能在一定程度上造成大学生的心理障碍。

外部困难是指来自外界的障碍，它又可分为人化障碍和物化障碍。人化障碍是针对自然环境（物化）而言的，它是由人为因素造成的障碍，如目标达成的速度、远度、高度要求等。物化障碍是指由一些自然因素造成的困难，如炎炎烈日、雷雨大风、场地条件差等。

通常，外部困难是通过内部困难而起作用的，生理困难会引发心理困难，它们之间是辩证统一的。因此，大学生要充分利用体育中的困难因素，主动锤炼自己的意志品质，完善自我。

（二）体育运动中所需的意志努力

1.克服生理非常态时的意志努力

生理的非常态是相对于平时正常的生理状态而言的。它是指个体的心率、血压、肺通气量等指标都超过了正常值。这时要完成一定的运动任务，大学生就必须付出更多的努力，特别是在大强度运动时，大学生必须依靠坚强的意志力来努力克服机体的惰性和抑制现象，以维持运动状态。在参与田径项目、各种球类运动、户外运动等时，参与者很多时候都处于这种状态。

2.克服心理紧张的意志努力

在体育运动中，许多情况会造成参与者心理紧张，如对手过于强大，训练任务运动量大、强度大，目标、要求较高等。在心理紧张的情况下，大学生要注意调节情绪状态，将注意力集中在运动项目上，做到心无杂念，以一定的意志努力减轻心理压力。

3.克服与危险有关的意志努力

许多体育项目存在一定的危险性，如体操中的单杠、双杠、跳箱、跳马等，水上项目中的游泳、跳水等，冰雪项目中的滑冰、滑雪等，同场对抗项目中的足球、篮球、散打等。体育项目固有的危险性容易使大学生产生胆怯、恐慌、困惑等消极情绪。要克服这些不良情绪，大学生需要付出一定的意志努力。

（三）遵守纪律、规则的意志努力

纪律是体育教学的有力保障，规则是体育竞赛顺利进行的有力保障。参与体育教学和体育竞赛要求每一名大学生必须约束自己的言行，而约束过程本身需要大学生意志努力的参与。

课后实践

1.阅读与中国女排相关的文章，并写一篇关于女排精神的读后感。
2.在宿舍展开一场有关体育精神的辩论赛。

第四章　学生体质健康测试

 内容提要

※《国家学生体质健康标准（2014 年修订）》简介。

※ 学生体质健康测试方法。

※ 促进学生体质健康测试达标的锻炼方法。

 学习目标

※ 了解大学生体质健康的标准。

※ 能够自行进行体质健康测试。

※ 掌握促进体质健康测试达标的锻炼方法，并坚持锻炼。

第一节《国家学生体质健康标准（2014 年修订）》简介 *

一、说明

《国家学生体质健康标准》（以下简称《标准》）是国家学校教育工作的基础性指导文件和教育质量基本标准，是评价学生综合素质、评估学校工作和衡量各地教育发展的重要依据，是《国家体育锻炼标准》在学校的具体实施，适用于全日制普通小学、初中、普通高中、中等职业学校、普通高等学校的学生。

本标准的修订坚持健康第一，落实《国家中长期教育改革和发展规划纲要（2010—2020 年）》《国务院办公厅转发教育部等部门关于进一步加强学校体育工作若干意见的通知》《教育部关于印发〈学生体质健康监测评价办法〉等三个文件的通知》有关要求，着重提高《标准》应用的信度、效度和区分度，着重强化其教育激励、反馈调整和引导锻炼的功能，着重提高其教育监测和绩效评价的支撑能力。

本标准从身体形态、身体机能、身体素质等方面综合评定学生的体质健康水平，是促进学生体质健康发展、激励学生积极进行身体锻炼的教育手段，是国家学生发展核

---

* 节选自教育部印发的《国家学生体质健康标准（2014 年修订）》。

心素养体系和学业质量标准的重要组成部分，是学生体质健康的个体评价标准。

在本标准的适用对象中，大学一、二年级为一组，大学三、四年级为一组。

大学各组别的测试指标均为必测指标。其中，身体形态类中的身高、体重，身体机能类中的肺活量，以及身体素质类中的50米跑、坐位体前屈为各年级学生共性指标。

本标准的学年总分由标准分与附加分之和构成，满分为120分。标准分由各单项指标得分与权重乘积之和组成，满分为100分。附加分根据实测成绩确定，即对成绩超过100分的加分指标进行加分，满分为20分；大学的加分指标测试项目为男生引体向上和1000米跑，女生1分钟仰卧起坐和800米跑，各指标加分幅度均为10分。

根据学生学年总分评定等级：90.0分及以上为优秀，80.0～89.9分为良好，60.0～79.9分为及格，59.9分及以下为不及格。

每个学生每学年评定一次，记入《〈国家学生体质健康标准〉登记卡》。特殊学制的学校，在填写登记卡时可以按规定和需求相应地增减栏目。学生毕业时的成绩和等级，按毕业当年学年总分的50%与其他学年总分平均得分的50%之和进行评定。

学生测试成绩评定达到良好及以上者，方可参加评优与评奖；成绩达到优秀者，方可获体育奖学分。测试成绩评定不及格者，在本学年度准予补测一次，补测仍不及格，则学年成绩评定为不及格。普通高等学校学生毕业时，《标准》测试的成绩达不到50分者按结业或肄业处理。

学生因病或残疾可向学校提交暂缓或免予执行《标准》的申请，经医疗单位证明，体育教学部门核准，可暂缓或免予执行《标准》，并填写《免予执行〈国家学生体质健康标准〉申请表》，存入学生档案。确实丧失运动能力、被免予执行《标准》的残疾学生，仍可参加评优与评奖，毕业时《标准》成绩需注明免测。

各学校每学年开展覆盖本校各年级学生的《标准》测试工作，《标准》测试数据经当地教育行政部门按要求审核后，通过"中国学生体质健康网"上传至"国家学生体质健康标准数据管理系统"。测试和数据上传时间由教育行政部门确定。

二、单项指标与权重

大学各年级单项指标与权重见表4-1-1。

表4-1-1　大学各年级单项指标与权重

测试对象	单项指标	权重
大学各年级	体重指数（BMI）	15%
	肺活量	15%
	50米跑	20%
	坐位体前屈	10%
	立定跳远	10%
	引体向上（男）/1分钟仰卧起坐（女）	10%
	1000米跑（男）/800米跑（女）	20%

注：体重指数（BMI）＝体重（千克）/身高^2（米^2）。

三、评分表

《国家学生体质健康标准（2014 年修订）》中大学阶段的评分表见表 4-1-2 至表 4-1-8。

表 4-1-2　体重指数（BMI）单项评分表　　（单位：千克 / 米²）

等级	单项得分	大学男生	大学女生
正常	100	17.9 ～ 23.9	17.2 ～ 23.9
低体重	80	≤ 17.8	≤ 17.1
超重		24.0 ～ 27.9	24.0 ～ 27.9
肥胖	60	≥ 28.0	≥ 28.0

表 4 1 3　大学男生各测试项目评分表　　（人一、大二适用）

等级	单项得分	肺活量 / 毫升	50 米跑 / 秒	坐位体前屈 / 厘米	立定跳远 / 厘米	引体向上 / 次	耐力跑 1000 米 / （分：秒）
优秀	100	5040	6.7	24.9	273	19	3:17
	95	4920	6.8	23.1	268	18	3:22
	90	4800	6.9	21.3	263	17	3:27
良好	85	4550	7.0	19.5	256	16	3:34
	80	4300	7.1	17.7	248	15	3:42
及格	78	4180	7.3	16.3	244		3:47
	76	4060	7.5	14.9	240	14	3:52
	74	3940	7.7	13.5	236		3:57
	72	3820	7.9	12.1	232	13	4:02
	70	3700	8.1	10.7	228		4:07
	68	3580	8.3	9.3	224	12	4:12
	66	3460	8.5	7.9	220		4:17
	64	3340	8.7	6.5	216	11	4:22
	62	3220	8.9	5.1	212		4:27
	60	3100	9.1	3.7	208	10	4:32
不及格	50	2940	9.3	2.7	203	9	4:52
	40	2780	9.5	1.7	198	8	5:12
	30	2620	9.7	0.7	193	7	5:32
	20	2460	9.9	−0.3	188	6	5:52
	10	2300	10.1	−1.3	183	5	6:12

表4-1-4　大学男生各测试项目评分表　　　　　（大三、大四适用）

等级	单项得分	肺活量/毫升	50米跑/秒	坐位体前屈/厘米	立定跳远/厘米	引体向上/次	耐力跑1000米/（分：秒）
优秀	100	5140	6.6	25.1	275	20	3:15
	95	5020	6.7	23.3	270	19	3:20
	90	4900	6.8	21.5	265	18	3:25
良好	85	4650	6.9	19.9	258	17	3:32
	80	4400	7.0	18.2	250	16	3:40
及格	78	4280	7.2	16.8	246		3:45
	76	4160	7.4	15.4	242	15	3:50
	74	4040	7.6	14.0	238		3:55
	72	3920	7.8	12.6	234	14	4:00
	70	3800	8.0	11.2	230		4:05
	68	3680	8.2	9.8	226	13	4:10
	66	3560	8.4	8.4	222		4:15
	64	3440	8.6	7.0	218	12	4:20
	62	3320	8.8	5.6	214		4:25
	60	3200	9.0	4.2	210	11	4:30
不及格	50	3030	9.2	3.2	205	10	4:50
	40	2860	9.4	2.2	200	9	5:10
	30	2690	9.6	1.2	195	8	5:30
	20	2520	9.8	0.2	190	7	5:50
	10	2350	10.0	−0.8	185	6	6:10

表4-1-5　大学女生各测试项目评分表　　　　　（大一、大二适用）

等级	单项得分	肺活量/毫升	50米跑/秒	坐位体前屈/厘米	立定跳远/厘米	1分钟仰卧起坐/次	耐力跑800米/（分：秒）
优秀	100	3400	7.5	25.8	207	56	3:18
	95	3350	7.6	24.0	201	54	3:24
	90	3300	7.7	22.2	195	52	3:30
良好	85	3150	8.0	20.6	188	49	3:37
	80	3000	8.3	19.0	181	46	3:44

续表

等级	单项得分	肺活量/毫升	50米跑/秒	坐位体前屈/厘米	立定跳远/厘米	1分钟仰卧起坐/次	耐力跑800米/（分∶秒）
及格	78	2900	8.5	17.7	178	44	3∶49
	76	2800	8.7	16.4	175	42	3∶54
	74	2700	8.9	15.1	172	40	3∶59
	72	2600	9.1	13.8	169	38	4∶04
	70	2500	9.3	12.5	166	36	4∶09
	68	2400	9.5	11.2	163	34	4∶14
	66	2300	9.7	9.9	160	32	4∶19
	64	2200	9.9	8.6	157	30	4∶24
	62	2100	10.1	7.3	154	28	4∶29
	60	2000	10.3	6.0	151	26	4∶34
不及格	50	1960	10.5	5.2	146	24	4∶44
	40	1920	10.7	4.4	141	22	4∶54
	30	1880	10.9	3.6	136	20	5∶04
	20	1840	11.1	2.8	131	18	5∶14
	10	1800	11.3	2.0	126	16	5∶24

表 4-1-6　大学女生各测试项目评分表　　　　（大三、大四适用）

等级	单项得分	肺活量/毫升	50米跑/秒	坐位体前屈/厘米	立定跳远/厘米	1分钟仰卧起坐/次	耐力跑800米/（分∶秒）
优秀	100	3450	7.4	26.3	208	57	3∶16
	95	3400	7.5	24.4	202	55	3∶22
	90	3350	7.6	22.4	196	53	3∶28
良好	85	3200	7.9	21.0	189	50	3∶35
	80	3050	8.2	19.5	182	47	3∶42
及格	78	2950	8.4	18.2	179	45	3∶47
	76	2850	8.6	16.9	176	43	3∶52
	74	2750	8.8	15.6	173	41	3∶57
	72	2650	9.0	14.3	170	39	4∶02
	70	2550	9.2	13.0	167	37	4∶07

续表

等级	单项得分	肺活量 /毫升	50 米跑 /秒	坐位体前屈 /厘米	立定跳远 /厘米	1 分钟仰卧起坐 / 次	耐力跑 800 米 /（分：秒）
及格	68	2450	9.4	11.7	164	35	4:12
	66	2350	9.6	10.4	161	33	4:17
	64	2250	9.8	9.1	158	31	4:22
	62	2150	10.0	7.8	155	29	4:27
	60	2050	10.2	6.5	152	27	4:32
不及格	50	2010	10.4	5.7	147	25	4:42
	40	1970	10.6	4.9	142	23	4:52
	30	1930	10.8	4.1	137	21	5:02
	20	1890	11.0	3.3	132	19	5:12
	10	1850	11.2	2.5	127	17	5:22

表 4-1-7　大学生加分指标测试项目评分表一　　　　　　　　（单位：次）

加分	引体向上（男）		1 分钟仰卧起坐（女）	
	大一、大二	大三、大四	大一、大二	大三、大四
10	10	10	13	13
9	9	9	12	12
8	8	8	11	11
7	7	7	10	10
6	6	6	9	9
5	5	5	8	8
4	4	4	7	7
3	3	3	6	6
2	2	2	4	4
1	1	1	2	2

　　注：引体向上（男）、1 分钟仰卧起坐（女）均为高优指标，学生成绩超过单项评分 100 分后，以超过的次数所对应的分数进行加分。

表 4-1-8　大学生加分指标测试项目评分表二　　　　　　　　（单位：秒）

加分	1000 米跑（男）		800 米跑（女）	
	大一、大二	大三、大四	大一、大二	大三、大四
10	−35	−35	−50	−50
9	−32	−32	−45	−45
8	−29	−29	−40	−40

续表

加分	1000 米跑（男）		800 米跑（女）	
	大一、大二	大三、大四	大一、大二	大三、大四
7	-26	-26	-35	-35
6	-23	-23	-30	-30
5	-20	-20	-25	-25
4	-16	-16	-20	-20
3	-12	-12	-15	-15
2	-8	-8	-10	-10
1	-4	-4	-5	-5

注：1000 米跑（男）、800 米跑（女）均为低优指标，学生成绩低于单项评分 100 分后，以减少的秒数所对应的分数进行加分。

第二节 学生体质健康测试方法

一、身高

受试者赤足，以立正姿势站在身高计的底板上（上肢自然下垂，两脚脚跟并拢，脚尖分开约 60°）。脚跟、骶骨部及两肩胛区与立柱相接触，躯干自然挺直，头部正直，耳屏上缘与眼眶下缘成水平位。测试人员站在受试者右侧，使水平压板轻轻沿立柱下滑，轻压于受试者头顶。测试人员读数时，两眼应与压板水平面等高；记录员复诵后进行记录。以厘米为单位记录测试成绩，保留 1 位小数。测试误差不得超过 0.5 厘米。（图 4-2-1）

二、体重

测试时，体重秤应放在平坦地面上。受试者赤足，男性受试者身着短裤，女性受试者身着短裤、短袖衫，站在秤台中央。读数以千克为单位，保留 1 位小数。记录员复诵后进行记录。测试误差不超过 0.1 千克。（图 4-2-2）

图 4-2-1　　　图 4-2-2

三、肺活量

测试人员告知受试者不必紧张，以中等速度和力度尽全力吹气效果最好。令受试者手持吹气口嘴，面对肺活量计站立试吹一两次，首先看仪表有无反应，还要试口嘴或鼻处是否漏气，调整口嘴和用鼻夹（或自己捏鼻孔）；学会深吸气（避免耸肩提气，应该像闻花似的慢吸气）。测试时，受试者进行一两次较平日深一些的呼吸动作后，更深地吸一口气，屏住气向口嘴处慢慢呼气至不能再呼为止，防止此时从口嘴处吸气，测试中不得中途二次吸气。吹气完毕后，液晶屏上最终显示的数字即肺活量值。每位受试者测 3 次，每次间隔 15 秒，记录 3 次数值，选取最大值作为测试结果。以毫升为单位记录测试成绩，不计小数。

四、50 米跑

受试者至少两人一组进行测试，站立式起跑。受试者听到"跑"的口令后开始起跑。发令员在发出口令的同时要摆动发令旗。计时员视旗动开表计时，在受试者躯干部位到达终点线的垂直面时停表。以秒为单位记录测试成绩，精确到小数点后 1 位，小数点后第二位数按非 0 进 1 原则进位，如 10.11 秒读成 10.2 秒并记录。

五、坐位体前屈

受试者两腿伸直，两脚平蹬测试纵板坐在平地上，两脚分开 10～15 厘米，上体前屈，两臂伸直前，用两手中指指尖逐渐向前推动游标，直到不能前推为止。测试计的脚蹬纵板内沿平面为 0 点，向内为负值，向前为正值。以厘米为单位记录测试成绩，保留 1 位小数。测试两次，取最好成绩。（图 4-2-3）

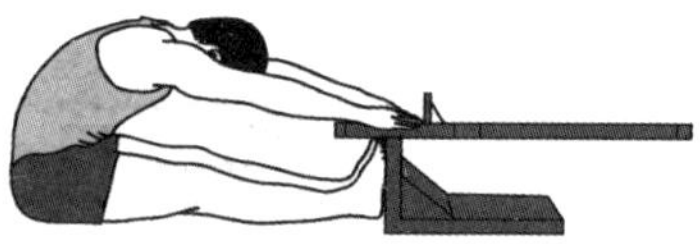

图 4-2-3

六、立定跳远

受试者两脚自然分开站在起跳线后，脚尖不得踩线（最好用线绳做起跳线）。两脚原地同时起跳，不得有垫步或连跳动作。丈量起跳线后缘至最近着地点后垂直距离。每人试跳 3 次，取最好成绩。以厘米为单位，不计小数。

七、引体向上（男）

受试者跳起，两手正握杠，两手与肩同宽，成直臂悬垂。静止后，两臂同时用力向上引体（身体不能有附加动作），上拉到下颌超过横杠上缘为完成 1 次。记录引体次数。

八、1 分钟仰卧起坐（女）

受试者仰卧于垫上，两腿稍分开，屈膝约成 90°，两手手指交叉抱于脑后。受试者坐起时，两肘触及或超过两膝为完成 1 次。仰卧时，两肩胛必须触垫。测试人员发出"开始"口令的同时开表计时，记录受试者 1 分钟内完成次数。1 分钟到时，受试者虽已坐起，但肘关节未达到两膝者不计该次。精确到个位。（图 4-2-4）

图 4-2-4

九、1000 米跑（男）/800 米跑（女）

受试者至少两人一组进行测试，站立式起跑。受试者听到"跑"的口令后开始起跑。发令员在发出口令的同时摆动发令旗，计时员看到旗动开表计时，当受试者的躯干部位到达终点线垂直面时停表。以分、秒为单位记录测试成绩，不计小数。

第三节 促进学生体质健康测试达标的锻炼方法

一、改变体重指数的锻炼方法

影响体重指数成绩的主要因素是肥胖。体重较轻的学生通过一般体育锻炼即可达到提高体重指数成绩的目的。以下锻炼方法旨在提高肥胖学生的体重指数成绩。

（1）锻炼目的：① 减轻体重，防止肥胖；② 增强体力，提高身体机能水平。

（2）锻炼内容：长距离慢跑、骑自行车、游泳和球类活动。

（3）运动强度：心率保持在 120 ～ 160 次/分，最佳为 130 ～ 140 次/分。

（4）运动时间和运动频率：每次 60 分钟，每周 4 次或 5 次。

（5）锻炼方法和锻炼程序。

① 准备活动 5 分钟，可做一些腰、腿和髋关节的拉伸活动。

② 慢跑 30 分钟，速度控制在心率保持 120 ～ 160 次/分为宜。若心率低于 120 次/分，应提高跑速；若心率高于 160 次/分，则应降低跑速。

③ 身体素质练习 20 分钟，包括仰卧起坐 40 个、提踵 50 次、立卧撑 40 次和纵跳 40 次。

④ 整理活动 5 分钟，可做一些腰、背、腿和上肢的放松活动。

【注意事项】锻炼时，锻炼者若感觉过于轻松或过于吃力，可适当调整锻炼内容或调节运动量；以锻炼后第二天不感到疲劳为宜，每周可适当增加运动量；身体状态不佳时，应停止锻炼。

（6）锻炼时间安排：早晨或晚饭后 1 小时。

（7）锻炼伙伴：最好与同样体型或同一运动水平的同学一起锻炼。

（8）锻炼环境：应选择在干净、空气清新的环境中锻炼，以附近有树木、花草为宜。

（9）锻炼监督：选择可靠的指导者监督。

（10）锻炼习惯：争取养成锻炼的习惯，保证计划的执行。

二、提高肺活量的锻炼方法

（1）锻炼目的：① 提高肺活量，使肺通气量、呼吸深度等发生良性变化；② 保持和增强体力，提高身体机能水平。

（2）锻炼内容：长距离慢跑、球类运动、健美操、游泳、台阶跑等。

（3）运动强度：心率保持在 120 ～ 160 次/分。

（4）运动时间和运动频率：每次60分钟左右，每周3次或4次。

（5）锻炼方法和锻炼程序。

① 准备活动5分钟，可做一些腰、腿和髋关节的拉伸活动。

② 台阶跑30分钟，做10组，保持心率在160次/分左右。

③ 身体素质练习20分钟，包括跨跳40米2次、后蹬跑50米3次、加速跑30米3次。

④ 整理活动5分钟，可做一些腰、背、腿和上肢的放松活动。

【注意事项】锻炼时，锻炼者若感到过于轻松或过于吃力，可适当地调整锻炼内容或调节运动量；以锻炼后第二天不感到疲劳为宜，每周可适当增加运动量；身体状态不佳时，应停止锻炼。

（6）锻炼时间安排：早晨或晚饭后1小时。

（7）锻炼伙伴：最好与同一运动水平的同学一起锻炼。

（8）锻炼环境：可在田径场进行慢跑，在看台进行台阶跑。

（9）锻炼监督：选择可靠的指导者监督。

（10）锻炼习惯：坚持按已制订的计划执行，保证每次的运动量。

三、50米跑、立定跳远的锻炼方法

（1）锻炼目的：① 提高短距离跑的能力；② 发展下肢肌肉力量，尤其是爆发力、上下肢的协调性等。

（2）锻炼内容：30～50米计时跑、上下坡跑、半蹲跳、跳远、多级蛙跳、负重深蹲、多级跨跳等。

（3）运动强度：心率保持在120～160次/分。

（4）运动时间和运动频率：每次60～90分钟，每周3次或4次。

（5）锻炼方法和锻炼程序。

① 准备活动5分钟，可做一些腰、腿和髋关节的拉伸活动。

② 慢跑5～10分钟；跑的专门性练习30～40分钟，包括小步跑30～50米3次、高抬腿跑30米3次、后蹬跑30米3次、50米计时跑5次。

③ 身体素质练习20分钟，如半蹲跳10次。

④ 整理活动5～10分钟，可做一些腰、背、腿和上肢的放松活动，以及放松跑5分钟。

【注意事项】锻炼时应坚持较大的运动强度，间歇时间可适当调整；锻炼后必须认真完成整理活动，每周可适当增加运动量；每次锻炼后，应至少有24小时的休息时间；身体状态不佳时，应停止锻炼。

（6）锻炼时间安排：饭后1～2小时。

（7）锻炼伙伴：最好与同一运动水平的同学一起锻炼。

（8）锻炼环境：田径场。

（9）锻炼监督：选择可靠的指导者监督。指导者记录锻炼者每次练习的时间和间歇时间，以保证运动强度。

（10）锻炼习惯：保证运动强度，坚持完成锻炼计划。

四、1000 米跑（男）/800 米跑（女）的锻炼方法

（1）锻炼目的：① 改善呼吸系统和心血管系统的机能；② 提高肌肉的耐力水平。

（2）锻炼内容：加速跑、变速跑、重复跑、中速跑、台阶跑等。

（3）运动强度：心率保持在 120 ～ 160 次/分。

（4）运动时间和运动频率：每次 60 ～ 90 分钟，每周 3 次或 4 次。

（5）锻炼方法和锻炼程序。

① 准备活动 5 分钟，可做一些腰、腿和髋关节的拉伸活动。

② 加速跑 40 ～ 60 米 3 次，间歇时间为 1 分钟；变速跑 1500 ～ 2500 米 2 次或 3 次，间歇时间为 3 ～ 5 分钟。要求快跑与慢跑相结合，如采用 100 米慢跑接 100 米快跑，或者 200 米慢跑接 200 米快跑，再或者 400 米慢跑接 400 米快跑的练习方法。

③ 身体素质练习 20 分钟，包括仰卧起坐 20 次/组，共 3 组；或收腹举腿 20 次/组，共 3 组。

④ 整理活动 5 ～ 10 分钟，可做一些腰、背、腿和上肢的放松活动或慢速跑。

【注意事项】锻炼时，锻炼者若感到过于轻松或过于吃力，可适当调整锻炼内容或调节运动量；以锻炼后第二天不感到疲劳为宜，每周可适当增加运动量；严寒、酷暑或患病时，应停止锻炼。

（6）锻炼时间安排：通常为饭后 1 小时左右。若吃得较饱，则应在饭后 2 小时后进行锻炼。

（7）锻炼伙伴：最好与同一运动水平的同学一起锻炼。

（8）锻炼环境：田径场。

（9）锻炼监督：选择可靠的指导者监督。指导者记录锻炼者每次练习的时间和间歇时间，以保证运动强度。

（10）锻炼习惯：坚持按已制订的计划执行，保证每次的运动量和运动强度。

五、其他项目的锻炼方法

（1）坐位体前屈的锻炼方法：进行 5 ～ 10 分钟的慢跑后，锻炼者可做正压腿、侧压腿、正踢腿、站位体前屈等活动；采用动态拉伸与静态拉伸相结合的运动方式。

（2）引体向上（男）的锻炼方法：做 5 ～ 10 分钟的准备活动后，进行上肢力量练习，每周 2 次，每次约 20 分钟。例如，引体向上 3 组，每组 3 ～ 5 次；俯卧撑 5 组，每组 10 个；使用哑铃锻炼肱二头肌和肱三头肌的动作各 3 组，每组 8 ～ 12 个。

（3）1 分钟仰卧起坐（女）的锻炼方法：进行 5 ～ 10 分钟的慢跑后，锻炼者可做仰卧起坐、收腹举腿、仰卧团身、仰卧两头起等活动；应坚持每天锻炼，最好不间断。

课后实践

班长组织全班开展一次 12 分钟跑测试。各班根据实际情况分组，每组确定一名组长。测试结束后，各组长将测试结果汇总至班长处。全班根据测试结果，制订适合本班的锻炼计划。在组织测试的过程中，可请体育教师给予指导。

第五章　科学进行体能训练

 内容提要

※ 体能的评估。

※ 进行体能训练应遵循的科学原则。

※ 准备活动和整理活动。

※ 制订体能训练计划。

学习目标

※ 能对自己的体能进行评估。

※ 能遵循科学原则，制订适合自己的体能训练计划，并付诸实践。

　　体能是人体各系统的功能在身体活动中表现出来的能力，主要包括人体基本活动能力和身体素质。良好的体能既是大学生进行日常学习、生活的基本保障，也是其提高运动成绩和技战术水平的基础，能使大学生保持良好的心态，积极参加体育训练和比赛，丰富大学生的生活，促进大学生的人际交往。

　　大学生要提高体能，不应进行单一的训练，而应科学、全面地开展体能训练，综合提高心肺耐力、肌肉力量，增强身体的柔韧性、协调性，改善身体成分等。

第一节　体能的评估

　　对自身进行科学的体能评估，了解自己的体能水平，是大学生科学开展体能训练的前提。体能是体质的重要组成方面，大学生可以结合《国家学生体质健康标准（2014年修订）》中的相关内容，对自己的体质进行评定。另外，大学生也可以采取以下方式，测试与评价自己的心肺耐力、肌肉力量与肥胖程度。

一、心肺耐力的测试与评价

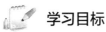

　　心肺耐力与大肌肉群参与动力性运动、中等至大强度且长时间运动的能力有关。

这些运动依赖于呼吸系统、心血管系统和骨骼肌的功能状态。心肺耐力的测试方法较多，有直接反映机体氧气摄取和转化能力的最大摄氧量测试，还有间接测试心肺耐力的20米往返跑、12分钟跑、台阶试验等各种运动负荷试验。两者的差异：直接测试法中，受试者做极限强度的运动，最大摄氧量的数值为直接测得的；间接测试法中，受试者做持续一定时间的最大强度运动，通过心率及其他监测指标推算最大摄氧量。下面以12分钟跑为例说明。

12分钟跑作为一种场地测试法，要求受试者最好在400米的田径跑道上完成12分钟的匀速跑动。测试要求受试者在12分钟内尽自己的最大努力完成尽可能远的跑动距离。测试结束后，由测试人员记录受试者的跑动距离，然后代入如下公式，推算最大摄氧量：

$$最大摄氧量［毫升/（千克·分）］=22.35×距离（千米）-11.29$$

测试者可以采用12分钟跑的方式测得最大摄氧量，并用此来评价13～60岁及以上不同性别受试者的心肺耐力。（表5-1-1）

表5-1-1　13～60岁及以上不同性别受试者的心肺耐力评价标准［单位：毫升/（千克·分）］

性别	年龄						等级
	13～19岁	20～29岁	30～39岁	40～49岁	50～59岁	60岁及以上	
男性	<35.0	<33.0	<31.5	<30.2	<26.1	<20.5	很低
	35.0～38.3	33.0～36.4	31.5～35.4	30.2～33.5	26.1～30.9	20.5～26.0	低
	38.4～45.1	36.5～42.4	35.5～40.9	33.6～38.9	31.0～35.7	26.1～32.2	一般
	45.2～50.9	42.5～46.4	41.0～44.9	39.0～43.7	35.8～40.9	32.3～36.4	高
	51.0～55.9	46.5～52.4	45.0～49.4	43.8～48.0	41.0～45.3	36.5～44.2	很高
	≥56.0	≥52.5	≥49.5	≥48.1	≥45.4	≥44.3	优秀
女性	<25.0	<23.6	<22.8	<21.0	<20.2	<17.5	很低
	25.0～30.9	23.6～28.9	22.8～26.9	21.0～24.4	20.2～22.7	17.5～20.1	低
	31.0～34.9	29.0～32.9	27.0～31.4	24.5～28.9	22.8～26.9	20.2～24.4	一般
	35.0～38.9	33.0～36.9	31.5～35.6	29.0～32.8	27.0～31.4	24.5～30.2	高
	39.0～41.9	37.0～40.9	35.7～40.0	32.9～36.9	31.5～35.7	30.3～31.4	很高
	≥42.0	≥41.0	≥40.1	≥37.0	≥35.8	≥31.5	优秀

二、肌肉力量的测试与评价

（一）最大力量

最大力量测试方式包括握力测试、背力测试、臂力测试和腿力测试，常用的是握力测试。

握力测试需要使用握力计。测试方法为调整握力计到适宜位置，一手握握力计，屈臂或者直臂以最大力量抓握握柄，握力计不可触碰身体（图5-1-1）。左、右手轮流测试，可以测试3次，取最好成绩。

图5-1-1

（二）快速力量

根据测试目的，快速力量的测试方法分为快速力量测试和爆发力量测试两种。在日常实践中，测试者通常采用一些简单的方法来测试快速力量，如纵跳摸高等。该指标主要用于40岁以下人群的测试。

20～39岁男性、20～39岁女性纵跳评分表分别见表5-1-2、表5-1-3。

表5-1-2 20～39岁男性纵跳评分表 （单位：厘米）

年龄	1分	2分	3分	4分	5分
20～24岁	19.9～24.8	24.9～32.3	32.4～38.4	38.5～45.8	>45.8
25～29岁	19.6～23.9	24.0～31.3	31.4～36.8	36.9～43.6	>43.6
30～34岁	18.4～22.3	22.4～29.3	29.4～34.7	34.8～41.1	>41.1
35～39岁	17.8～21.4	21.5～27.9	28.0～33.0	33.1～39.5	>39.5

表5-1-3 20～39岁女性纵跳评分表 （单位：厘米）

年龄	1分	2分	3分	4分	5分
20～24岁	12.7～15.8	15.9～20.5	20.6～24.7	24.8～30.0	>30.0
25～29岁	12.4～15.0	15.1～19.7	19.8～23.4	23.5～28.5	>28.5
30～34岁	12.0～14.5	14.6～18.7	18.8～22.6	22.7～27.7	>27.7
35～39岁	11.5～13.7	13.8～17.8	17.9～21.3	21.4～26.1	>26.1

三、肥胖程度的测试与评价

腰围与臀围比值（简称"腰臀比"）可以反映脂肪的区域性分布状况，通过腰臀比可以判断受试者是上半身肥胖还是下半身肥胖。腰臀比的测试步骤比较简单，更适于自我评价。此方法的测试要点如下。

（1）测量工具为无弹性的卷尺。受试者站立，穿着紧身的衣服以减小误差。测量时，将卷尺尽量贴在身上，测量数值应精确到毫米。

（2）测量腰围时，将卷尺放在肚脐水平处，并在呼气结束时测量。

（3）测量臀围时，将卷尺放在臀部的最大周长处。

（4）完成测量后，用腰围除以臀围，得出腰围与臀围的比值。

腰臀比与疾病发生的风险呈一定的相关性，是以脂肪分布状况来评价心脑血管疾病风险的一项简易指标。受试者可以根据表5-1-4进行自我评定。

表5-1-4 不同性别受试者腰臀比的评价标准

男性	女性	等级（疾病风险程度）
>1.00	>0.85	高风险
0.94～1.00	0.82～0.85	较高风险
<0.94	<0.82	较低风险

第二节　进行体能训练应遵循的科学原则

进行体能训练是为了提高人体的综合体能水平。大学生应遵循科学原则进行体能训练。不切实际地盲目练习不仅不能提高体能，还可能造成运动损伤，影响正常的学习和生活。

一、安全性原则

安全性原则是科学开展体能训练的首要原则。大学生在进行体能训练时，要时刻在内心强化"安全"二字，将安全意识贯穿体能训练的始终，为科学体育奠定坚实基础。

遵循安全性原则，大学生要做到：① 在开始训练之前，充分了解自己的身体情况，若自身有运动禁忌证，不可抱有侥幸心理进行尝试；② 在开始训练之前，做充分的准备活动，使肌肉、关节、内脏等都被调动至运动状态，以身体微出汗为宜，避免肌肉拉伤、关节扭伤等运动损伤；③ 在结束训练之后，做充分的整理活动，使肌肉、关节、内脏等由紧张的运动状态逐渐放松，以呼吸恢复正常为宜；④ 在训练过程中，一旦身体不适（如头晕、恶心、四肢无力等），应立即停止训练，进行休息，必要时，向同学或教师求助；⑤ 开始训练前和训练结束后的半小时内，不能大量进食，避免增加人体代谢的负担，以及影响训练水平或放松过程；⑥ 训练后，不宜立刻洗澡，最好在训练结束半小时后再洗澡，且应用温热水洗澡，切勿用冷水洗澡。

二、准确性原则

遵循准确性原则是实现安全性原则的有效途径。准确性原则不仅指动作要准确，还指用力要准确。大学生在进行体能训练前，必须对要进行的训练内容进行了解和学习。首先，要学习正确的训练动作，如深蹲时，要注意膝关节在地面的投影不能超过脚趾，否则会使膝关节受力过大，长期训练，易造成膝关节不可逆的损伤。其次，要了解动作的正确用力方式，如引体向上时，需要臂部用力，若不注意用力方式，很容易误用腰部发力，容易造成腰部损伤。

因此，遵循准确性原则在体能训练中具有重要的作用。为了促进身体健康，综合提高体能水平，大学生在开展体能训练时，务必注意动作细节，运用正确的方式进行训练。

三、全面性原则

全面性原则是指大学生在进行体能训练时，要开展多项训练，以发展全身的机能。即使大学生的训练目标是发展身体某一部位的肌肉或某一项体能，其也要进行全面锻炼。因为人体在运动时，全身肌肉都会参与用力，只是各部位肌肉分担的力量大小不同而已，所以进行全面锻炼的同时，也要注重发展专项体能。例如，要发展臂部力量，除了要进行臂部专项力量训练外，还应进行胸背部力量训练；要发展腿部力量，除了要进行腿部专项力量训练外，还应加强腹部力量训练；要发展肌肉力量，除了要进行力量训练外，还应开展耐力训练，以增强肌肉耐力。

四、个性化原则

个性化原则是指体能训练要因人而异，区别对待。每个人的身体情况都具有独特性，年龄、性别、身体素质、运动技能水平等各不相同。因此，大学生在开展体能训练之前要充分结合自身的情况确定训练项目和运动负荷。大学生若照搬照抄其他人的体能训练方式，不仅不能合理发展自己的体能，甚至可能会造成运动损伤。

五、循序渐进原则

任何事物都有其发生、改变的过程，同样，体能训练良好效果的显现也需要时间。循序渐进原则是指大学生在进行体能训练时，要根据自己的体能状况逐渐增加运动负荷。从一次体能训练的角度而言，大学生应从准备活动开始，待身体微出汗后，再开始进行体能训练，并以小运动负荷开始，逐渐增加运动负荷。从一段时间的体能训练的角度而言，大学生应做好运动计划，逐渐增加运动负荷，不能直接进行大运动负荷的训练。大学生进行体能训练时遵循循序渐进的原则，可以使其身体的各项机能逐渐发生向好改变。

六、持之以恒原则

体能训练的效果是需要积累的，如果训练间断，那么训练效果也会逐渐减退。例如，大学生在刚开始进行柔韧性训练的拉伸练习时，韧带、肌肉会产生紧绷感，甚至会发生拉扯疼痛。在坚持练习一段时间后，韧带得到伸展，肌肉、关节的活动幅度和范围都有所增大，不适感会有所减轻。但若大学生停止柔韧性训练3天，那么再次进行柔韧性训练时，其肌肉、关节的活动幅度会减小，韧带不适感会增强。停止训练的时间越长，训练效果减退的程度越明显。因此，开展体能训练必须遵循持之以恒原则。

第三节　准备活动和整理活动

一、准备活动

（一）准备活动的作用

体能训练前的准备活动能够提高肌肉温度，促进血液循环，降低身体组织的黏滞性，改善运动能力，降低发生运动损伤的风险。

（二）准备活动的内容

准备活动包括一般性准备活动和专项性准备活动。一般性准备活动适用于大多数开展体能训练的人，时长为 5～10 分钟，以全身性活动为主要内容，目的是充分调动人体的运动状态。专项性准备活动以专项运动中的动作作为练习方式，时长为 8 ～ 12 分钟，以目标明确的专项活动为主要内容，目的是为接下来开展的专项练习做好身体机能准备，如在进行足球运动前，要进行短距离冲刺跑、传接球等活动；在进行篮球运动前，要进行投篮练习等。

需要注意的是，做专项准备活动前，仍然要做一般性准备活动。一般性准备活动是开展所有体能训练前必须进行的活动，其较常见的方式包括慢跑、跳跃（如原地开合跳）、原地后踢腿跑、各部位的动态拉伸（如扩胸运动、弓步压腿、臂部伸展）等。

一般性准备活动的动作举例如下。

1. 颈部伸展

锻炼者取站姿，两手叉腰或两臂自然下垂，颈部依次向前、后、左、右做振压动作，拉伸颈部肌肉。

2. 扩胸运动

锻炼者取站姿，两臂侧平举，向体后振压，带动前胸、后背做扩胸运动，拉伸胸肌和背部肌肉。

3. 腰腹拉伸

锻炼者取站姿，两腿左右开立，两手叉腰，上体以腰为轴做前后摆动。完成一定次数后，左手叉腰，右臂伸直上举，上体以腰为轴向左侧屈。完成一定次数后，换对侧练习。

4. 直腿前踢

两腿伸直，交替向前上方踢，两手向前伸直，触碰踢起脚脚尖。（图 5-3-1）

5. 高抬腿

两腿交替屈膝上抬，上体直立，保持身体平衡。两臂随高抬腿节奏自然前后摆动。（图 5-3-2）

6. 交替后踢腿前屈

右腿支撑，左腿屈膝，小腿后踢，左手扶左脚脚背，使左脚脚跟尽量靠近臀部，拉伸左大腿前侧肌肉，上体直立，保持身体平衡。上体缓慢前屈，左腿尽量向后抬高，使上体、左大腿约与地面平行（图 5-3-3）。起身，左腿原地落下或向前迈步，换腿练习。

图 5-3-1　　　　　图 5-3-2　　　　　　　图 5-3-3

7. 抱膝行走

右腿支撑，左腿屈膝上抬，两臂环抱左膝，尽量将左膝拉向胸前，同时右腿肌肉收紧，右脚脚跟提起，身体前倾（图 5-3-4）。左腿原地落下或向前迈步，换腿练习。

8. 弓步压腿

左腿向前迈步，屈膝，右腿向后伸直，右脚前脚掌着地，脚跟后蹬，成左弓步。

两臂自然下垂，两手在左脚两侧触地（亦可直起上体，两手交叠，轻放于左大腿上），进行弓步压腿（图 5-3-5）。完成后，蹬直左腿，向后转身，屈右膝，进行右弓步压腿。

9. 前弓步下蹲

两腿前后开立，左腿在前，右腿在后，身体重心在两腿之间，上体直立，两臂自然下垂。两腿屈膝下蹲，两腿大小腿都成约 90°，右臂伸直上举（图 5-3-6）。完成一定次数后，换对侧练习。

图 5-3-4　　　　　　　　　　图 5-3-5　　　　　　　　　　图 5-3-6

10. 侧弓步压腿

两腿左右开立，深蹲准备，两臂前平举，两手交叉，掌心向前。上体保持直立，右脚先向右侧跨出，右腿伸直，下压。完成后，换左腿练习。（图 5-3-7）

图 5-3-7

11. 两臂支撑动态练习

两臂支撑准备，两脚位置固定，两腿始终伸直，两手交替推地后撤，将身体撑起（图 5-3-8），然后两手交替推地前行，恢复两臂支撑。反复练习。

图 5-3-8

（三）准备活动的注意事项

（1）准备活动必须是全身性的运动，以充分调动全身肌肉。

（2）准备活动运动负荷不能过大，否则容易造成机体损伤。

（3）准备活动以身体微出汗为宜。

（4）准备活动也需要注意关节的活动，特别是肩关节、膝关节和踝关节。

二、整理活动

（一）整理活动的作用

整理活动的作用主要是使机体从运动状态逐渐恢复至平静状态。机体在大运动负荷的训练结束后，若突然由动态转入静态，容易对肌肉、内脏等造成损害，而且不利于体内乳酸代谢，容易造成肌肉酸痛和身体疲劳。因此，锻炼者在体能训练结束后必须进行整理活动。

（二）整理活动的内容

整理活动包括主动放松恢复和被动放松恢复两种方式。主动放松恢复是指训练者自主进行的整理活动，如慢走、深呼吸、主动拉伸等。被动放松恢复是指锻炼者在他人的帮助下进行的被动拉伸运动。整理活动时长一般为 5 ～ 10 分钟。

以下介绍几个主动放松恢复的动作。

1. 站姿胸部拉伸

锻炼者取站姿，两手在体后交叉，两臂伸直向后上方抬起（图 5-3-9）。保持 15 ～ 30 秒或深呼吸 3 ～ 5 次。

图 5-3-9

2. 站姿背部拉伸

锻炼者取站姿，两臂前平举，两手互握，手心向前。两臂前推，胸、背向后顶，使背部肌肉及上斜方肌有充分拉伸感。保持 15 ～ 30 秒或深呼吸 3 ～ 5 次。

3. 肱三头肌拉伸

锻炼者取坐姿（或站姿），右臂伸直上举，右上臂贴右耳，屈肘，右手手指在背后尽量向下延伸，可以用左手协助拉伸（图 5-3-10）。保持 15 ～ 30 秒或深呼吸 3 ～ 5 次，完成后，换对侧练习。

图 5-3-10

4.腕关节拉伸

锻炼者取坐姿（或站姿），左臂前平举，掌心向下，屈左腕，左手手背向前，右手轻压左手手背，保持 15 ～ 30 秒或深呼吸 3 ～ 5 次；左臂恢复成平举，左前臂外旋，左腕背伸，左手掌心向前，右手轻压左手手指，保持 15 ～ 30 秒或深呼吸 3 ～ 5 次（图 5-3-11）。完成后，换对侧练习。

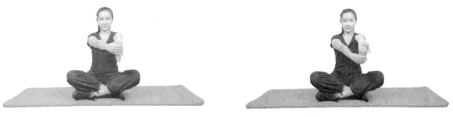

图 5-3-11

5.腹部拉伸

锻炼者俯卧，两臂屈肘支撑上体（或两臂伸直，以手撑地），髋关节、腿部贴地，脊椎向后、向上伸展，颈部与脊椎成一条弧线，使腹直肌被充分拉伸（图 5-3-12）。保持 15 ～ 30 秒或深呼吸 3 ～ 5 次。

图 5-3-12

（三）整理活动的注意事项

（1）准备活动中的拉伸运动亦可被用于整理活动，只是在整理活动中，不采用振压方式拉伸，而采用静态拉伸。

（2）进行静态拉伸时，要量力而行，不可盲目追求伸展程度，否则易造成肢体活动幅度过大，进而造成运动损伤。

（3）进行静态拉伸时，要配合呼吸，使肌肉放松。

第四节　制订体能训练计划

一、制订体能训练计划的步骤

（一）综合评估体能状况

大学生在制订体能训练计划前，必须先对自己的体能状况进行评估，了解自己的身体素质、心肺耐力水平等，不可盲目开展训练。遵循体能训练的科学原则，才能坚持训练，最终实现既定的训练目标，收到期望的效果。

（二）明确体能训练的目标

体能训练的目标应包括总目标和阶段目标。大学生对自己的体能水平进行评估之后，需要明确自己进行体能训练的总目标，如强身健体、减脂塑形、增肌、增强心肺耐力等。明确体能训练的总目标，有利于大学生确定体能训练的具体内容。大学生在确定体能训练的总目标后，还应将总目标进行阶段性划分，设定阶段目标。

总目标和阶段目标的设定都应具体且符合实际。具体是指目标要明确。例如，一名微胖者想要减脂塑形，其目标为 3 个月降低 10 千克体重，体重指数恢复至正常。符合实际是指目标具有可行性，是经过努力可以实现的，若上述练习者的目标改为 1 个月降低 10 千克体重，则是不切实际的，而且有损身体健康。

体能训练的目标具有阶段性，目标结果具有多重性。一方面，随着体能训练的进行，练习者的体能也会发生改变，如最初以减脂塑形为目标的练习者在实现减脂塑形的目标后，还会根据自身的需求和身体情况设定其他的体能训练目标。另一方面，体能训练计划实施后，其结果是多重的，如练习者的体能训练目标是增肌，但在进行力量训练（增肌的主要手段）前需要先提高身体素质，因此，该练习者在实现增肌目标后，其身体素质也会有所提高，并且会收到一定的减脂塑形的效果。

（三）根据训练目标确定训练项目类别

在明确训练目标后，大学生就可以确定体能训练的项目类别了。以增强心肺耐力为目标的体能训练，应以有氧运动项目（如慢跑、游泳、骑自行车等）为主要内容；以减脂塑形为目标的体能训练应以有氧运动项目为主要内容，同时进行适量的力量训练，在减脂的同时，增强肌肉力量，以收到更好的塑形效果；以增肌为目标的体能训练应以力量训练项目为主要内容，同时结合拉伸训练，在每项力量训练结束后，都要对所锻炼的肌肉进行拉伸，这样既有利于肌肉放松，又能使身材更为健美。

（四）监测训练效果，定期调整训练计划

大学生在开展体能训练的过程中，要注意监测训练效果，并将训练效果与所定目标进行对比。大学生若在开展体能训练一段时间后，发现即使按计划训练也不可能实现训练目标，则需要审视自己的训练过程，检查训练内容或训练目标是否存在问题，然后合理调整训练计划。

二、体能训练计划范例

（一）范例一

【基本信息】女，身高 163 厘米，体重 60 千克，下肢力量弱，无家族遗传病史，无禁忌运动项目。

【训练目标】减脂塑形，3 个月减少 10 千克体重。

【训练频率】5 天/周。

【训练内容】

（1）准备活动：慢跑，10 分钟。

（2）力量训练：① 鸭子步，20 米，3 组；② 深蹲或深蹲加侧踢腿，12 个/组，3 ～ 5 组；③ 哑铃飞鸟或平板卧推，15 个/组，4 组；④ 俄罗斯转体、卷腹或反向卷腹，20 个/组，3 组。

（3）有氧训练：慢跑或跳有氧健美操，不少于 30 分钟。

（4）整理活动：拉伸训练过程中所锻炼的肌肉群，10 分钟。

【注意事项】

（1）深蹲时，膝关节投影点勿超过脚趾。

（2）两项运动间歇不超过 2 分钟，两组运动间歇不超过 1 分钟。

（3）饮食要以低脂、高蛋白食物为主，如牛奶、鸡蛋、牛肉、虾、香蕉等。不可盲目节食，否则体内营养素将无法为身体供能，肌肉会越练越少，不利于塑形。

（二）范例二

【基本信息】男，身高 178 厘米，体重 60 千克，无家族遗传病史，无禁忌运动项目。

【训练目标】增肌、增体重，3 个月增加 2.5 ～ 3 千克体重。

【训练频率】3 ～ 5 天/周。

【训练内容】

（1）准备活动：慢跑，10 分钟。

（2）力量训练：① 负重深蹲，5 ～ 8 个/组，5 组；② 卧推，5 ～ 8 个/组，5 组；③ 硬拉，5 ～ 8 个/组，5 组；④ 杠铃划船，5 ～ 8 个/组，5 组；⑤ 杠铃过顶推举，5 ～ 8 个/组，5 组。

（3）有氧训练：跳有氧健美操，不少于 25 分钟。

（4）整理活动：拉伸训练过程中所锻炼的肌肉群，15 分钟。

【注意事项】

（1）负重练习应量力而行。若不确定自己的负重范围，则应从低负重逐渐向高负重过渡，以确定自身的负重水平。

（2）两项运动间歇不超过 2 分钟，两组运动间歇不超过 1 分钟。

（3）饮食要以低脂、高蛋白食物为主，如牛奶、鸡蛋、牛肉、虾、香蕉等。

（4）保证充足的睡眠。睡眠期间是人体肌肉增长的关键时期。以增肌为目标的练习者必须保证合理的作息时间，切勿熬夜。

课后实践

1. 定期评估自己的体能状况，并注意监测自己的体能变化。

2. 制订一份适合自己的体能训练计划，并与同学分享，互相给予意见并监督实施。

第六章　体育赛事组织

内容提要

※ 体育赛事组织概述。

※ 大学体育赛事组织。

学习目标

※ 了解赛事组织的参与方、相关委员会，以及各人员的职责。

※ 了解体育竞赛的赛制和类别。

※ 通过参与学校内某项赛事的组织，了解赛事的组织过程。

体育竞赛是以争取优胜为目的，以运动项目为内容，在裁判员主持下，按统一的规则要求进行的运动员或运动队之间的竞技较量。体育的竞技性是自体育出现以来就具有的特性。在体育竞赛中，运动健儿所展现的强壮健美的体型、干净利落的动作、奋勇争先的斗志、努力拼搏的精神等会感染大学生，督促和激励大学生积极投入体育运动，努力强身健体、促进健康，以及斗志昂扬地面对人生。

要想体育竞赛能够顺利进行，合理有序地开展赛事的组织和管理工作是基础。赛事的组织和管理工作相当繁杂，既需要宏观调控，又需要具体落实，任何一环出现疏漏都可能导致秩序混乱，从而影响体育竞赛的正常进行。重要的国际赛事如果出现纰漏，很有可能影响国际关系。由此可知，体育赛事的组织和管理工作十分重要。

第一节　体育赛事组织概述

一、体育赛事组织的定义

体育赛事组织是指对体育竞赛各项事务的具体筹划和安排。各项事务包括但不限于比赛时间、地点、场地、项目等的确定，参赛运动员（队）、教练、裁判员的接待、安排，以及与赞助商、媒体方面的联系等。体育竞赛组织的合理性是体育竞赛得以顺利进行的保障。

二、体育赛事组织的参与方

体育赛事组织工作涉及的参与方较多，从宏观角度而言，组织工作主要由主办方、承办方和协办方来承担，具体工作则需要组织委员会、纪律检查委员会、各项目竞赛委员会等来落实。

（一）主办方、承办方和协办方简介

主办方、承办方和协办方是体育赛事组织工作的参与主体，承担着组织、规划体育赛事各项工作的职责。三方的职责具有原则上的统一性，但具体工作又各不相同、各有侧重。

1. 主办方、承办方、协办方的定义

（1）主办方：负责主办体育竞赛活动的实施方，拥有赛事的主办权。

（2）承办方：负责承办体育竞赛活动的实施方，拥有赛事的承办权。承办方应取得赛事主办方的批准和相关体育组织的许可，具备承办体育竞赛的条件（如各种符合标准的比赛器具等），保证及时公布赛事成绩，按要求编印秩序册，营造良好的比赛气氛，做好接待参赛人员的工作，维持好比赛现场的观赛秩序等。

（3）协办方：负责协办体育竞赛活动的实施方，拥有赛事的协办权。

2. 主办方、承办方、协办方的职责侧重

（1）主办方是赛事的主办者，属于发起方，在赛事的各类组织工作中扮演"主角"，具有权威性。组织工作的实施原则和要求应由主办方提出。

（2）承办方是组织工作的具体实施者，一般受雇于主办方。在组织工作中，承办方根据主办方提出的组织原则和要求进行策划，采取实际措施，并负责落地执行。

（3）协办方是提供协助或赞助的一方，在赛事组织过程中起辅助、支持的作用。

（二）组织工作的各类委员会简介

1. 组织委员会

组织委员会（简称"组委会"）负责的工作较为全面，包括赛事所有人员的登记、发放赛事相关规程和各项制度、赛事场馆的布置和服务、安排赛事接待和人员住宿分配、检查场地和器材、宣传赛事、调配赛事的安保人员、安排赛事的医务监督等。

2. 纪律检查委员会

纪律检查委员会（简称"纪委会"）负责赛事纪律、制度的具体制定和贯彻执行。纪委会应在赛事确定之初起草相关的赛事纪律要求、制度，并经过纪委会内部商议和上级审批，最终确定相关文件。在赛事开始之前，纪委会要组织相关人员（如裁判员、教练、各团队负责人等）学习和了解各项纪律与规章制度，以确保赛事的顺利开展。

3. 各项目竞赛委员会

各项目竞赛委员会（简称"竞委会"）负责具体项目的相关事宜。各竞委会应对自己所负责的项目有透彻的了解，提前起草赛事规则和制度，并组织相关人员（如裁判

员、教练、各团队负责人等）进行细则的学习，对需要引起注意的内容进行讲解，确保人们对细则的理解一致。在赛事开始前，各竞委会应将自己所负责项目对场地、器材的需求报给组委会，并在比赛前进行具体的场地、器材检查，确保项目竞赛得以安全、顺利地开展。在比赛过程中，竞委会应关注参赛各方，确保满足竞赛需求，确保竞赛公平、公正开展。比赛结束后，竞委会要汇总、记录比赛结果，并确保结果准确无误。

组委会、纪委会、竞委会的工作内容有所交叉，但又各有侧重。三者需要积极沟通，默契配合，共同努力，圆满完成赛事的具体组织工作。

三、体育竞赛的赛制

（一）循环制

循环制是指各运动员（队）按一定的组合相互轮流比赛以决定名次的赛制。在循环制比赛中，按参赛者每场比赛结果（胜、负或平局）给予一定的分数，以全部比赛得分确定名次。轮赛一次的称为单循环，轮赛两次的称为双循环。若参赛者较多，还可以采用两阶段或三阶段的分组循环赛。分组时，一般采用种子法（即把实力较强的选手分散到各组）。

循环制的优点是参赛者能有较多机会观摩学习，有利于提高运动水平；缺点是比赛流程时间较长。

（二）淘汰制

淘汰制是指采用逐步淘汰参赛者的方式决定名次的赛制。参赛者按一定的组合进行比赛，负者被淘汰，胜者与其他组合的胜者组成新的对抗组合继续比赛，直至决出冠军。组合方式有单淘汰、双淘汰、落选淘汰等。一般亦采用种子法编组，以免实力较强的选手在初赛中相遇。

淘汰制的优点是比赛的场次少，比赛流程时间相对较短；缺点是参赛者观摩学习的机会较少。

四、体育竞赛的类别

（一）锦标赛和杯赛

锦标赛是为了检查某一单项运动发展情况和训练成绩而定期举行的比赛。国际锦标赛由各运动项目的国际组织定期举办，如国际足球联合会举办的世界杯足球赛、亚洲乒乓球联盟举办的亚洲乒乓球锦标赛等。国家锦标赛由国家主管体育运动的机关、各项运动管理中心或全国性协会定期举办，地方和基层单位也可以组织各项运动的锦标赛。

杯赛是以某种奖杯命名的运动竞赛，属于锦标赛性质，如世界乒乓球锦标赛中的各项冠军赛，同时也是杯赛。

（二）等级赛和联赛

等级赛是为运动水平或年龄比较接近的运动员（队）举办的竞赛，参赛者必须符合相关等级标准的规定，如青少年乒乓球比赛。

联赛一般出现在球类运动竞赛中，运动队按运动水平分为甲级队、乙级队等进行比赛。因此，联赛也是一种等级赛。一般情况下，联赛要求队伍按比赛成绩进行升降级。

（三）对抗赛

对抗赛是指两个或两个以上的单位间进行的单项比赛，如学校对抗赛。对抗赛对运动员（队）数量有限制，且要求参赛者的运动水平相近。

（四）选拔赛和及格赛

选拔赛是为了挑选优秀运动员（队）参加高一级的运动竞赛而组织的比赛。选拔赛的方式很多，及格赛就是选拔赛的一种。一般来说，参赛者达到预定成绩标准或在规定名额以内，方可参加高一级的运动竞赛。

（五）排位赛

排位赛是指在正式比赛前，为获得正式比赛排名、次序而进行的比赛。例如，世界一级方程式赛车锦标赛在每站正式比赛前均要进行排位赛。

第二节　大学体育赛事组织

一、大学体育赛事组织过程

大学体育赛事的组织工作相对简单，一般限于本校范围或本地相近的几所大学范围。虽然范围较小，但是相关的组织事项仍然相当烦琐。组织人员需要细致认真地工作，并且积极沟通协调，以使赛事能顺利举办。大学体育赛事的组织过程一般分为赛事筹备阶段、赛事开展阶段和赛事结束阶段。

（一）赛事筹备阶段

在大学体育赛事筹备阶段，赛事组织人员需要完成以下任务。

（1）按学校规定的上报、审批流程申请举办赛事。

（2）明确赛事主题、竞赛目的和参加人群范围。

（3）明确竞赛项目，以及项目对场地和器材的要求，以便于组织人员、联系场地、购买器材，并做出财务预算。

（4）汇总财务预算，根据实际情况向校方或社会寻求赞助。

（5）对所有赛事组织人员进行分组和任务分配，以便于人员执行各项工作。

（6）编制赛事各阶段任务的时间进度表，确保各项工作进程顺利推进。

（7）宣传赛事，公布活动相关事项。

（8）收集报名资料，归整人员信息，并做好赛事开展阶段各项目参赛者的分组工作。

（二）赛事开展阶段

在大学体育赛事开展阶段，赛事组织人员需要完成以下任务。

（1）赛前仔细检查场地和器材，确保安全。

（2）组织参赛者及观众有序前往对应区域。

（3）在比赛过程中，赛事组织人员按任务分配各司其职，如维持现场秩序、记录比赛结果、为参赛者及其他在场人员提供服务或帮助等。

（三）赛事结束阶段

在大学体育赛事结束阶段，赛事组织人员需要完成以下任务。

（1）组织参赛者及观众有序离开比赛场地。

（2）打扫比赛场地的卫生，以保证后续其他活动对场地的正常使用。

（3）核实比赛结果，确保相关奖励落实到位。

（4）总结本次赛事组织的经验，为下次赛事组织做好准备。

二、大学体育赛事组织策划方案范例

（一）范例一

××大学××系迎新生趣味运动会策划方案

活动目的：欢迎新生入学，增进学生间的交流，使新生尽快融入新环境。

活动时间：2021 年 9 月 11 日，9:00—17:00。

活动地点：学校田径场。

参赛人员：××系所有新生。

分组方式：以班为单位，根据竞赛项目和要求分组。

竞赛项目：①拔河（男、女分别参赛）；②单人颠球（男）；③单人踢毽子（男、女混合）；④篮球，1 分钟三分球投篮（男）；⑤篮球，1 分钟罚球线投篮（女）；⑥1 分钟单人跳绳（男、女）；⑦集体跳绳（男、女混合）。

竞赛方式：集体项目以班为单位，通过抽签形成对抗组。单人项目先开展班级内竞赛，选拔前三名代表本班参加系竞赛。

竞赛奖惩：项目获胜者所在班级获得集体一等奖，班级每人奖励表演观众席位1 个。项目未获胜班级需准备 1 个表演节目。

（二）范例二

××大学田径运动会策划方案

竞赛目的：在我校推广全民健身运动，督促学生提高运动技能水平，增进校院系间的友谊。

竞赛时间：2021 年 9 月 10—12 日。

竞赛地点：学校操场。

参赛方式：以院系为单位参赛，分男、女组报名。

竞赛项目：100 米跑、200 米跑、400 米跑、800 米跑、1500 米跑、110 米跨栏跑、4×100 米接力跑、4×400 米接力跑、跳远、三级跳远、跳高、推铅球。

参赛资格及人员要求如下。

（1）凡我校在籍学生，身体健康者，均可参赛。

（2）各参赛院系报领队 1 名、教练 1 名。

（3）每单位各单项限报 3 人，每名运动员限报 2 项，接力项目除外。

竞赛规则：参照由中国田径协会审定的最新《田径竞赛规则（2018—2019）》。

录取名次和奖励规则如下。

（1）个人名次：各单项按报名人（队）数取前八名（按 9 分、8 分、7 分、6 分、5 分、4 分、3 分、2 分、1 分计分），集体项目双倍计分。报名不足 8 人（队）的项目，按原名次录取，不递减；计分按高限计分；并列者，无下一名次。

（2）团体名次：按各院系男、女运动员项目得分综合排列团体名次，取前八名。若总分相等，则以破纪录多者列前；若再相同，则以第一名多者列前，以此类推。

（3）奖项评选：竞赛评选体育道德风尚奖代表队 5 个，优秀运动员 2 名（男、女各 1 名）。

（4）加分：破全省大学生运动会纪录者加 18 分，破本校纪录者加 9 分。

报名方法如下。

（1）各院系于 9 月 5 日前将报名表递交至校体育部。

（2）男、女运动员分别填写报名表。

（3）逾期不交报名表的院系按弃权处理。

（三）范例三

××大学××学院体育知识竞赛策划方案

竞赛目的：增进学生对体育的了解，激发学生的运动兴趣，调动学生的运动热情。

竞赛时间：2021 年 9 月 11 日。

竞赛地点：××学院第一阶梯教室。

参赛方式及人员：以班为单位，各班 8 人，男女不限。

体育知识范围：奥运会相关知识、体育运动常识。

分组及竞赛方式：采用抽签方式，班级两两结为对抗组。竞赛分为初赛、复赛和决赛，采取淘汰制。决赛最终决出冠军、亚军和季军，其所在班级依次获得集体荣誉一等奖、二等奖和三等奖。

课后实践

根据班级情况分组，各小组策划组织一次班级体育比赛。

运动技能篇

第七章　田径运动

内容提要

※ 田径运动概述。

※ 田径基本技术及练习方法。

※ 田径赛事欣赏。

学习目标

※ 了解田径运动概况。

※ 掌握田径运动的基本技术和练习方法。

※ 学会欣赏田径赛事。

第一节　田径运动概述

一、田径运动的起源和发展

田径运动是世界上较为普及的体育运动项目之一，也是历史悠久的体育运动项目。在众多的田径单项比赛中，人们通常把在跑道或公路上举行的、以时间计算成绩的比赛项目称为径赛，把在专门的场地上进行的、以高度和远度计算成绩的比赛项目称为田赛。全能运动是由跑、跳、投掷等的部分项目组成的以成绩计算评分、决定名次的综合比赛项目。奥运会的田径全能运动项目包括男子十项全能和女子七项全能。

据史料记载，公元前 776 年，在古希腊的奥林匹亚举行了第 1 届古代奥运会。从那时起，田径运动就被列为古代奥运会正式比赛项目之一。1896 年，在希腊雅典举行了第 1 届现代奥运会，田径同样被列为奥运会正式比赛项目。不过，第 1 届现代奥运会只有男子田径项目的比赛，直到 1928 年阿姆斯特丹奥运会才增设了女子田径项目。1912 年，国际田径联合会（简称"国际田联"，2019 年更名为"世界田径联合会"，简称"世界田联"）在瑞典斯德哥尔摩成立，随后拟订了国际统一的田径竞赛项目和竞赛规则。国际田联的成立，对田径运动的发展起到了积极的推动作用。

二、中国田径运动的发展

20世纪初，现代田径运动传入中国，并逐渐在全国的学校普及。1932年洛杉矶奥运会，刘长春代表中国第一次参加了田径项目的比赛。1957年，中国女子跳高运动员郑凤荣以1米77的成绩打破了当时1米76的世界纪录，成为中国运动员打破田径世界纪录的第一人。1983年第5届全运会，朱建华以2米38的成绩打破了由他自己保持的2米37的跳高世界纪录。同年，徐永久以43分13秒4的成绩获得第3届世界杯竞走比赛冠军，创造了女子10公里竞走世界纪录，成为中国第一个在世界比赛中获得冠军的田径运动员。1992年巴塞罗那奥运会，中国女子竞走运动员陈跃玲获得10公里竞走金牌，实现了中国奥运史上田径项目金牌"零"的突破。曲云霞以3分50秒46的成绩创造了1500米跑的世界纪录。2000年悉尼奥运会，中国运动员王丽萍获得了20公里竞走的金牌。2004年雅典奥运会，刘翔以12秒91平世界纪录的成绩获得了男子110米跨栏跑金牌。这是中国男运动员在奥运会上夺得的第一枚田径金牌，翻开了中国田径历史新的一页。在此次奥运会上，邢慧娜也在女子10000米跑比赛中获得了金牌。2006年瑞士洛桑田径超级大奖赛，刘翔以12秒88的成绩打破了110米跨栏跑世界纪录，为中国田径运动又竖起了一座新的丰碑。2015年，在北京国际田联世界田径锦标赛上，中国国家田径队队员莫有雪、谢震业、苏炳添和张培萌以38秒1的成绩获得4×100米接力跑银牌，创造了中国田径史上4×100米接力跑项目的最佳战绩，也创造了亚洲田径史在该项目上的最佳成绩；刘虹获得本届世界田径锦标赛女子20公里竞走冠军。2016年里约热内卢奥运会，刘虹再次夺得女子20公里竞走冠军。2020年东京奥运会，苏炳添在男子100米跑半决赛中以9秒83的成绩刷新亚洲纪录，并跻身决赛。2022年3月，国际田联官网认证了中国国家田径队队员苏炳添、谢震业、吴智强、汤星强替补获得2020年东京奥运会4×100米男子接力跑铜牌。近20年是中国田径运动突飞猛进的时期，未来中国的田径运动水平还会逐步提高。

三、田径运动的锻炼价值

人们经常参加田径运动，能提高走、跑、跳、投掷等基本活动能力，能促进人体正常的生长发育及各器官、系统机能的发展，提高人体对外界环境的适应能力；能全面发展身体的力量素质、速度素质和耐力素质，增强体质，提高健康水平；能培养人勇敢、顽强、吃苦耐劳等优良品质，以及较强的组织性、纪律性和竞争意识。

健身走、慢跑等有氧运动不仅可以提高心肺耐力，还可以燃烧脂肪。女性经常进行健身走或慢跑等有氧运动，能够保持健美的体型。

第二节 田径基本技术及练习方法

一、跑

（一）短跑

短跑项目主要包括 50 米跑、60 米跑、100 米跑、200 米跑、400 米跑、4×100 米接力跑等。以下主要介绍 100 米跑、200 米跑和 400 米跑。

1. 100 米跑

（1）起跑。

短跑比赛运动员必须采用蹲踞式起跑方式，必须使用起跑器，要按发令员的口令完成起跑动作。起跑器的安装方式主要有普通式和拉长式两种。运动员应根据个人的身高、体型、身体素质、技术水平等来选择起跑器的安装方式。

普通式：前起跑器距起跑线约一脚半长，后起跑器距前起跑器约一脚半长。前、后起跑器的抵足板与地面夹角分别为 40° ～45° 和 70° ～80°，两个起跑器的左右间隔约为 15 厘米。

拉长式：前起跑器距起跑线约两脚长，后起跑器距前起跑器约一脚长。起跑器的抵足板与地面的夹角及两起跑器左右间隔与普通式基本相同。

起跑技术过程包括听到"各就位"口令后、听到"预备"口令后和听到枪声后 3 个阶段。（图 7-2-1）

图 7-2-1

听到"各就位"口令后，运动员走到起跑器前，俯身，两手撑地，两脚依次蹬在前、后起跑器的抵足板上，脚尖应触及地面，后腿膝关节着地；接着两臂收回到起跑线后撑地，两臂伸直，两手间距离比肩稍宽，颈部自然放松，注意听"预备"口令。

听到"预备"口令后，运动员逐渐抬起臀部，臀部要稍高于肩部，身体重心适当向前上方移动，肩部稍超出起跑线，身体重心落在两臂与前腿之间。两脚紧贴起跑器抵足板，集中注意力听枪声。

听到枪声后，运动员两手迅速推离地面，两臂屈肘做积极有力的前后摆动，同时两脚快速用力后蹬起跑器。在后脚快速蹬离起跑器后，前腿迅速屈膝向前上方摆出，前脚快速有力地蹬伸。

（2）起跑后的加速跑。

起跑后的加速跑是从蹬离起跑器到途中跑之间的一个跑段，一般为30米左右。其目的是尽快加速以达到自己的最高速度。

起跑后第一步约为三脚半长，第二步为四脚至四脚半长，之后逐渐加大步长，直至达到途中跑的步长。脚蹬离起跑器后，由于身体处于较大的前倾姿势，为了避免身体向前摔倒，运动员要积极加快腿的蹬伸与臂的摆动，以保持身体的平衡。

最初几步，两脚着地点并非在一条直线上，随着速度的加快，两脚内侧着地点逐渐趋于一条直线。

（3）途中跑。

途中跑在整个短跑过程中是距离最长的跑段，运动员在此阶段的主要任务是继续保持较长距离的最高速度。途中跑的动作特点是前脚掌落在身体重心投影点稍前面，脚触地后膝关节微屈，脚跟下沉，使身体重心很快地移过垂直面，接着后腿同侧髋关节、膝关节、踝关节依次迅速伸展，完成快速有力的后蹬。后蹬的角度约为50°，后蹬方向要正。随着脚的落地动作，摆动腿的大腿迅速前摆，小腿随惯性折叠。蹬地脚蹬地时，摆动腿大腿积极向前上方摆动，并把同侧髋关节一齐带起。落地前，大腿要迅速积极地下压，这时由于惯性，小腿自然前伸，接着前脚掌迅速且有弹性地向下、向后做扒地动作。

途中跑时，头要正对前方，两眼要向前平视，上体保持正直或微前倾。以肩关节为轴，两臂轻松有力地前后摆动。前摆时，手不超过身体中线和下颌，上臂与前臂之间所成的角度约为90°；后摆时，肘关节要稍微向外。摆臂动作应以自然协调为原则。（图7-2-2）

图7-2-2

（4）终点跑。

终点跑是全程跑的最后一个跑段。运动员在离终点线15～20米时，尽力加快两臂摆动的速度，加大摆臂的力量。当离终点线一步距离时，上体急速前倾，用胸部或肩部压向终点线。跑过终点后逐渐减速。

2.200米跑和400米跑

在200米跑和400米跑的过程中，有一半以上的距离是在弯道上进行的。弯道跑与直道跑的技术有所区别。

（1）弯道起跑及起跑后的加速跑。

为了便于运动员弯道起跑后能有一段直线距离进行加速跑，应将起跑器安装在弯道跑道的右侧，并使起跑器对着弯道的切线方向。弯道起跑后，前几步应沿着内侧分道线的切线跑进。加速跑的距离适当缩短，上体抬起的时间比直道起跑中的稍早一些。在进入弯道时，运动员应尽可能地沿着跑道内侧跑，身体及时向内侧倾斜。

（2）弯道跑技术。

运动员从直道进入弯道时要加大右腿与右臂摆动的力量和幅度，身体应向圆心方向倾斜。后蹬时，右脚用前脚掌内侧、左脚用前脚掌外侧蹬地。两腿摆动时，右腿膝关节稍向内摆动，左腿膝关节稍向外摆动。两臂摆动时，右臂前摆时稍偏向左前方，后摆时肘关节稍偏向右后方；左臂稍远离躯干做前后摆动。弯道跑时，两脚以靠近圆心的一侧蹬地。从弯道进直道时，身体应在弯道跑的最后几步逐渐减小内倾角度，自然地跑几步，然后做好进入直道的调整，按直道途中跑技术跑进。

（二）中长跑

中长跑项目包括800米跑、1500米跑、5000米跑、10000米跑及3000米障碍跑。

1. 起跑及起跑后的加速跑

中长跑采用站立式起跑方式。运动员听到"各就位"的口令后，迅速走到起跑线后，通常将力量较大的脚放在起跑线后，两脚前后距离约为一脚长，左右间隔约为半脚长，后脚脚掌触地，目视起跑线前方5～10米处，两臂一前一后，身体保持稳定，集中注意力听枪声。运动员听到枪声后，两脚迅速用力蹬地，两臂配合腿部动作做快速有力的摆动，使身体迅速向前冲出，以在短时间内获得较快的跑速，然后进入匀速、有节奏的途中跑。

2. 途中跑

途中跑的距离最长，是中长跑的主要组成部分。由于中长跑的强度小于短跑，跑速相对较慢，动作速度和用力程度相对较小，除了战术需要而要改变跑的节奏外，运动员一般多采用匀速跑，跑时要做到技术合理、速度均匀、节奏感强、全身动作协调有力。

3. 终点跑

终点跑是运动员在十分疲劳的情况下竭尽全力进行的最后一段距离的冲刺跑。在运动员实力相当的情况下，它将决定比赛的胜负。

开始终点冲刺的时机要根据比赛项目、运动员训练水平、战术要求、临场情况等因素来决定。一般情况下，800米跑，运动员可在最后200～300米开始加速；1500米跑，运动员在最后300～400米开始加速；5000米跑及以上，运动员可以在最后400米或稍长的距离开始加速；长距离跑项目，运动员的加速距离可更长些。速度占优势的运动员常采取紧跟策略，在进入最后的直道时才开始最后冲刺超越对手。

4. 中长跑的呼吸

参加中长跑时，运动员应注意呼吸的节奏。呼吸应自然且有一定的深度，一般是跑两三步一呼气、跑两三步一吸气。随着跑速的提高，呼吸频率也相应加快。参加中长跑时，由于运动强度大、竞争激烈，为了提高呼吸效率，运动员可采用以半张的口和鼻子同时呼吸的方法，以最大限度地满足机体对氧气的需要。

参加中长跑时，运动员在跑一段距离后会不同程度地出现胸部发闷、呼吸困难、动作无力的现象，从而迫使跑速降低，这种生理现象叫"极点"。当"极点"出现时，运动员应适当降低跑速，深呼吸，特别是要加深呼气，同时要以顽强的意志坚持下去。

（三）接力跑

接力跑竞赛项目一般包括男子4×100米接力跑、女子4×100米接力跑、男子4×400米接力跑、女子4×400米接力跑。

1. 4×100米接力跑

（1）起跑。

持棒起跑：第一棒运动员采用蹲踞式起跑方式，其基本技术与短跑起跑相同；接力棒不得触及起跑线及起跑线前面的地面。一般用中指、无名指和小指握住棒的末端，拇指和食指分开撑地（图7-2-3）。运动员可根据个人使用习惯选择其他握棒方式。

接棒人起跑：第二棒、第三棒、第四棒运动员多采用半蹲式或站立式起跑方式。第二棒和第四棒运动员站在跑道外侧，第三棒运动员站在跑道内侧。接棒运动员的起跑姿势要利于其快速起跑和进入加速跑，并能清晰地看到传棒运动员和设定的起动标志。

（2）传接棒。

传接棒时，一般采用不看棒的传接棒方法。传接棒方法分为以下两种。

上挑式：接棒运动员手臂自然后伸，手臂与躯干成40°～45°，掌心向后，虎口朝下；传棒运动员将棒由下向前上方挑送到接棒运动员手中。（图7-2-4）

下压式：接棒运动员手臂后伸，手臂与躯干成50°～60°，掌心向上，虎口向后，拇指向内；传棒运动员将棒的前端由上向下压送到接棒运动员手中。（图7-2-5）

图7-2-3　　　　　　　　图7-2-4　　　　　　　　图7-2-5

2. 4×400米接力跑

4×400米接力跑的传接棒技术相对简单，接棒运动员应目视传棒运动员，顺其跑速接棒，再快速跑出。

（四）跨栏跑

1. 110米跨栏跑

（1）起跑至第一栏技术。

起跑至第一栏技术要求运动员步数固定，步长稳定，准确地踏上起跨点。若采用8步起跑，则起跨腿在前起跑器上；若采用7步助跑，则摆动腿在前起跑器上。同短跑相比，跨栏跑运动员上体抬起较快，大约在第6步时，身体姿势已接近短跑的途中跑姿势。

（2）跨栏途中跑技术。

跨栏途中跑是由9个跨栏周期组成的，每个跨栏周期由一个跨栏步和栏间三步跑构成。

过栏技术：由起跨攻栏、腾空过栏、下栏着地构成。（图7-2-6）

图 7-2-6

起跨攻栏：起跨腿离地前，身体重心积极前移；身体重心移过支点后，脚跟提起，上体加速前移，在摆动腿屈膝折叠、积极前摆的配合下完成后蹬，形成有利的攻摆姿势。快速高摆摆动腿，加大两腿夹角。

腾空过栏：起跨结束后，起跨腿的大腿继续向前上方高抬。摆动腿由体后向前摆动，大、小腿在体后并始折叠，脚跟靠近臀部，膝关节朝下，以髋为轴，大腿带动小腿积极向前上摆至超过腰的高度。在两腿蹬摆配合完成起跨动作的过程中，上体随之加大前倾角度，摆动腿的异侧臂屈肘向前上方摆出，肘关节达到肩的高度，同侧臂屈肘摆至体侧，整个身体集中向前用力。

下栏着地：摆动腿的脚掌移过栏板的同时，起跨腿几乎伸直，脚尖微回勾，积极下压着地。摆动腿伸直下压，在接近地面时，前脚掌积极做扒地动作。脚落地后，踝关节稍有缓冲，但脚跟不触地，膝关节、踝关节保持伸直，使身体重心保持在较高的位置上。躯干应保持一定的前倾角度，起跨腿大幅度带髋提拉，两臂积极摆动，形成有利的跑进姿势。

栏间跑技术：合理的栏间跑技术表现为栏间三步的步长比例合理，身体重心高、起伏小，动作频率快、节奏稳定、直线性强，更加接近平地跑技术。

第一步：为使跨栏与跑紧密结合，运动员在下栏着地时应充分发挥踝关节和脚掌的力量，借起跨腿的高抬快摆和两臂前后用力摆动，身体重心加速前移。

第二步：要高抬大腿，用前脚掌着地，上体稍前倾，两臂积极前后摆动。

第三步：动作特点与跨第一栏前的最后一步相同，形成一个快速的短步，摆动腿抬得不高，放脚积极迅速。

（3）全程跑技术。

全程跑技术与栏间跑技术要有机地结合。运动员跨过最后一个栏架后要全力冲刺。

2. 400 米跨栏跑

400 米跨栏跑距离较长，对节奏、速度、耐力有较高的要求。400 米跨栏跑的起跑技术与 400 米跑的起跑技术基本相同。全程跑中一般以固定步数过栏较好。由于身体疲劳，运动员在最后几个栏的栏间跑步数可能会增加，基于此，运动员应该掌握好过栏技术。好的跨栏跑技术表现为跑速均匀、节奏准确、动作轻松。

二、跳

（一）跳高

随着跳高技术的发展，在正式比赛中，运动员普遍采用背越式跳高技术。背越式

跳高技术由助跑、起跳、过杆和落地4个部分组成。（图7-2-7）

图7-2-7

1. 助跑

助跑一般分为前段直线跑和后段弧线跑。运动员应在助跑开始阶段采用直线助跑，用前脚掌着地，富有弹性地跑，提高身体重心，步幅均匀，不断加速。进入弧线跑后，前脚掌沿弧线落地，外侧摆动腿有弹性地蹬地，上体逐渐向圆心方向倾斜。助跑的速度要快，助跑到最后两步时，髋关节前送幅度要大。迈步时，上体要保持较垂直的姿势，摆动腿积极、充分后蹬，起跳腿快速前伸，髋部自然前送。助跑时，两臂应积极有力地前后摆动；弧线跑时，外侧手臂的摆动幅度应大于内侧手臂的摆动幅度。

2. 起跳

起跳腿应以大腿带动小腿积极下压着地，起跳脚脚跟外侧先着地，接着由脚的外侧滚动至全脚掌着地，脚尖朝向弧线的切线方向。随着身体由内倾转为垂直，运动员迅速完成缓冲和蹬伸动作，顺势向上跳起。

摆动腿蹬离地面以后，以髋部发力加速向前摆动大腿，同时屈膝。摆动腿摆过起跳腿前方后应向内转，而小腿和脚要稍外展。摆动腿沿着助跑弧线的延伸方向加速上摆，直至减速制动。两臂的摆动要与摆动腿的摆动协调配合。

3. 过杆

在起跳腿蹬离地面结束起跳以后，身体应保持伸展的姿势向上腾起，同时在摆动腿和同侧臂的带动下，身体围绕纵轴旋转至背对横杆。在头和肩越过横杆以后，及时仰头、倒肩和展体，并利用身体重心向上的速度收腿挺髋，使身体形成背弓姿势。这时，两腿屈膝稍后收，两臂置于体侧。当身体重心移过横杆时，含胸收腹，控制上体继续下旋；同时以髋部发力，带动大腿和小腿加速向前上方甩腿，使整个身体越过横杆。

4. 落地

运动员应保持着屈髋、伸膝的姿势下落，最后以背部先落于海绵垫上。运动员落在海绵垫上后，要做好缓冲控制，以防受伤。

（二）跳远

跳远技术由助跑、起跳、腾空和落地4个部分组成。（图7-2-8）

图 7-2-8

1. 助跑

助跑是为了获得理想的水平速度，并为准确踏板和快速有力地起跳做好准备的关键环节。助跑距离与运动员的年龄、运动水平和加速能力有关，一般为 28 ~ 50 米。运动员在助跑过程中要注意身体重心和节奏的把握，并在最后一步达到助跑的最高速度。

2. 起跳

助跑的倒数第二步，摆动腿着地时，上体正直，起跳腿膝关节迅速前移，自然积极地前摆。在起跳腿的大腿前摆时，抬腿高度要比短跑时低一些，并积极主动下压，用全脚掌踏上起跳板，然后屈膝缓冲，使身体重心稍降低。当身体重心移至起跳腿支点的垂直部位时，起跳腿迅速用力地蹬伸，使髋关节、膝关节、踝关节迅速伸直，上体挺起，摆动腿的大腿积极向前上方摆至水平位置，小腿自然下垂，完成起跳动作。

起跳腿的同侧臂屈肘向前上方摆起，异侧臂屈肘向后摆起。两臂肘关节摆至略低于肩或与肩同高时突停，使身体借助于摆臂的惯性提肩、拔腰、挺胸、顶头，帮助提起身体重心，增强起跳效果。

3. 腾空

起跳腾空后的空中动作主要有挺身式、蹲踞式和走步式，以下介绍挺身式。

起跳腾空后，摆动腿的大腿积极下放，小腿随之向下和向后方摆动，留在体后的起跳腿向摆动腿靠拢。当达到腾空最高点时，身体充分伸展，形成挺胸展髋姿势，两臂上举或后摆，然后收腹团身，两腿前伸成落地动作。

4. 落地

落地前，上体不要过分前倾，大腿要尽量上抬并靠近胸部。将要落地时，小腿积极前伸，两脚接触沙面后，迅速屈膝缓冲，两臂积极向前挥摆，臀部前移，上体前倾，使身体重心迅速移过支撑面。为了避免落地时身体后坐，运动员可采用以下两种落地姿势：前倒姿势，即在脚跟着地后，前脚掌下压，两腿屈膝前跪，身体移过支撑点后继续向前移动，并向前倒下；侧倒姿势，即在脚跟着地后，一腿紧张支撑，另一腿放松，身体向放松腿的前侧方倒下。

（三）三级跳远

三级跳远由助跑、单脚跳、跨步跳和跳跃 4 个部分组成。（图 7-2-9）

图 7-2-9

1. 助跑

助跑是运动员获得最快的速度并能准确地踏上起跳板的关键环节。三级跳远的助跑技术与跳远的助跑技术基本相同。

2. 单脚跳

起跳腿主动下压，用全脚掌踏上起跳板，屈膝缓冲，身体重心稍降低。当身体重心移至起跳腿支点的垂直部位时，起跳腿迅速积极用力、充分地蹬伸，摆动腿的大腿积极向前上方摆至水平位置；然后开始做换腿动作，即摆动腿的大腿带动小腿自然向下、向后摆动，同时起跳腿屈膝向前上方摆动，完成换步动作。

3. 跨步跳

随着身体重心下降，前摆的起跳腿积极有力地下压，小腿迅速前伸，起跳脚做积极有力的扒地动作，着地后要及时屈膝缓冲并迅速滚动到前脚掌着地，同时摆动腿的大腿快速有力地向前上方摆至水平位置。

4. 跳跃

随着身体重心下降，摆动腿的大腿积极下压，小腿前伸，摆动脚做快速有力的向下、向后的扒地动作。着地后，适度地屈膝、伸踝，积极缓冲，使身体重心快速前移；同时，前两跳中的起跳腿此时成为摆动腿，与两臂积极配合，快速有力、大幅度地向前上方摆出，完成第三跳的起跳动作。

三、投掷

投掷项目包括推铅球、掷铁饼、掷标枪和掷链球。本节主要介绍背向滑步推铅球技术。

背向滑步推铅球技术由握球及持球、预备姿势、滑步、最后用力、维持身体平衡 5 个部分组成。

（一）握球及持球

握球方法：以右手为例，五指稍分开，将球放在食指、中指、无名指的指根处，拇指和小指扶在球的两侧，手腕后伸。（图 7-2-10）

握好球后，将球放在锁骨窝处，贴于颈部，右臂屈肘外展，掌心向内。（图 7-2-11）

图 7-2-10　　　　　图 7-2-11

（二）预备姿势

运动员持球后，站在投掷圈的后部，背对投掷方向。右脚在前，贴近投掷圈内沿，身体重心落在右脚前脚掌上；左脚在后，以脚尖自然点地。身体从正直姿势开始向前屈体，待上体与地面平行时，屈右膝下蹲，形成团身姿势。

（三）滑步

预备姿势完成后，臀部带动身体重心略向投掷方向移动，使身体重心移离右脚，以便于滑步，并避免身体重心起伏过大。接着，左腿以大腿带动小腿迅速向抵趾板方向摆出并外旋，右腿积极蹬伸，及时拉收并内旋。两腿蹬摆协调配合，推动身体向投掷方向快速移动。

（四）最后用力

最后用力是背向滑步推铅球技术的重要环节。滑步结束后，左脚脚掌内侧着地支撑，右腿弯曲，支撑身体。左脚脚尖与右脚脚跟在一条直线上，肩轴与髋轴成扭紧状态。右腿积极蹬转，推动右侧髋向投掷方向转动，左臂由胸前向投掷方向牵引摆动，身体重心逐渐移至左腿，左膝微屈。左臂由上向身体左侧靠压制动，右臂抬肘并向投掷方向转动、前伸，用力推球。铅球快离手时，屈腕，手指向外拨球。

（五）维持身体平衡

铅球离手后，右腿顺势前迈，身体重心由左腿移至右腿。运动员必须降低身体重心以维持身体平衡。

第三节 田径赛事欣赏

一、目前主要的田径赛事

（一）国际田径赛事

1. 世界田径锦标赛

世界田径锦标赛是一项国际性田径赛事，始于 1983 年，主办机构是国际田联，最初是每 4 年举办一届，自 1991 年起改为每 2 年举办一届。

2015 年，北京承办了第 15 届世界田径锦标赛，这是继 2008 年北京奥运会后，北京承办的又一个大型的综合性运动会。这次赛事的顺利举行，也为北京承办 2022 年冬奥会积累了经验。

2. 奥运会田径比赛

自 1896 年雅典奥运会开始，男子田径项目就是奥运会主要的比赛项目之一。1928 年阿姆斯特丹奥运会又增设了女子田径项目。田径与游泳、射击被视为奥运会的三大项目，田径是奥运会奖牌设立最多的项目。

3. 国际田联钻石联赛

国际田联钻石联赛（简称“钻石联赛”）于 2010 年开始举行，是一项国际性的田径系列赛。该赛事取代了原来局限在欧洲的国际田联黄金联赛。比赛共设 14 站，其中包括中国上海站。比赛设立 32 个单项，包括 100 米跑、200 米跑、400 米跑、800 米跑、1500 米跑、5000 米跑，400 米栏、3000 米障碍跑、跳高、跳远、三级跳、撑竿跳高、铅球、标枪、铁饼（均分为男子项目和女子项目），男子 110 米栏和女子 100 米栏。

（二）国内田径赛事

1. 中华人民共和国全国运动会田径比赛

中华人民共和国全国运动会（简称“全运会”）是我国国内水平最高、规模最大的综合性运动会。除武术外，全运会的比赛项目与奥运会的项目基本相同。这样设置的出发点是培养新人、选拔人才，为奥运会培养后备力量。全运会每 4 年举办一届，一般在奥运会举办年份之后举行，以便提前选拔出合适的运动员，为参加下一届奥运会做准备。

2. 中华人民共和国学生运动会田径比赛

中华人民共和国学生运动会（简称“全国学生运动会”）每 3 年举办一届，每届按大学生、中学生分组，同时同地举行。全国学生运动会是全国性的学校体育的重大活动，田径比赛是其常设项目之一。该赛事的举办目的同样是为培养我国体育的后备队伍选拔人才。

根据相关文件，第 14 届全国学生运动会为最后一届全国学生运动会。之后，全国学生运动会将与全国青年运动会合并为全国学生（青年）运动会。首届全国学生（青年）运动会将于2023年在广西南宁举办。

3. 全国大学生田径锦标赛

全国大学生田径锦标赛是中国大学生田径运动最高水平的舞台，是检阅全国大学生田径训练成果、选拔田径运动人才的全国性大学生赛事。该赛事由中国大学生体育协会、中国田径协会主办，中国大学生体育协会田径分会执行。

二、田径比赛的欣赏角度

（一）技术欣赏

田径比赛属于技术型比赛，观众在欣赏该项比赛时，首先应欣赏运动员的技术水平。概而论之，就是欣赏运动员的动作标准程度。在田径比赛中，运动员的动作标准程度在很大程度上决定了其比赛的结果，如径赛中的摆臂动作、摆腿动作、交接棒动作，田赛中的助跑动作、器械出手动作等。

在将技术动作做标准的基础上，若运动员还能展现优美的体态，则势必会给观众以更好的观赛体验。例如，短跑运动员在起跑阶段呈现了自身由静到动的体态变化过程，听到"预备"口令后，运动员调整身体姿势，为能够最快起跑做好准备。在起跑的瞬间，运动员迅速跑出，给人以视觉上的冲击力，让人感受到径赛运动的朝气，令人兴奋。再如，跳高运动员在腾空过程中呈现的体态美展现了其技术的娴熟和高水平的身体控制力。

（二）战术欣赏

在田径赛事中，除了运动员高水平的技术具有观赏性外，其合理的战术也是一大欣赏点。例如，在中长跑比赛中，运动员可以采用领跑战术，即起跑后就占据领跑位置，并以自身时快时慢的速度来打破其他人的跑进节奏，从而实现自身位置的领先。再如，运动员采取盯人战术，即紧跟领跑者，并根据自身情况，在接近终点时突然加速，进行冲刺跑，实现对领跑者的超越。

三、田径比赛规则简介

（一）径赛项目规则简介

1. 起跑

400米及400米以下的各个径赛项目（包括4×200米、异程接力和4×400米），起跑时应使用"各就位"和"预备"口令。

400米以上的各个径赛项目（除了4×200米、异程接力和4×400米），起跑时应使用"各就位"口令。

400米及400米以下的各径赛项目（包括4×200米、异程接力和4×400米接力的第一棒）规定采用蹲踞式起跑和使用起跑器。其他径赛项目的起跑不得使用起跑器。

在"各就位"或"预备"口令发出后，所有运动员均应立即做好最后的起跑姿势，不得延误。

运动员在做好最后起跑姿势之后，只能在接收到发令枪发出的信号之后开始起跑。如果发令员判定运动员在发令枪发出信号之前起跑，应判为起跑犯规。除全能项目之外，任何对起跑犯规负责的运动员将被发令员取消该项目的比赛资格。在全能比赛中，对第一次起跑犯规负有责任的一名或多名运动员给予警告，并在该运动员面前出示黄黑牌（用对角线分为两半）。如果再次发生起跑犯规，对起跑犯规负有责任的一名或多名运动员将被取消比赛资格，并在该运动员前举起红黑牌，分别在各自分道的道次墩上做出相应的标记。

2. 分道跑

在分道跑的比赛中，运动员应自始至终在自己的分道内跑进。

运动员不应被取消比赛资格，如果他：① 被他人推、挤而被迫踏或跑出自己的分道，或踏在实际分道线上或突沿线内侧；② 在直道上踏在分道线上或跑出自己的分道，在障碍赛水池变更跑道的直道上的任何部分踏在分道线上或跑出分道，或者在弯道上踏在或跑出自己分道的外侧分道线。

3. 跨栏跑

所有跨栏跑项目均为分道跑，运动员应自始至终在各自分道内并跨越每个栏架完成比赛。如果运动员直接或间接撞倒另一分道的栏架或使其明显移位时，除非他没有影响或阻挡比赛中的其他运动员，否则将会被取消资格。

运动员应跨越每个栏架，否则将被取消比赛资格。

此外，出现下列情况，运动员也将被取消比赛资格：① 在过栏瞬间，其脚或腿在栏架两侧以外（任意一边），低于栏顶的水平面；② 裁判长认为运动员有意撞倒任一栏架。

4. 接力赛跑

在体育场内举行的所有接力赛跑必须使用接力棒，运动员必须手持接力棒跑完全程。不允许运动员戴手套或在手/双手上放置某种材料或物质以便更好地抓握接力棒。

如发生掉棒，必须由掉棒运动员拾起。允许掉棒运动员离开自己的分道拾棒，但不得因此缩短比赛距离。

接力棒必须在接力区内交接。接力棒的交接从接力棒初次触及接棒运动员开始，到完全由接棒运动员手持才算完成。仅以接力棒的位置决定是否在接力区内完成接力。在接力区外交接棒将被取消比赛资格。

此外，运动员在接棒之前和（或）交棒之后，应留在各自分道或保持位置直到跑道畅通，以免阻挡其他运动员。

在比赛过程中，任何运动员手持或捡拾其他接力队的接力棒时，该接力队将被取消资格。其他接力队不应受罚，除非从中获得利益。

接力队的每位成员只能参加接力赛的其中一棒。

（二）田赛项目规则简介

1. 跳高

运动员必须用单脚起跳。出现下列情况之一者，应判为试跳失败：① 试跳后，由于运动员的试跳动作，致使横杆未能留在横杆托上。② 在越过横杆之前，运动员身体的任何部位触及横杆后沿（靠近助跑道）垂面以前的（在两个立柱之间或之外的）地面或落地区。如果运动员在试跳中一只脚触及落地区，而裁判员认为他并未从中获得利益，则不应因此原因判该次试跳失败。③ 运动员助跑后未起跳，触及横杆或两立柱垂面以前的地面或落地区。

2. 跳远

如出现下列情况，应判为试跳失败：① 在起跳过程中，无论是助跑后未起跳还是做了试跳动作，运动员身体任何部位触及起跳线以前的地面（包括橡皮泥显示板的任何部分）；② 从起跳板两端之外起跳，无论是否超过起跳线的延长线；③ 在助跑或试跳中采用任何空翻姿势；④ 起跳后，在第一次触及落地区之前，运动员触及了助跑道、助跑道以外地面或落地区以外地面；⑤ 在落地过程中（包括任何的失去平衡）触及落地区边沿或落地区以外地面，而落地区外的触地点较落地区内的最近触地点更靠近起跳线。

以下情况不应判试跳失败：① 运动员在任何位置跑出助跑道白色标志线；② 运动员在抵达起跳板之前起跳；③ 运动员的鞋（脚）的一部分触及起跳板任意一端以外、起跳线之前地面；④ 在落地过程中，运动员身体的任何部分或身体的任何附属物品触及了落地区边界或落地区以外的地面。

3. 三级跳远

三级跳远的三跳顺序是一次单足跳、一次跨步跳和一次跳跃。单足跳时应用起跳腿落地，跨步跳时用另一腿（摆动腿）落地，然后完成跳跃动作。运动员在跳跃中摆动腿触地不应视为试跳失败。

4. 推铅球

铅球只能用单手从肩部推出。当运动员在投掷圈内开始试掷时，铅球要抵住或靠近颈部或者下颌，在推球过程中持球手不得降到此部位以下。不得将铅球置于肩轴线后方。

课后实践

1. 选择一项田径项目，制订训练计划，开展训练。
2. 欣赏一场田径比赛，并向其他人进行介绍，分享感想。
3. 开展一次田径比赛。

课 程 思 政

田径运动锻炼人的综合身体素质。长距离的径赛运动锻炼人的耐力；短距离的径赛运动锻炼人的速度；诸多田赛运动锻炼人的身体协调性、力量素质、弹跳力等。想要在这些运动中取得骄人的成绩，运动员需要付出更多的努力，克服多种困难，特别是很多运动员自身也有因长期训练造成的伤病，这更是对他们的心理素质提出了更大的挑战。大学生通过学习田径技术，可以磨炼意志，培养不怕困难、勇于挑战自我的精神。

第八章 篮球运动

 内容提要

※ 篮球运动概述。

※ 篮球基本技术及练习方法。

※ 篮球基本战术。

※ 篮球赛事欣赏。

 学习目标

※ 了解篮球运动概况。

※ 掌握篮球运动的基本技术和练习方法。

※ 了解篮球基本战术。

※ 学会欣赏篮球赛事。

第一节 篮球运动概述

一、篮球运动的起源

篮球运动是由美国人詹姆斯·奈史密斯于1891年在美国马萨诸塞州春田学院发明的。当时，为了解决缺乏室内体育活动类竞赛项目的问题，他从儿童将球投向桃筐的游戏中得到启发，以球和桃筐作为游戏道具，发明了篮球运动。

初期的篮球游戏无明确的比赛规则，场地大小不等，人数也不限定，仅在室内场地两端各放一个篮筐，比赛时把参加者分成人数相等的两队进行比赛。这就是篮球运动的雏形。

二、中国篮球运动的发展

篮球运动于1895年传入中国，但在1949年后才得以普及、发展。篮球运动因富有对抗性、趣味性、健身性等，迅速成为人们喜爱的运动形式。20世纪50年代，中国篮球运动确立了"勇猛顽强，积极主动，快速灵活、全面准确"的训练指导思想，使得我国的篮球运动水平迅速提高。

中国国家男子篮球队在 2004 年雅典奥运会篮球赛和 2008 年北京奥运会篮球赛上均获得第 8 名；中国国家女子篮球队在 1992 年巴塞罗那奥运会篮球赛上获得亚军，在 2008 年北京奥运会篮球赛上获得第 4 名。近年来，中国国家女子篮球队胸怀梦想，敢打敢拼，技术水平明显提升。2021 年 4 月，国家体育总局授予中国国家女子篮球队"中央和国家机关三八红旗集体"荣誉称号，以表彰其顽强拼搏的精神。但是，与世界篮球强国相比，我国的篮球竞技水平仍有提高的空间。

三、篮球运动的锻炼价值

篮球运动是开展全民健身活动的重要手段，具有娱乐性和增强体质的作用。篮球运动能够增强参与者各器官的功能，提高神经中枢的灵活性，促进参与者的力量素质、速度素质、耐力素质、灵敏素质等身体素质的全面提高。它能全面、有效、综合地促进身体素质和人体机能的发展，保持和提高人的生命活力。

第二节 篮球基本技术及练习方法

一、传接球

传接球是指篮球比赛中队员之间有目的地转移球的技术。它既是组织进攻配合和实现战术的基础，也是实现战术配合的具体手段。

（一）持球

正确的持球姿势是一切传球技术动作的前提。持球时，两手自然分开，两拇指相对，成八字形，用指根以上部位握住球的两侧后下部，手心空出，两臂弯曲，肘关节下垂，持球于胸前。（图 8-2-1）

图 8-2-1

（二）双手胸前传球

两臂伸向传球方向，后脚蹬地，身体重心前移，两手手腕下压、外翻，快速地抖腕、拨指，将球传出。出球后，手心和拇指向下，其余手指向前。

（三）单手肩上传球

以右手传球为例。传球前，左脚向前跨半步，上体稍右转，将球引至右肩侧上

方。传球时，上体向左转动并带动肩、肘、前臂快速前摆、扣腕，手指用力将球传出。（图8-2-2）

图8-2-2

（四）单手胸前传球

持球方法与双手胸前传球相同。传球时，传球手的前臂快速前伸，手腕急促前扣，手腕、手指用力将球传出。

二、投篮

投篮是篮球运动中的一项关键技术，是重要的得分手段。投篮应与突破、传球等技术相结合，投篮具有方式多、变化多、出手点高的特点。

（一）原地双手胸前投篮

原地双手
胸前投篮

两手持球于胸前，肘关节自然下垂，上体稍前倾，两腿微屈。投篮时，两脚蹬地，腰腹伸展，两臂向前方伸出，同时手腕外翻，最后拇指、食指和中指用力拨球，将球投出。（图8-2-3）

图8-2-3

（二）原地单手肩上投篮

以右手投篮为例。右臂上抬并屈肘，右手五指自然分开，向后伸腕，持球于右肩上，左手扶球；两脚左右开立，身体重心放在两腿之间，两腿微屈。投篮时，两脚用力蹬地，腰腹伸展，从下向上发力；同时右臂提肘且向前上方充分伸展，最后通过食指、中指指端发力将球投出。球出手后，手腕前屈，手指放松。（图8-2-4）

图 8-2-4

（三）行进间单手高手投篮

以右手投篮为例。接球和运球上篮时，两手持球，在右脚跨出一大步后，左脚紧接着跨出一小步，然后左脚用力蹬地起跳。当身体接近最高点时，右手手腕后伸，手指向后，手心向上，托球的下部向球篮方向伸臂，食指、中指以柔和的力量拨球，将球从指端投出。（图 8-2-5）

图 8-2-5

（四）行进间单手低手投篮

以右手投篮为例。接球和运球上篮时，两手持球，在右脚跨出一大步后，左脚紧接着跨出一小步，用力蹬地起跳。当身体接近最高点时，右手手指向前，手心向上，托球的下部向上伸臂。当接近篮筐时，食指、中指、无名指以柔和的力量向上拨球，将球从指端投出。（图 8-2-6）

图 8-2-6

（五）原地跳起单手肩上投篮

以右手投篮为例。投篮时，屈膝降低身体重心，两脚用力蹬地向上起跳；同时，两手举球至头前上方，右手托球，左手扶球的左侧部。当身体接近最高点时，左手离球，右臂向前上方伸展，手腕用力前屈，通过食指、中指的力量将球投出（图 8-2-7）。球出手后，手指、手腕自然前屈。落地时，屈膝缓冲。

图 8-2-7

（六）急停跳起投篮

（1）接球急停跳起投篮：移动中跳起腾空接球后，两脚同时或先后落地，脚尖对着篮筐，两膝弯曲，迅速跳起投篮。投篮出手动作同原地跳起单手肩上投篮。

（2）运球急停跳起投篮：运球过程中及时降低身体重心，跨步急停或跳步急停后，持球屈膝跳起投篮。投篮出手动作同原地跳起单手肩上投篮。

三、运球

持球队员在原地或移动中用单手连续按拍和迎引从地面反弹起来的球的技术称为运球。运球是篮球比赛中个人控制球、支配球和突破防守的重要手段，是组织全队进攻配合的桥梁。

（一）高运球

抬头，目视前方，上体稍前倾，以肘关节为轴，手按拍球的后上部。球的落点在身体的侧前方，将球的反弹高度控制在腰部和胸部之间。

（二）低运球

抬头，目视前方，屈膝，身体重心下降，上体前倾，手按拍球的后上部。球的落点在身体侧面，将球的反弹高度控制在膝部以下。

（三）运球急停急起

快速运球中运用两步急停，同时按拍球的前上部，注意用身体保护球，目视前方。急起时，后脚用力蹬地，上体迅速前倾，手按拍球的后上部，快速起动，加速超越对手。

高运球

低运球

四、持球突破

持球突破是指持球队员利用脚步动作和运球技术快速超越对手的进攻技术，其攻击性很强。

（一）原地交叉步持球突破技术

以左脚为中枢脚，从防守队员右侧突破。两脚左右开立，两膝微屈，持球于腹前。突破前，先做瞄篮或其他假动作。突破时，右脚内侧蹬地，并向左前方迈出一大步，上体左转，右肩向前下压，将球引至左侧（图 8-2-8）。在左脚离地前，左手推拍球至右脚的侧前方；同时，左脚用力蹬地，迅速超越对手。

图 8-2-8

（二）原地同侧步持球突破技术

以左脚为中枢脚，从防守队员左侧突破，准备姿势与原地交叉步持球突破相同。突破时，左脚内侧蹬地，右脚迅速向防守队员左侧跨出，上体稍右转，同时探肩，身体重心前移。在左脚离地前，右手推拍球至右脚的侧前方；同时，左脚用力蹬地，迅速超越对手。

（三）跳步急停持球突破技术

跳步持球前，应根据自己与防守队员的位置、同伴的传球方向调整好准备姿势，向前或向侧面跳步急停。接球时，要向来球方向伸臂迎球，同时用一脚（一般使用移动方向异侧脚）蹬地，向前或向侧跃出，在空中接球；然后两脚前后落地或平行落地，两膝微屈，身体重心落在前脚掌上，根据防守队员的情况，用交叉步或同侧步超越。

五、抢篮板球

篮球比赛中，抢篮板球是获得控球权的重要手段之一。一支球队对抢篮板球技术掌握得好坏对其在比赛中的主动与被动、胜利与失败有着很重要的影响。

抢篮板球的要点：首先，当对方或同伴投篮时，必须想到其可能投不中，要积极地抢篮板球；其次，防守时抢篮板球，必须把对手挡在外面。

挡人方法有以下两种。

（1）前转身挡人：当对方与己方距离稍远，且其动作很快时，己方可用前转身挡人。前转身挡人比后转身挡人动作快，但占据面积小。[图 8-2-9(a)]

（2）后转身挡人：当对方离己方较近，为抢占较大面积，己方可用后转身挡人。[图 8-2-9(b)]

抢防守篮板球

抢进攻篮板球

(a)   (b)

图 8-2-9

抢篮板球时要注意：① 后转身挡人时必须贴紧对方，最好用臀部、腰部顶住对方；② 挡住人以后，稍停 1 秒，再冲到篮下去抢篮板球，因为中距离投篮时，球一般会在空中运行一两秒；③ 要冲到篮下抢占投篮方向的对面位置，因为球碰到篮圈后，可能反弹后落在对面；④ 到篮下后立即屈臂，随后两臂要张开，占据较大空间；⑤ 技术动作力量强，起跳迅速，即使被对方冲撞也不能失去平衡，仍然能跳起来；⑥ 抢前场篮板球时，只要能挤进一条腿、一只手臂，就要跳起来拼抢，只要手指能触到球，就要用力抓紧、下拉，以便控制住球；⑦ 在空中要转身观察同伴的接应情况，并抓住球、保护好球，将球举到头上，不要拿在胸前；⑧ 落地的同时要向边线一侧后转身，并观察接应同伴所处的位置，以最快的速度一传；⑨ 一传出手后，借后转身的动作把与自己争抢篮板球的对手挡在后面，立即起动快跑跟进，参加快攻。

第三节　篮球基本战术

一、基本进攻配合

进攻配合是指两三个人之间有目的、有组织地协同作战的配合方法。运动员利用进攻配合在场上制造、捕捉不同战机，相互协同、相互配合以制造机会达到进攻的目的。

（一）传切配合

传切配合是指进攻队员之间利用传球与切入技术组成的配合方法，主要包括一传一切和一传空切两种方式。

【练习方法】学生分为A、B两组。A组④传球给B组⑤后做向左切入的假动作，然后变向从右侧切入，⑤接球后回传给A组⑥，并做向端线切入的假动作，然后变向从内侧横切。④切入后移动至B组的队尾，⑤移动至A组的队尾，依次进行练习。要求变向切入动作要快，切入过程中要侧身看球。（图 8-3-1）

（二）突分配合

进攻者持球突破或运球突破对手后，遇到对方补防或"关门"时，及时将球传给空隙地带的同伴，这种在突破中能区别情况并及时传球给无人防守同伴的配合叫突分配合。

【练习方法】学生分为A、B两组。开始时，A组④持球突破，在突破中跳起将球传给移动中的B组⑦，⑦在接球后示意投篮动作，然后传球给A组⑤，⑤接球后切入端线或从内侧突破，跳起传球给前来接应的B组⑧。④移动至B组的队尾，⑦移动至A组的队尾。练习一定次数后，再进行从左侧突破分球的练习。（图 8-3-2）

图 8-3-1　　　　　　　　图 8-3-2

（三）掩护配合

掩护配合是指进攻者以合理的行动，用身体挡住同伴防守者的移动路线，使同伴借以摆脱防守的一种配合方法。

【练习方法】学生分为A、B两组，教师站在B组④身前做防守，A组⑥跑到教师侧后方给④做掩护，④先做向左跨步切入的假动作，待⑥做好掩护后，及时向另一侧切入，⑥适时地后转身跟进；然后两人互换位置，轮流进行练习。（图 8-3-3）

图 8-3-3

二、基本防守配合

基本防守配合是指防守队员之间为了破坏对手的进攻配合或当同伴出现防守困难时，及时相互协作和彼此提供帮助的配合方法。基本防守配合主要有"关门"配合、穿过配合、挤过配合、交换防守配合等。

（一）"关门"配合

"关门"是两名防守队员相互靠拢以协同防守突破的配合方法。如图 8-3-4 所示，当⑤从正面突破时，❹与❺或❻与❺进行"关门"配合。

图 8-3-4

【要求】防守队员应积极堵截进攻者的突破路线，邻近突破一侧的防守队员要及时向同伴靠拢，进行"关门"，不给突破者留有通过的空隙。"关门"配合也常运用于区域联防。

（二）穿过配合

穿过配合是破坏对方掩护配合，及时防住自己对手的配合方法。当进攻队员进行掩护时，防守掩护者的队员要及时提醒同伴并主动后撤一步，让同伴及时从自己与掩护队员之间穿过，以便继续防守各自的对手。

【要求】防守掩护者的队员要及时提醒同伴并主动让路，穿过队员要迅速穿过，并调整防守位置和距离。一般在无投篮威胁时运用穿过配合。

（三）挤过配合

对方采用掩护配合时，防守者为了破坏对方的掩护配合，在靠近掩护者的一刹那，防守者主动靠近自己的对手，并从两个进攻者之间侧身挤过去，继续防守自己的对手。

【要求】挤过时要贴近进攻者，跨步动作要及时、突然。

（四）交换防守配合

交换防守配合是指在破坏对手掩护时，防守队员之间及时地互换防守对象的配合方法。

【要求】一般情况下，防守掩护者的队员对场上情况观察得比较清楚，他可以根据场上的情况提示同伴及时换防。

第四节 篮球赛事欣赏

一、目前主要篮球赛事

（一）国际主要篮球赛事

1. 奥运会篮球比赛
奥运会篮球比赛是当今世界篮球大赛中重要的赛事之一，设男、女 2 个团体项目。

1936 年柏林奥运会，男子篮球比赛首次被列为奥运会比赛项目；1976 年蒙特利尔奥运会，女子篮球比赛被正式列为奥运会比赛项目。奥运会三人篮球比赛作为新的奥运会比赛项目，首次出现在 2020 年东京奥运会上。

2. 国际篮联篮球世界杯

国际篮联篮球世界杯（简称"篮球世界杯"）的前身是 1950 年由国际篮球联合会（简称"国际篮联"）创办的世界男子篮球锦标赛。1978 年，中国男篮首次跻身世界男子篮球锦标赛。2012 年，国际篮联宣布世界男子篮球锦标赛更名为国际篮联篮球世界杯。2014 年，第 1 届篮球世界杯在西班牙举行。

3. 美国职业篮球联赛

美国职业篮球联赛（简称"美职篮"）由北美 30 支球队组成，东部分区和西部分区各 15 支。美职篮一个赛季每支球队共有 82 场常规赛比赛。

（二）国内主要篮球赛事

国内篮球主要赛事分 3 类：职业篮球联赛、校园篮球联赛和业余篮球联赛。

1. 职业篮球联赛

职业篮球联赛隶属于中国篮球协会，现共有 3 大联赛：中国男子篮球职业联赛（简称"中职篮"）、全国男子篮球联赛、中国女子篮球甲级联赛。

（1）中职篮，于 1995 年创办，是由中国篮球协会（简称"中国篮协"）主办的中国最高等级的篮球联赛。中职篮设立季前赛、常规赛和季后赛，举办时间为每年 10 月至次年 4 月。

（2）全国男子篮球联赛，于 2004 年创办，前身为成立于 1996 年的中国职业篮球联盟联赛。全国男子篮球联赛是由职业篮球俱乐部组成的全国性篮球联赛，举办时间为每年 5 月至 9 月。自 2020 年起，该赛事不允许外籍球员注册和参赛。

（3）中国女子篮球甲级联赛，于 2002 年创办，是由中国篮协主办的跨年度主客场制篮球联赛。中国篮协成立中国女子篮球联赛委员会，下设中国女子篮球甲级联赛办公室作为常设办事机构，负责联赛事宜。该赛事设立常规赛和季后赛。2021 年中国女子篮球甲级联赛成立中国大学生体育协会女子篮球队。

2. 校园篮球联赛

我国的校园篮球联赛是针对国内大中小学举办的篮球联赛。影响力较大的校园篮球联赛主要有 4 个：中国大学生篮球联赛（CUBA）、中国大学生篮球超级联赛（CUBS）、全国体育院校篮球联赛（SCBA）和全国高中篮球联赛（CHBL）。

（1）中国大学生篮球联赛是由中国大学生体育协会主办的中国大学生五人制篮球联赛。该联赛于 1998 年正式推行，并于 1999 年起，取消 A 级、B 级分组，进行东南、西南、西北和东北 4 个赛区的比赛，由各赛区的男子前两名、女子第一名形成男八强、女四强比赛，最后，前两名进行总决赛。该比赛参赛队伍多，其影响力仅次于中职篮。2015 年起，中职篮开始从中国大学生篮球联赛中选拔人才。

（2）中国大学生篮球超级联赛是由中国篮协和中国大学生体育协会共同创办的大学生篮球赛事，于 2004 年举行了首届比赛。与中国大学生篮球联赛相比，中国大学生篮球超级联赛更强调对抗性和技术性。

（3）全国体育院校篮球联赛的前身为"全国体育院校杯"篮球锦标赛，首届比赛由山东体育学院于2016年发起和承办。目前，该项赛事已成为极具专业特色的国家级篮球赛事。

（4）全国高中篮球联赛是由中国中学生体育协会和中国篮协主办的。参与人群为全国高中生，分南、北两大赛区，两个赛区获得第一名的队伍进行决赛。

3. 业余篮球联赛

国内业余篮球联赛主要有中国业余篮球公开赛（CBO）、全国青少年篮球联赛（YBU）和全国篮球U系列联赛三大赛事及其他篮球联赛。国内业余篮球联赛具有参与人群广、普及性高的特点。

（1）中国业余篮球公开赛是经国家体育总局篮球运动管理中心批准，由中国篮协主办、各省市体育局和篮球协会承办的深受人们喜爱的公益性体育赛事。

（2）全国青少年篮球联赛举办的目的是融合政府、社会和市场三方的力量，向青少年推广篮球运动，使之成为青少年喜爱的运动之一。

（3）全国篮球U系列联赛是中国第一个体育与科技相结合的大学篮球联赛平台，是针对在校大学生开展的一项全国性的新兴大学联赛。参加该项赛事的人员并非专业篮球运动员，而是所有爱好篮球运动的大学生。

二、篮球比赛的欣赏角度

篮球比赛是一项集趣味性、娱乐性、竞技性和对抗性为一体的体育运动和文化活动。篮球运动属于外来运动，因此人们在欣赏该项运动的技术的同时，也可以了解很多他国的文化。另外，篮球竞赛中所展现的运动健儿的健美体型、高超的球技和顽强拼搏的精神，会给人带来视觉冲击和情感震撼。

不同的人，欣赏比赛的角度是不一样的。

（一）青少年欣赏篮球比赛

青少年所处的年龄段决定了其更关注具有视觉冲击力的场面，因此其更期待在篮球比赛中看到个性鲜明、技艺出众的著名篮球运动员，欣赏他们的帅气风采和精湛球艺。青少年可以通过观看这些著名篮球运动员在赛场上的表现，来学习他们的篮球技术，模仿他们的招牌动作。

（二）成年人欣赏篮球比赛

成年人观看篮球比赛时，除了可以欣赏篮球运动员的风采和球技的发挥之外，还可以特别关注他们在球场上的运动风貌、职业道德和战术布署。

（三）篮球工作者欣赏篮球比赛

相对而言，篮球工作者本身具有较强的专业性，因此其在观看篮球比赛的时候，关注点应更为专业，更注重细节，如比赛双方的队伍阵容、比赛双方技战术的运用和水平的发挥程度、各队伍教练员的带队方式和指挥水平、教练员对于比赛形势的变化所采取的应对措施、比赛双方对比赛局势的发展和走向的预判是否准确等。

综上所述，篮球比赛的欣赏角度会因人群的不同而不同，各人群的特点决定了其欣赏篮球比赛的角度和侧重点，但大多数人是从技术和战术角度出发的。若想更好地欣赏篮球比赛，可以更多地了解赛场之外的篮球信息，如篮球运动员的特点和成长背景、篮球队伍的特点和发展历程、篮球教练员的指挥特点、各个队伍的人员配合等。这些信息可以帮助人们在欣赏篮球比赛时，更深入且敏锐地捕捉到赛场上瞬息万变的战况，使观赛更具趣味性。

三、篮球竞赛规则简介

（一）比赛场地

篮球比赛场地（图8-4-1）应是一块平坦、无障碍物的硬质地面。其尺寸是长28米、宽15米，从界线的内沿丈量。

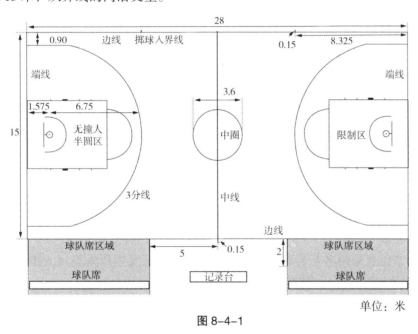

图 8-4-1

（二）违例

（1）球出界违例：当球触及了在界外的队员或任何其他人员时；当球触及了界线上方、界线上或界线外的地面或任何物体时；当球触及了篮板支撑架、篮板背面或比赛场地上方的任何物体时。

（2）3秒违例：某队在前场控制活球并且比赛计时钟正在运行时，该队的队员不得在对方队的限制区内停留超过持续的3秒；否则违例。

（3）8秒违例：一名在后场的队员获得控制活球时；或在掷球入界中，球触及后场的任何队员或者被后场的任何队员合法触及，掷球入界队员所在队仍拥有在后场的球权，该队必须在 8 秒内使球进入前场；否则违例。

（4）24 秒违例：一名队员在场上获得控制活球时；在掷球入界中，球接触场上的任何队员或被场上的任何队员合法触及，并且掷球入界队员的球队仍然控制球时，该队必须在 24 秒内完成投篮并使球触及篮圈；否则违例。

（5）球回后场违例：在前场控制活球的球队不得使球非法地回到他的后场，否则违例。

（6）带球走违例：持球队员在投、传、拍或滚球之前，移动了已经确立的中枢脚。

（7）运球违例：队员第一次运球结束后不得再次运球，除非在两次运球之间由于下述原因他已在场上失去了控制活球：投篮；球被对方队员触及；传球或漏接，然后球触及了另一队员或被另一队员触及。

（8）干涉得分：在一次投篮中，当一名队员触及完全在篮圈水平面之上的球时，并且球是下落飞向球篮中或在球已碰篮板后，干涉得分发生。

（三）犯规

1. 侵人犯规

（1）侵人犯规是无论在活球或死球的情况下，攻守双方队员发生的非法身体接触的犯规。

（2）罚则。

① 应登记犯规队员 1 次侵人犯规。

② 如果对没有做投篮动作的队员发生犯规：由非犯规的队在最靠近违犯的地点掷球入界重新开始比赛；如果犯规的队处于全队犯规处罚状态，所有随后发生的对未做投篮动作的队员的侵人犯规应被判 2 次罚球，代替掷球入界，由被犯规的队员执行罚球。

③ 如果对正在做投篮动作的队员发生犯规，应按下列所述判给投篮队员若干罚球：如果出手投篮成功，应计得分并追加 1 次罚球；如果从 2 分投篮区域的出手投篮不成功，2 次罚球；如果从 3 分投篮区域的出手投篮不成功，则判 3 次罚球。

2. 双方犯规

（1）双方犯规是两名互为对方的队员大约同时相互发生侵人犯规或违反体育运动精神犯规 / 取消比赛资格犯规的情况。

（2）罚则。

① 应给每一犯规队员登记一次侵人犯规或违犯体育运动精神犯规/取消比赛资格犯规。不判给罚球，比赛应按下列所述重新开始。

② 在发生双方犯规的大约同一时间，如果：投篮得分，或最后一次的罚球得分，应将球判给非得分队从该队端线后的任何地点掷球入界；某队已控制球或拥有球权，应将球判给该队从最靠近违犯的地点掷球入界；任一队都没有控制球也没有球权，一次跳球情况发生。

3. 技术犯规

（1）技术犯规是没有身体接触的犯规，行为种类包括但不限于：① 无视裁判员的警告。② 与裁判员、技术代表、记录台人员、对方队或允许坐在球队席的人员讨论和/或交流中没有礼貌。③ 使用很可能冒犯或煽动观众的粗话或手势。④ 戏弄或嘲讽对方队员。⑤ 在对方队员眼睛附近挥手或手保持不动妨碍其视觉。⑥ 过分挥肘。⑦ 在球穿过球篮之后故意地触及球，阻碍迅速地掷球入界或罚球以延误比赛。⑧ 伪造被犯规。⑨ 悬吊在篮圈上，致使队员的重量由篮圈支撑，除非扣篮后，队员瞬间抓住篮圈，或者根据裁判员的判断，他正试图防止自己受伤或另一名队员受伤。⑩ 在最后一次的罚球中防守队员干涉得分，应判给进攻队得 1 分，随后执行登记在该防守队员名下的技术犯规罚则。

球队席人员的技术犯规是与裁判员、技术代表、记录台人员或对方队员交流中没有礼貌或无礼地触碰他们的犯规；或是一次程序上的或管理性质的违犯。

（2）罚则。

① 如果：判罚队员技术犯规，应作为队员的犯规登记在该队员名下，并计入全队犯规中；判罚球队席人员，应登记在主教练名下，并不计入全队犯规次数中。

② 应判给对方队员 1 次发球，比赛应按下述重新开始：应立即执行罚球，罚球后，由宣判技术犯规时，控制球队或拥有球权队在比赛停止时距离球最近的地点执行掷球入界；也应立即执行罚球，不管是否有其他犯规带来的罚则的先后顺序，也不管这些罚则是否已经开始执行，技术犯规的罚球后，由宣判技术犯规时，控制球队或拥有球权队在最靠近比赛被技术犯规的罚则中断时的最近地点重新开始比赛；如果一次有效得分或最后一次罚球得分，应在端线后任意地点掷球入界重新开始比赛；如果既没有球队控制球，也没有球队拥有球权，这是一起跳球情况；在中圈跳球开始第 1 节。

4. 违反体育运动精神的犯规

（1）违反体育运动精神的犯规是一起队员身体接触的犯规，并且根据裁判员判定，包含：① 与对方发生身体接触并且不在本规则的精神和意图的范畴内努力比赛。② 在尽力抢球或在与对方队员尽力争抢中，造成与对方队员过分的严重身体接触。③ 一起攻防转换中，防守队员为了中断进攻队的进攻，与进攻队员造成不必要的身体接触。该原则在进攻队员开始他的投篮动作之前均适用。④ 一起对方队员从正朝着对方球篮行进的队员身后或侧面与其造成的非法接触，并且在该行进队员、球和对方球篮之间没有其他队员。该原则在进攻队员开始他的投篮动作之前均适用。⑤ 在第 4 节和每一决胜期比赛计时钟显示 2：00 分钟或更少，当掷球入界的球在界外并且仍在裁判员手中，或掷球入界队员可处理时，防守队员在比赛场内对进攻队员造成身体接触。

（2）罚则。

① 应给犯规队员登记一次违反体育运动精神的犯规。

② 应判给被犯规队员执行罚球，以及随后：在该队前场的掷球入界线处掷球入界；在中圈跳球开始第 1 节。

③ 应按下述原则判给若干罚球：如果对没有做投篮动作的队员发生犯规，2 次罚球；如果对正在做投篮动作的队员发生犯规，如果中篮应计得分并追加 1 次罚球；如果对正在做投篮动作的队员发生犯规，并且球未中篮，2 次或 3 次罚球。

④ 当登记了一名队员 2 次违反体育运动精神的犯规或 2 次技术犯规，或 1 次技术犯规和 1 次违反体育运动精神的犯规时，应该取消他本场剩余比赛的资格。

⑤ 如果队员在上一条情况下被取消比赛资格，应只处罚该违反体育运动精神的犯规罚则，不追加取消比赛资格的罚则。

课后实践

1. 制订篮球训练计划，开展训练。
2. 欣赏一场篮球比赛，并向其他人进行介绍，分享感想。
3. 组织开展一次篮球比赛。

课程思政

　　遵守篮球竞赛规则是进行篮球运动的基础。大学生在参与篮球运动的过程中，潜移默化地接受着篮球运动的隐性教育，即遵守篮球竞赛规则，恪守体育道德。这与社会生活中公民既要尊崇社会主义法治，又要恪守社会公共道德是一脉相通的，从而使大学生理解法治社会的意义和重要性，并自觉做到遵规守法。

第九章 排球运动

内容提要

※ 排球运动概述。

※ 排球基本技术及练习方法。

※ 排球基本战术。

※ 排球赛事欣赏。

※ 气排球运动。

学习目标

※ 了解排球运动概况。

※ 掌握排球运动的基本技术和练习方法。

※ 了解排球基本战术。

※ 学会欣赏排球赛事。

※ 了解气排球。

第一节 排球运动概述

一、排球运动的起源与发展

排球的英语原意是"空中击球"。参加排球比赛的队员成排站位，因此在我国，该项运动被称为排球运动。1895年，美国马萨诸塞州霍利约克市的威廉·摩根在工作中发现，对于常坐办公室的人和年龄较大的人来说，篮球运动过于剧烈，他们需要一项新的运动来放松身心而又不至于太累。根据这一需要，摩根将网挂在篮球场中间，隔开双方队员，让双方队员把篮球胆当作球拍来击去。排球运动就这样从拍击篮球胆的游戏中诞生并发展起来。

排球运动融趣味性、娱乐性、攻防竞技性、体育教育性于一体，因此它很快就在世界各国盛行，并成为世界性的体育项目。1947年，国际排球联合会（简称"国际排联"）成立。1964 年，排球被列为奥运会正式比赛项目。

二、中国排球运动的发展

排球运动于 1905 年传入我国，其最先采取 16 人制，后来演变为 12 人制、9 人制。1918 年，国际上出现 6 人制排球赛（每队 6 人上场）。中华人民共和国成立后，为了适应国际交往的需要，改为 6 人制，并沿用至今。中国女排是中国三大球的突出代表，曾在 1981 年和 1985 年排球世界杯、1982 年和 1986 年排球世锦赛、1984 年洛杉矶奥运会排球赛上夺得冠军，成为世界上第一支"五连冠"的女排队伍。中国女排又在 2003 年排球世界杯、2004 年雅典奥运会排球赛、2015 年排球世界杯、2016 年里约热内卢奥运会排球赛、2019 年排球世界杯上五度夺冠，极大地振奋了中国人的民族精神。中国女排所体现出来的顽强战斗、勇敢拼搏的精神激励着一代代中国人不断奋斗。

三、排球运动的锻炼价值

（一）对生理健康的价值

经常参加排球运动，不仅可以发展人体的速度素质、力量素质、耐力素质、速耐素质、灵敏素质、柔韧素质等，提高体能，还可以促进人体各器官、系统的正常发育，改善身体机能，促进身体健康。

（二）对心理健康的价值

经常参加排球运动，不仅可以降低人的焦虑和抑郁水平，调节不良情绪，还可以增强人控制情绪的能力，培养坚韧不拔、吃苦耐劳的顽强意志，以及不怕困难、顽强拼搏的精神。

（三）对培养社会适应能力的价值

排球运动可以培养人们的应变能力和适应能力。排球运动作为非周期性的运动项目，不仅能培养人们沉着、果断等良好的心理品质，还可以提高人们的判断力、分析能力和应变能力。进行排球运动时，如果没有两人或两人以上的密切配合，就无法发挥个人和全队的技战术水平。因此，排球运动对参与者调节情绪、处理人际关系、培养协作意识和集体主义精神都具有积极意义。

第二节　排球基本技术及练习方法

一、准备姿势和移动

准备姿势和移动是排球基本技术之一，属于无球技术，是完成发球、垫球、传球、扣球、拦网等各项有球技术的前提和基础，并对各项有球技术的运用起串联和纽带作用。

准备姿势

（一）准备姿势

球员为了便于完成各项技术而采取的合理身体姿势被称为准备姿势。球员为完成某项有球技术之前的准备姿势被称为专项技术准备姿势，如拦网、传球、垫球等都采用不同的准备姿势。

按照身体重心的高低，准备姿势可分为半蹲准备姿势、稍蹲准备姿势和低蹲准备姿势。

1. 半蹲准备姿势

两脚左右开立，稍比肩宽，两膝内扣，一脚稍前，脚跟稍提起。屈膝半蹲，膝关节的投影在脚尖前面，上体前倾，身体重心靠前。两臂放松、自然弯曲，两手置于腹前。全身肌肉适当放松，两眼注视来球，两腿始终保持微动。（图9-2-1）

图 9-2-1

2. 稍蹲准备姿势

稍蹲准备姿势与半蹲准备姿势的动作方法相同，只是身体重心稍高。

3. 低蹲准备姿势

低蹲准备姿势比半蹲准备姿势的身体重心更低、更靠前。两脚左右开立、距离稍宽，膝部弯曲程度更大。肩部投影过膝，膝部投影过脚尖，两手置于胸腹之间。

（二）移动

球员从起动到制动的过程被称为移动。移动的目的主要是使球员能及时接近球，保持好人与球的位置关系，以便击球。

1. 起动和制动

（1）起动是移动的开始，是指球员在准备姿势的基础上变换身体重心的位置，使身体向目标方向移动。

（2）球员制动是为了做各种击球动作并控制好球的方向、落点等。球员在击球前，身体重心必须相对稳定，因此在移动后必须有良好的制动过程。

一步制动法：球员移动的同时向一侧跨出一大步并降低身体重心，使全脚掌着地，以抵抗身体的惯性，使身体重心控制在两脚构成的支撑面上。

两步制动法：球员采取两步制动时，应以倒数第二步做第一次制动，紧接着跨出最后一步做第二次制动；同时身体后倾，两膝弯曲，身体重心下降，用脚内侧蹬地，以抵抗身体的惯性，使身体保持有利于做下一个动作的姿势。

2. 移动步法

球员起动后，应根据临场技术、战术的需要，灵活地采用各种移动步法进行移动。

（1）并步与滑步：球员如向前移动，则后脚蹬地，前脚向来球方跨出一步，后脚迅速跟上做好击球准备，这是并步。连续并步就是滑步。

（2）跨步与跨跳步：球员如向前移动，则后脚用力蹬地，前脚向来球方向跨出一大步，膝关节弯曲，上体前倾，身体重心移至前腿，这是跨步。跨步过程中若有跳跃腾空动作，即为跨跳步。（图9-2-2）

（3）交叉步：以向右交叉步为例。上体稍右转，左脚经右脚前面向右迈出一步，然后右脚向右跨出，身体转向出球方向。身体重心水平移动，移动到位后，保持击球前

的准备姿势。（图 9-2-3）

图 9-2-2　　　　　　　　　　　　　　　　图 9-2-3

（4）跑步：球员在跑步时，两臂要配合摆动，逐渐降低身体重心。如果球在其侧后方时，则应边转身边跑。

（5）综合步：以上各种步法的综合运用称综合步。

二、垫球

垫球是排球的基本技术之一，即球员通过手臂或身体其他部位的迎击动作，使来球从垫击面上反弹出去的击球动作。

（一）正面双手垫球

正面双手垫球是指球员用双手在腹前垫击来球的一种击球方法。这种方法适合接有一定速度和力量的各种发球、扣球和拦回球，也适用于接不同方向的各种来球。

正面双手垫球的手型一般有抱拳式、叠掌式和互靠式（图 9-2-4）。初学者最适合用叠掌式。正面双手垫球按来球力量可分为垫轻球、垫中等力量球和垫重球。

抱拳式　　叠掌式　　互靠式

图 9-2-4

【动作方法】球员应采用半蹲准备姿势。当球飞来时，两手成垫球手型，肘关节伸直，两前臂靠拢稍外翻，形成一个平面，手腕下压。当球飞到腹前一臂距离时，球员应夹紧两臂，并插到球下，然后向前上方抬臂，迎击来球，同时身体重心随球前移；击球点保持在腹前约一臂距离处，触球部位为腕关节以上约 10 厘米处的桡骨内侧平面；击球部位为球的后下部。（图 9-2-5）

图 9-2-5

垫球

（二）体侧垫球

体侧垫球是指球员在身体侧面垫球的一种垫球方法，其特点是控制面宽，但较难掌握球的方向、弧度和落点。

【动作方法】以右侧垫球为例。球员应采用半蹲准备姿势，左脚前脚掌内侧蹬地，右脚向右跨出一步，身体重心移至右脚，并保持右膝弯曲；两臂夹紧，右臂高于左臂，左肩向下倾斜，再利用向左转腰和收腹的力量，配合两臂在体侧截击球的后下部。球员在击球后，恢复为准备姿势。（图 9-2-6）

图 9-2-6

（三）背垫球

球员背对出球方向的垫球方法称为背垫球。

【动作方法】球员在做背垫球时，首先判断球的落点、方向，以及身体与网的距离，迅速移到球的落点处，背对出球方向。击球点保持在胸前一臂左右的高度。两臂夹紧伸直，伸到球下。球员在击球时，蹬地，抬头挺胸，展腹，直臂向后上方击球。球员在垫低球时，也可利用屈肘、翘腕的动作，以虎口处向后上方将球垫起。（图 9-2-7）

图 9-2-7

（四）跨步垫球

跨步垫球是指当球的落点距离身体一步左右时球员运用的垫球方法。

【动作方法】球员在做跨步垫球时，首先要判断来球的方向和落点，及时向前或向侧跨出一大步，屈膝制动，身体重心落在跨出腿上；上体前倾，身体重心下降，两臂插入球的后下方，将球垫起。（图 9-2-8）

图 9-2-8

传球

三、传球

传球是排球的基本技术之一，主要由手指和手腕的运动来完成。球员利用两手控制球的方向、速度和路线。传球的特点是便于控制球、准确性高，是进行比赛和组织战术的基础。

（一）正传

球员面对传球方向的传球动作称为正传。

【动作方法】球员在正面传球时，两手自然抬起至额前约一球的距离。两手自然张开，成半球形，手腕稍后伸，两拇指相对，成一字形，两食指组成八字形。球员依靠蹬地、伸臂及手指、手腕的协调力量完成传球。重点把握击球点和协调用力。（图 9-2-9）

图 9-2-9

（二）背传

球员背对传球方向的传球动作称为背传。

【动作方法】球员在传球前应背对目标，迅速移动到球的落点，上体保持正直，两手抬起置于面前；在传球时，抬上臂，挺胸后仰，使击球点保持在额上方；在触球时，手腕后伸并适当放松，掌心向上，击球的下部，其手型与正传相同。

（三）跳传

球员跳起在空中传球的动作称为跳传。跳传有原地跳传、助跑跳传、双脚跳传、单脚跳传等。

【动作方法】球员应掌握好起跳时机，向上垂直起跳；在空中时，两臂上摆至面前，身体在空中保持平衡；当身体上升到最高点时，主要依靠伸臂动作和手腕、手指的弹力将球传出。

四、发球

发球是排球的基本技术之一，是 1 号位发球队员在发球区内抛球后，用单手将球直接击入对方场区的一种击球方法。发球可分为发旋转球和发飘球，发旋转球的方法主要有正面上手发球、正面下手发球、侧面下手发球、跳发球等；发飘球的方法主要有正面上手发飘球、勾手发飘球等。下面以右手发球为例加以介绍。

（一）正面上手发球

正面上手发球是指球员正对球网站立，以上手的形式用全手掌击球，使球上旋的一种发球方法。

【动作方法】球员面对球网，两脚前后开立，左脚在前；左手托球于体前，用抬臂和手掌的平托上送将球平稳、垂直地抛于右肩前上方，高度适中。在左手抛球的同时，右臂抬起，屈肘后引，上体稍右转；在击球时，利用蹬地、转体和收腹的动作带动右臂挥动，在右肩前上方以全手掌击球的中下部，手腕要迅速、主动地做推压动作，使球上旋飞行。

正面上手发球

（二）正面下手发球

正面下手发球是指球员正对球网站立，从腹前将球击入对方场区的一种发球方法。

【动作方法】球员面对球网，两脚前后开立，左脚在前，两膝微屈，上体稍前倾。左手持球置于腹前，将球轻轻抛于体前右侧，离手高度约 30 厘米；在抛球的同时，右臂伸直，并以肩为轴向后摆动，身体重心移至左脚上，在腹前以全手掌、掌根或虎口击球的后下部。（图 9-2-10）

正面下手发球

图 9-2-10

（三）侧面下手发球

侧面下手发球是指球员侧对球网站立，利用转体从腹前将球击入对方场区的一种发球方法。

【动作方法】球员以左肩对网，两脚左右开立，两膝微屈，上体稍前倾；左手将球平稳地抛送到胸腹之间且距身体一臂远的位置，然后将球垂直上抛至离手高度约 20 厘米，同时右臂向后下方摆动。击球时，球员应用蹬地、转体的力量带动右臂自后向前摆动，用手掌、掌根或虎口击球的后下部。

（四）跳发球

跳发球是指为了增加球的攻击性，发球队员采用助跑起跳的方式，在空中击球的发球方法。跳发球分为发飘球和发旋转球两种，这里只介绍发旋转球（大力跳发球）的动作方法。

【动作方法】球员面对球网站立，距端线 2～4 米，用单手或双手将球抛向前上方

4～5米高度，使球的落点在端线附近；抛球离手的同时，向着抛球的方向助跑起跳。其在起跳时，两臂要协调摆动，且摆动幅度要大；在击球时，利用收腹、转体的动作带动手臂快速挥动。击球点保持在右肩前上方。球员应伸直手臂，以全掌击球的中下部，且有甩腕推压动作，使球上旋飞行；击球后，两脚落地，屈膝缓冲，随后迅速进场。（图9-2-11）

图9-2-11

（五）正面上手发飘球

正面上手发飘球是指球员采用正面上手发球的形式使球不规则地飘晃飞行的一种发球方法。

【动作方法】球员面对球网，两脚自然开立，左脚在前，左手托球于体前；其身体略右转，抬臂，左手平托上送，将球抛于右肩前上方约80厘米处，右臂抬起，屈肘后引。球员在击球前，手臂自后向前做直线运动；在击球时，五指并拢，手腕稍后伸，用掌根平面击球的中下部，作用力通过球的中心；在击球瞬间，手指、手腕紧张，手型固定，手臂的挥动有加速突停动作。

（六）勾手发飘球

勾手发飘球是指球员侧对球网站立，利用勾手的形式使发出的球不规则地飘晃飞行的一种发球方法。

【动作方法】球员侧对球网，两脚自然开立，左手持球于胸前，将球平稳地抛在左肩上方约一臂处。其在击球时，右脚蹬地，上体左转发力带动右臂挥动；在挥动手臂时，手臂应伸直，在右肩的左上方用掌根击球的中下部；在击球前突然加速挥臂，手臂挥动轨迹保持一段直线运动；在击球瞬间，五指并拢，手腕后伸，并保持紧张，手臂挥动有突停动作，作用力通过球的中心。

五、扣球

扣球是排球基本技术之一，是球员跳起在空中将高于球网上沿的球用力地击入对方场区的一种击球方法。扣球在比赛中占有重要的地位，是得分的主要手段，是进攻中最有效的"武器"，是一个队摆脱被动、争取主动的技术手段。扣球的质量体现着队伍的技战术水平，高超的扣球技术是夺取胜利的关键。扣球效果好，可以鼓舞全队士气，振奋精神，从而挫减对方的锐气，给对方造成强大的心理压力。球员要想扣好球，就要做到准确判断二传球落点，助跑充分，踏跳有力，空中击球点高，动作迅速等。

扣球

扣球技术按照动作方法可分为正面扣球、单脚起跳扣球、小抡臂扣球、勾手扣球等；按照扣球的节奏可分为强攻和快攻；按照扣球的区域可分为前排进攻（包括 3 号位、4 号位、2 号位进攻）和后排进攻。下面主要介绍正面扣球和扣近体快球，以右手扣球为例。

（一）正面扣球

正面扣球包括助跑、起跳、空中击球和落地自我保护。（图 9-2-12）

图 9-2-12

1. 助跑

球员可采用一步法、两步法、三步法或多步法助跑。助跑前，球员应在进攻线附近观察接发球落点和二传队员的传球情况，根据二传传出球的弧线、速度，以及球与球网的距离选择助跑的角度、步法和速度。以两步助跑为例：球员在进攻线附近以准备姿势判断来球，待二传队员传出球后，根据球的弧度和速度，决定起动和助跑的速度，若来球弧度小、速度快，则起动和助跑的速度也相应地加快。助跑的角度一般以与球网保持 45° 左右为宜。助跑时，右脚先向前方迈出一小步，左脚随之向前跨出一大步，左脚脚跟着地制动，右脚随之跟上，落在左脚的稍后位置。

步幅由小到大，速度由慢到快，最后一步用后脚脚跟触地制动，两脚踏跳迅速有力，两臂前后摆动，协调配合身体动作。

2. 起跳

左脚跨出一大步制动后，右脚迅速跟上，两脚几乎同时着地和用力蹬地，屈膝降低身体重心，两臂经体侧向后摆动。球员在起跳时，两臂由身体后方向前上方摆动，带动身体向空中伸展，右臂向后上方摆起。

3. 空中击球

起跳后，在空中展腹，身体形成背弓且稍向右转。击球时，腰部发力，以收腹、收胸、转体的动作带动手臂迅速向前上方的击球点猛烈抛甩，在跳起后手臂的最高点处用鞭甩动作击球的后中上部，以全手掌包满球，用推压抛甩动作击出上旋球。

4. 落地自我保护

球员在落地时，应以前脚掌先着地，顺势屈膝、收腹，以缓冲下落的力量，同时降低身体重心，还原成准备姿势，随时准备做下一个动作。

（二）扣近体快球

扣球队员在球距二传队员约一臂距离时扣出的球为近体快球。扣近体快球时，扣球队员应随一传助跑到网前的踏跳点。当二传队员传球时，扣球队员应迅速起跳，起跳后在空中用迅速收胸、挥臂、甩腕的动作将球击过球网。近体快球的高度一般高出球网 1～2 个球的直径，击球动作强调手臂的鞭打抛甩，并以全掌击球的后中上部。（图 9-2-13）

图 9-2-13

六、拦网

拦网是排球的基本技术之一，是球员靠近网，并将手伸向高于球网处阻拦对方来球的行动。

拦网技术动作包括准备姿势、移动、拦网判断、起跳、空中击球和落地 6 个互相衔接的部分。（图 9-2-14）

拦网

图 9-2-14

（一）准备姿势

当对方在组织进攻时，本方拦网队员面对球网，两脚离中线20～30厘米，两脚平行开立，约同肩宽，两膝稍屈，两臂自然弯曲置于胸前。身材高大的队员可将两手上举过头，随时准备起跳或移动。

（二）移动

拦网的移动方向主要是向两侧和斜前方移动。移动时，拦网队员采用的步法一般有并步移动、跨步移动、滑步移动、交叉步移动和跑步移动。

（三）拦网判断

判断是拦网技术的关键环节，贯穿于拦网的全过程。拦网判断的内容：判断对方的战术打法；判断对方一传水平；判断对方二传的传球方向、弧线、速度和落点；判断对方扣球队员的助跑方向、起跳的时间、起跳后人与球的关系、空中挥臂击球动作，以及扣球队员的个人技术特点；等等。

（四）起跳

起跳有原地起跳和移动起跳两种。原地起跳动作从拦网准备姿势开始，球员两膝弯曲，降低身体重心，两脚用力蹬地，两臂在体侧画弧并用力贴网上摆，带动身体向上垂直起跳；起跳后，稍收腹，控制平衡，争取延长腾空时间。球员在移动起跳时，要注意移动后的制动，使身体正对球网；或起跳后在空中使身体转向球网，争取扩大阻拦面积。

（五）空中击球

空中击球是指球员在起跳的同时，两手从胸前向头部的前上方伸出，使身体贴近球网，两臂伸直并有提肩动作，两臂之间的距离要小于一个球的直径；两手自然张开，屈指，屈腕，成勺形。当手触球时，手指张开并保持紧张，手腕迅速下压，用力捂盖球的前上方。

（六）落地

落地是自然动作，球员如已拦球，则可面向对方落地；如未拦到球，则在身体下落时要随球转身，转向球飞出的方向；落地后，做准备姿势，同时注意屈膝缓冲。

第三节　排球基本战术

一、阵容配备

排球阵容配备是排球战术运用的基础，阵容配备应最大限度地符合本方队员的特点，合理分配队员，同时还要考虑对手的情况。

（一）"四二"配备

"四二"配备是 4 名进攻队员和 2 名二传手组成的阵容。4 名进攻队员分为 2 名主攻和 2 名副攻。2 名二传手前后排位置始终保持一致，便于接应传球。"四二"配备多被中等水平的球队采用。

（二）"五一"配备

"五一"配备是 5 名进攻队员和 1 名二传队员组成的阵容。5 名进攻队员为 2 名主攻、2 名副攻，以及 1 名与二传队员对角接应的队员。目前比赛中引入了自由防守队员，因此"五一"配备更加灵活。这种战术配备对二传队员的要求较高，一般在中高水平的球队中运用较多。

（三）"三三"配备

"三三"配备由 3 名传球队员和 3 名进攻队员间隔站立组成，使每一轮都有传有扣。这种配备是初学者常采用的战术配备。

二、排球进攻战术

排球进攻
战术

（一）"中一二"进攻战术

"中一二"进攻战术是指前排 3 个人中，1 人在 3 号位作二传队员，将球传给 2 号位、4 号位进攻队员。二传队员在 2 号位、4 号位时，球发出后可以置换到 3 号位，这种情况称为"边一二换中一二"或"反边一二换中一二"。这种进攻战术方法简单，便于组织。

（二）"边一二"进攻战术

"边一二"进攻战术是指前排 3 个人中，2 号位作二传队员，将球传给 3 号位、4 号位进攻队员，二传队员在 3 号位、4 号位时，在发球后换到 2 号位。这种战术方式对于擅用右手扣球的队员而言比较顺手，而擅用左手扣球的队员会感觉比较别扭。这种战术的缺点是如果一传传偏到 4 号位，则二传很难接应。

三、排球防守战术

（一）接发球的站位阵形

接发球的站位阵形不仅要有利于接球，还要有利于本方进攻，同时要依据对方发球的特点来布阵。

1.5 人接发球站位阵形

5 人接发球站位阵形是指除了 1 名二传队员在网前站立或从后排插上外，其余 5 名队员均担负起一传的任务，通常为"三二"站位。这种阵形的优点是便于队员分布，缺点是二传队员插上距离较远或者进攻变化较少。

2. 4 人接发球站位阵形

4 人接发球站位阵形是指二传队员和上快球队员站在网前不接发球，后场 4 人成一字或弧线站立。这种阵形便于二传队员传球和进攻跑动，但容易产生空当，对接发球队员的判断和移动能力要求较高，一般在对方发球较差时采用。

（二）防守阵形

1. 不拦网的防守阵形

不拦网的防守阵形是指在没有拦网必要时，二传队员在网前既可接网前球又可以组织进攻，前排队员后撤，准备防守和进攻。

2. 单人拦网防守阵形

单人拦网防守阵形用于对方进攻力量较弱、扣球以中线为主、吊球较多的情况。单人拦网应以中线为主，阻止球吊入中场，前排不拦网队员后撤以防前场区。

3. 接拦回球的保护阵形

对于拦回球的保护，一般应在后排留 1 个人准备接反弹较远的球，其他队员尽量多参加前排保护。当只有一点进攻时，应采用 4 人保护阵形。当有战术变化时，进攻队员跑动或跳起后，如未扣球则应争取保护，二传队员和后排队员应尽量组成两三人的保护阵形。

第四节　排球赛事欣赏

一、目前主要排球赛事

（一）国际主要排球赛事

1. 世界排球锦标赛

世界排球锦标赛是由国际排联主办的国际排球比赛，是最早的、规模最大的世界性排球比赛。世界排球锦标赛每 4 年举办一次，原本与奥运会同年举行，1962 年改为在奥运会后的第 2 年举办，冠军队伍可以直接参加下一届的奥运会排球比赛。

2. 世界杯排球赛

世界杯排球赛是国际性的排球比赛，参赛者为世界高水平的排球队伍。世界杯排球赛每 4 年举办一次，1991 年起改为在奥运会的前一年举办，被视为奥运会排球赛的资格赛。

3. 奥运会排球比赛

奥运会排球比赛首次出现于 1964 年东京奥运会。目前，参赛队伍由最初的 10 支男队和 6 支女队发展到男女各 12 支队伍。奥运会排球比赛的赛程是预选赛、小组赛、淘汰赛、半决赛和决赛。

（二）国内主要排球赛事

1. 全运会排球比赛

全运会排球比赛一般每 4 年举办一次，分为预赛和决赛。预赛在不同省市进行，选拔出的队伍再进行决赛。2013 年起，全运会排球赛对成年组和青年组分别进行选拔。

2. 中国排球超级联赛

中国排球超级联赛的前身为中国排球联赛，于 2017 年正式更名，标志着我国的排球联赛自此向更高水平的超级联赛模式跨越。

3. 中国大学生排球联赛

中国大学生排球联赛于 2006 年举行首届比赛，经中国大学生体育协会批准，由中国大学生体育协会排球分会主办。该项赛事每年举办一次，分为中国大学生男排联赛和中国大学生女排联赛。中国大学生排球联赛的举办标志着我国大学生排球运动进入一个崭新的发展时期，旨在使大学生在赛季中展现自身拼搏进取的精神风貌，扩大排球在青少年群体中的受众范围，推动大学生排球运动水平的提高，并为排球职业联赛培养和输送人才。

二、排球比赛的欣赏角度

（一）欣赏排球技术

排球运动包含着多种技术，因此技术欣赏是欣赏排球比赛的一个重要方面。排球运动的技术之美，主要在于运动员所完成技术动作的水平，可概括为"三性一感"，即准确性、协调性、连贯性和节奏感。人们可以在了解不同球员基本技术动作的基础上，对每位排球运动员的动作细节进行欣赏。

1. 二传队员的技术水平

二传队员传球的稳度与准确度、动作的隐蔽性与攻击性、选择进攻突破口的准确性等都展现了二传队员的技术水平。

2. 扣球队员的技术水平

扣球队员有效突破对方防守和进攻时所展现的扣球技术和技巧都反映了扣球队员的技术水平。

3. 全队的协调配合

全队运动员运用各项技术协同配合的能力也是人们欣赏排球比赛的一个角度。人们还可以从中感受到排球运动中队员之间相互鼓励和支持的精神力量。

（二）欣赏排球战术

1. 战术阵形的变化

观察对阵双方的排兵布阵和阵势变化，感悟比赛不同阶段双方队伍的战术内涵，推断双方进攻和防守战术的目标和策略，从而欣赏和评价双方队伍的战术效果。

2. 战术谋略的运用

世界上没有哪一种战术能够应对所有进攻。排球对抗的战术运用千变万化，并且比赛双方每一次战术的运用和调整，以及队伍人员的组织和分配都是有其缘由和目的的。

3. 战术组织的精密

再好的战术意图也必须通过高质量的战术组织才能在实战中完整地实现，发挥战术的最大作用。人们通过欣赏对阵双方队伍的默契配合和高超的战术指挥，可以领略到球队的集体智慧，以及高度协同配合的集体精神。

（三）欣赏排球运动员

1. 运动员的形态美

排球运动员身材高挑，体型健美，活力四射。在排球比赛中，运动员时而腾空跃起凌厉扣杀，时而飞身前扑惊险救球。排球运动员的形体、动作、造型充满风采，处处体现了力的坚韧与美的神韵。

2. 运动员的意志美和风格美

在排球比赛中，运动员的意志美和风格美也是观众的欣赏角度之一。在比赛过程中，运动员在复杂的竞争背景下表现出坚韧不拔的意志品质和勇猛顽强的比赛作风，能够给人留下深刻印象，使观众能更加充分地领略到排球的内在力量和独特魅力。

3. 运动员的智慧美

排球比赛对抗激烈，赛场上的情况瞬息万变。在比赛过程中，教练员和运动员通过采取"形彼意此""避实击虚"等战术谋略，充分展现了个人和集体的智慧及创造力，也展现了教练员和运动员的默契配合程度。人们在欣赏排球比赛的过程中，通过比赛双方的斗智斗勇，能够深刻体会以智胜力的内涵，这也是一种精神享受。

三、排球竞赛规则简介

（一）比赛场地

比赛场地（图 9-4-1）为对称的长方形，包括比赛场区和无障碍区。比赛场区为 18 米 × 9 米的长方形。其四周至少有 3 米宽的无障碍区。比赛场区上空的无障碍空间从地面量起至少高 7 米，其间不得有任何障碍物。国际排联、世界和正式比赛，比赛场区边线外的无障碍区宽应 5 米，端线外的无障碍区宽应 6.5 米。比赛场地上空的无障碍空间至少高 12.5 米。

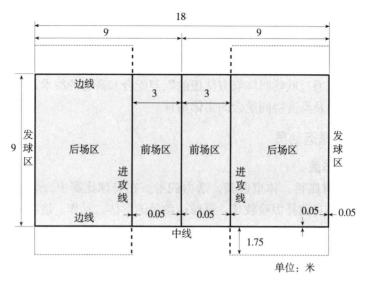

图 9-4-1

（二）间断

间断是完整的比赛过程后至下一次裁判员鸣哨发球之间的时间。合法比赛间断只有"暂停"和"换人"。

1. 合法比赛间断的次数

每局比赛中，每队最多可以请求 2 次暂停和 6 人次换人。

2. 合法比赛间断次序

（1）在同一次比赛间断中，可以请求 1 或 2 次暂停，一个队请求换人后，另一个队也可以请求换人。

（2）在同一次比赛间断中，同一队不得连续提出换人请求。但在同一次换人请求中可以替换两名或更多的队员。

（3）同一个队再次请求换人必须经过一次完整的比赛过程。

3. 请求合法比赛间断

（1）只有教练员或教练员缺席时场上队长可以请求正常比赛间断。

（2）一局开始前请求换人是允许的，但应计算在该局的正常换人次数之内。

4. 暂停与技术暂停

（1）请求暂停，必须在比赛成死球后、裁判员鸣哨允许发球前，并使用相应的手势。所有被请求的暂停时间均为 30 秒钟。

（2）国际排联、世界和正式比赛第 1～4 局中，每局另外有两次时间各为 60 秒的技术暂停，每当领先队达到 8 分和 16 分时自动执行。

（3）第 5 局（决胜局）没有技术暂停，每队可以请求时间各为 30 秒钟的两次正常暂停。

（4）所有暂停时，比赛队员必须离开比赛场区到球队席附近的无障碍区。

（三）比赛中的犯规

1. 击球时的犯规

（1）4次击球：一个队连续击球4次。

（2）借助击球：队员在比赛场地内借助于同伴或任何物体的支持进行击球。

（3）持球：球被接住和/或抛出，而不是被弹击出。

（4）连击：一名队员连续击球2次，或球连续触及身体不同部位。

2. 触网

（1）击球行为触及标志杆以内球网部分为犯规。击球行为包括（但不限于）起跳、击球（或试图击球）、落地至准备下一个动作。

（2）队员可以触及网柱、网绳或标志杆以外的其他任何物体，包括球网本身，但不得干扰比赛。

（3）由于球被击入球网而造成的球网触及队员，不为犯规。

3. 发球时的犯规

（1）发球犯规。

下列犯规应判为发球犯规，即使对方位置错误。发球队：① 发球次序错误。② 没有遵守"发球的执行"的规定。

（2）发球击球后的犯规。

球被发出后出现以下情况仍为发球犯规（除非位置错误）：① 球触及发球队队员或球的整体没有从过网区通过球网垂直平面；② 界外球；③ 球越过发球掩护。

4. 进攻性击球的犯规

① 在对方空间击球；② 击球出界；③ 后排队员在前场区完成进攻性击球，并且击球时球的整体高于球网上沿；④ 在前场区内对高于球网上沿的对方发球完成进攻性击球；⑤ 自由防守队员对高于球网上沿的球完成进攻性击球；⑥ 队员在高于球网处，对同队自由防守队员在前场区用上手传出的球完成进攻性击球。

5. 拦网犯规

① 在对方进攻性击球前或击球的同时，在对方空间完成拦网；② 后排队员或自由防守队员完成拦网或参加了完成拦网的集体；③ 拦对方的发球；④ 拦网出界；⑤ 从标志杆以外伸入对方空间拦网；⑥ 自由防守队员试图进行个人或参加集体拦网。

第五节　气排球运动

一、气排球运动概述

气排球运动是一项集运动、休闲、娱乐于一体的群众性体育项目，作为一项新兴的体育运动项目，气排球运动正在受到越来越多人的青睐。

（一）气排球运动的起源和发展

气排球运动是我国的一项群众性排球运动。1984 年，呼和浩特铁路局集宁分局为了开展老年人体育活动，在没有规则限制的情况下，组织离退休职工用气球在排球场上来回击打进行活动。由于气球过轻且易爆，他们将两个气球套在一起打，后来又改用儿童软塑料球，随后他们又参照 6 人制排球规则制定了简单的竞赛规则，并将这种活动形式取名为气排球。

气排球运动作为中国老年人体育协会（简称"老年人体协"）的五大竞技项目之一，自从中国火车头体育协会首先推出该项目以来，先后在浙江、福建、上海、江苏、湖南、广西、重庆等地得到了很好的推广。通过参与气排球运动进行健身的老年人越来越多，尤其在广西，气排球运动更为普及。

（二）气排球运动的特点

气排球的球质软，富有弹性，手感舒适，不易伤人；球体大（圆周长为 72 ～ 78 厘米），重量轻（120 ～ 140 克）；球网低（男子球网高为 2.1 米，女子球网高为 1.9 米）。气排球场地长为 12 米，宽为 6 米，室内外均可开展活动。

气排球运动属于一项群众性体育运动，简单易学。每队人数只需达到 5 个人就可以开始比赛；气排球运动的集体性极强，队员之间必须协调配合，与排球运动一样，人体的任何部位都可以触球，有时候为了救球，在来不及用手的情况下，可以用脚踢，只要按规则要求，将球打到对方场内上空即为有效。

气排球运动不激烈，是适合各个年龄段的人进行强身健体的活动。

二、气排球竞赛规则

（一）比赛场地

比赛场地包括比赛场区和无障碍区。比赛场区为长 12 米、宽 6 米的长方形。其四周至少有 2 ～ 3 米宽的无障碍区，从地面向上至少有 7 米高的无障碍空间。场地地面必须平坦、水平、划一。不得有任何可能造成伤害队员的隐患，也不得在粗糙或易滑的地面上进行比赛。所有的界线宽 5 厘米，其颜色须区别于场地颜色。

（二）队员装备

1. 服装

队员服装要统一，上衣前后须有号码，序号为 1 ～ 10 号。身前号码至少 15 厘米高，身后号码至少 20 厘米高。号码笔画宽度至少 2 厘米。队长上衣应有一条与上衣颜色不同的长 8 厘米、宽 2 厘米的标志。

2. 运动鞋

运动鞋必须是没有后跟的柔软轻便的胶底鞋。

3. 饰物

不允许佩带任何易造成伤害的饰物。

（三）比赛的状态

1. 比赛开始
第一裁判员鸣哨允许发球，发球队员击球为比赛开始。

2. 比赛中断
裁判员鸣哨则比赛中断，但如果裁判员是由于比赛中出现犯规而鸣哨的，则比赛的中断实际上是由犯规的一刹那开始的。

（四）发球

后排右（1号位）队员在发球区内将球击出而进入比赛的行动，称为发球。

1. 首先发球
（1）第一局和决胜局由抽签选定发球权的队首先发球。

（2）第二局由前一局未首先发球的队发球。

2. 发球次序
（1）队员发球的次序按位置表上的顺序进行。

（2）一局中首先发球之后，队员按下列规定进行发球：当胜一球时，必须轮转发球，由前排右（2号位）队员轮换至1号位发球。

3. 发球的允许
第一裁判员在发球队员已持球在手，并且双方队员已做好比赛准备时，鸣哨允许发球。

（五）进攻性击球

1. 进攻性击球的定义
（1）除发球和拦网外，所有直接击向对方的球都是进攻性击球。

（2）在进攻性击球时，吊球是允许的，但击球必须清晰并不得接或抛出。

（3）球的整体通过球网垂直面（包括触及球网后再进入对方空间）或触及对方队员，则认为完成进攻性击球。

2. 进攻性击球的犯规
（1）在对方空间击球。

（2）击球出界。

（3）在前场区，完成进攻性击球，球的飞行轨迹没有高于击球点，球过网时没有明显向上的弧度（包括水平飞向过网）。

（4）对处于本场区内高于球网上沿的对方发球完成进攻性击球。

（六）正常的比赛间断

正常的比赛间断有"暂停"和"换人"。

1. 正常间断的次数
每局比赛中，每队最多请求两次暂停和4人次（四人制）或5人次（五人制）换人，所换队员不受位置限制。

2. 请求间断

（1）在比赛死球时，裁判员鸣哨发球前，教练员或场上队长用正式手势，请求换人或暂停。

（2）一局开始前允许请求换人，并计入换人次数。

3. 比赛间断的连续

（1）一次或两次暂停与双方的各一次换人相连续，中间无须经过比赛过程。

（2）同一队未经过比赛过程不得连续提出换人请求。但在同一次换人请求中可以替换 1 人或多人。

4. 暂停

（1）每次暂停时间为 30 秒。

（2）暂停时，比赛队员必须离开比赛场区到球队席附近的无障碍区。

5. 换人

（1）换人必须在换人区内进行。

（2）换人由教练员或场上队长请求，换人时，场外队员要做好上场的准备。

（3）如果要替换 2 名或 2 名以上的队员，要用手势表明请求替换人次。

三、气排球基本技术

气排球基本技术与排球基本技术相近，可参考本书的排球基本技术。

课后实践

1. 制订排球训练计划，开展训练。
2. 欣赏一场排球比赛，并向其他人进行介绍，分享感想。
3. 组织开展一次排球比赛。

课程思政

　　女排精神作为一种体育精神，是我国排球运动发展过程中的宝贵财富。女排精神所彰显出的顽强拼搏、永不言败的精神能够在大学生心中产生共鸣，同时，女排运动员的榜样力量，对大学生更具有感召力和影响力，有助于激发大学生的学习兴趣，提高大学生的学习积极性，使大学生树立正确的价值观。女排精神弘扬的价值观正是当代大学生必不可少的正能量。

第十章 足球运动

内容提要

※ 足球运动概述。

※ 足球基本技术及练习方法。

※ 足球基本战术。

※ 足球赛事欣赏。

学习目标

※ 了解足球运动概况。

※ 掌握足球基本技术及练习方法

※ 了解足球基本战术。

※ 学会欣赏足球赛事。

第一节 足球运动概述

一、足球运动的起源和发展

足球是古老的体育活动。早在战国时期，我国就流传着一种被称为蹴鞠或蹋鞠的游戏，当时它还只是一种娱乐方式。

到了汉代，随着社会经济的发展，蹴鞠这种游戏逐渐发展成熟，形成了一定的体系，有了专门的场地、规则和裁判，以及专门论述蹴鞠的书籍。而且，蹴鞠还成为当时士兵训练的手段之一。

唐代是我国蹴鞠盛行的时期。当时，蹴鞠作为文化交流工具传到了日本，在场地、器材方面得到了创新，即产生了球门和充气的球。此外，游戏方法也变得多种多样，如双球门的蹴鞠、单球门的蹴鞠、无球门的蹴鞠。

宋代时，人们沿用了唐朝的单球门蹴鞠，不再使用双球门蹴鞠，降低了蹴鞠的对抗性。当时很多人已经认识到蹴鞠具有健身、娱乐和教育的作用。

清代时，人们喜爱冰上运动，因此，蹴鞠逐渐被改为冰上游戏。清代中叶以后，蹴鞠逐渐被欧洲现代足球取代。

现代足球运动起源于英国。1857年，世界上第1个足球俱乐部——谢菲尔德足球俱乐部在英国成立了。1863年，英格兰多个足球俱乐部的代表在伦敦举行会议，成立了世界上第1个足球协会——英格兰足球总会。英格兰足球总会的成立标志着世界足球运动进入了新阶段。同时，英格兰足球总会制定了世界上第一份统一的足球竞赛规则，虽然该规则只有14条，但是它是现代足球比赛规则的基础，推动了现代足球运动的发展。

1863年，足球传入非洲。1870年，足球传入大洋洲的澳大利亚。1871年，英格兰足球总会开始举办英格兰足总杯，现代足球运动开始在英格兰广泛流行。1885年，世界上第1个职业足球俱乐部在英格兰成立。1888年，世界上第1个足球联赛在英格兰举行。1893年，南美洲首次开展足球联赛。1894年，足球传入巴西。当时，由于各国球队之间的比赛、交流不断增加，各国迫切需要一个国际性的足球机构来协调并组织活动。在这种形势下，国际足球联合会（简称"国际足联"）成立。

1900年巴黎奥运会，足球被列为奥运会正式比赛项目。

经过100多年的发展，足球运动已成为全世界人们喜爱的体育项目，被誉为"世界第一运动"。世界级的足球比赛主要有世界杯足球赛、奥运会足球赛等。目前，国际足坛公认的3种不同风格的足球流派为欧洲派、南美派、欧洲拉丁派。虽然各流派间的差别越来越不明显，但是它们仍各自保留着自己的鲜明特点。

二、中国足球运动的发展

19世纪后半叶，现代足球由欧洲传入中国。20世纪50年代，中国国家男子足球队曾集体去匈牙利留学，这次学习为我国培养了一批足球界的骨干。1955年，中国足球协会成立。

1982年，中国国家男子足球队冲击世界杯决赛圈，这是中国足球与外界第一次全方位的碰撞和较量。1987年，中国队首次冲出亚洲，获得奥运会足球赛参赛资格。

1992年6月，中国足球协会明确了以职业化作为足球改革的突破口。之后，我国出现了第1批职业足球俱乐部。1994年，第1届职业化的中国足球甲级A组联赛（简称"甲A联赛"）开办。职业化的甲A联赛、甲B联赛（即中国足球甲级B组联赛）一共进行了10年，2003年赛季结束后，它们被改制为中国足球协会超级联赛（简称"中超联赛"）和中国足球协会甲级联赛。

在职业化的推动下，在2002年的第17届国际足联世界杯期间，中国国家男子足球队首次打入了世界杯的决赛圈。中国国家女子足球队建立于1984年，1986年首次参加亚洲杯就获得冠军，并在之后的1989年、1991年、1993年、1995年、1997年、1999年的女足亚洲杯连续夺冠，创下了中国女足亚洲杯七连冠的好成绩。中国女足曾15次参与亚洲杯，共获得冠军9次，亚军2次，季军3次；参加亚运会8次，获得冠军3次、亚军2次、季军1次；晋级世界杯决赛圈8次，参加女足世界杯7次，获得亚军1次，进入四强1次（不含前述亚军）；闯入奥运会5次。2022年2月6日，中国女足在2022年印度女足亚洲杯决赛击败韩国队，再夺女足亚洲杯冠军。

三、足球运动的锻炼价值

经常参加足球运动，不仅可以培养锻炼者的意志力、自制力、责任感，以及勇敢顽强、机智果断、团结协作等品质，增进人体健康，提高身体素质，还能增强人的心血管系统和呼吸系统的机能。

第二节　足球基本技术及练习方法

足球技术是指运动员在比赛中所采取的操纵球、控制球和抢夺球的合理的动作方法的总称。足球基本技术包括无球技术和有球技术。

一、无球技术

无球技术是指队员于比赛中在不接触球的情况下所完成的各种技术，包括各种形式的起动、跑步、急停、转身、无球假动作等。

在足球比赛中，就算是一个控球能力很强的队员，其在整场比赛中控制球的时间总共也只有几分钟，除去各种情况下的"死球"的时间以外，一个队员在其余大部分时间都处于无球状态。因此，队员在比赛中对无球技术的合理的掌握和运用具有重要意义。

提高队员的身体素质是提高队员的无球技术的基础。在无球技术的训练中，队员要注重自身身体素质的训练，如着重发展力量素质、速度素质、耐力素质等。

二、有球技术

有球技术包括颠球、踢球、停球、运球、头顶球、抢截球、有球假动作、掷界外球和守门员技术。

（一）颠球

颠球是指队员用身体的各个有效部位连续地触击球并加以控制，尽量使球不落地的技术动作。它是运动员熟悉球性的一种练习手段。队员通过颠球来体会球的弹性、质量、旋转规律、触球部位、击球时用力轻重的感觉。

颠球包括脚背正面颠球，脚内侧、脚背外侧颠球，大腿颠球，头部颠球，各个部位连续颠球。

1.脚背正面颠球

颠球脚向前上方摆动，用脚背正面击球。击球时，踝关节固定，击球的下部，两脚交替击球。击球过程中，用力均匀，将球始终控制在身体周围。（图10-2-1）

2.脚内侧、脚背外侧颠球

屈膝抬腿，以两脚内侧或脚背外侧交替击球的下部。（图10-2-2）

脚背正面颠球

图 10-2-1　　　　　　　　图 10-2-2

3. 大腿颠球

颠球腿屈膝抬腿，用大腿的中前部位击球的下部（图 10-2-3），可用两腿大腿交替颠球。

4. 头部颠球

两脚开立，两腿膝关节微屈，用前额正面连续顶球的下部。颠球时，目视球，两臂自然张开以维持身体平衡。（图 10-2-4）

图 10-2-3　　图 10-2-4

5. 各个部位连续颠球

根据上述各颠球技术动作要领，用各部位配合连续颠球，配合的部位越多，难度越大。

（二）踢球

踢球是指队员有目的地用脚的某一部位将球击向预定的目标的技术动作，包括脚内侧踢球、脚背正面踢球、脚背内侧踢球、脚背外侧踢球、脚尖踢球、脚跟踢球等。

踢球的方法很多，动作要领也有所不同，从技术动作结构上分析，主要由助跑、支撑脚站位、踢球腿摆动、触球、踢球后的随摆动作 5 个部分组成。

1. 脚内侧踢球

脚内侧踢球时，助跑路线为直线。支撑脚踏在球的侧方 15 厘米左右处，支撑腿膝关节微屈。在支撑脚落地的同时，踢球腿由后向前摆动。踢球腿在前摆过程中，髋关节外展，小腿加速前摆，脚掌平行于地面，脚尖稍回勾，踝关节紧张，用脚内侧部位击球的后中部。击球后，身体随踢球腿移动，髋关节前送。（图 10-2-5）

2. 脚背正面踢球

脚背正面踢球时，直线助跑，最后一步稍大，支撑脚积极着地，并踏在球的侧方 10～15 厘米处，脚尖指向出球方向，支撑腿膝关节微屈。踢球腿以髋关节为轴，大腿带动小腿迅速前摆。踢球腿的膝关节紧张，脚背绷直，脚趾扣紧，用脚背正面击球的后中部，踢球腿随之前摆。（图 10-2-6）

3. 脚背内侧踢球

脚背内侧踢球时，斜线助跑，助跑方向与出球的方向约成 45°。支撑脚踏在球的侧后方 20～25 厘米处，支撑腿膝关节微屈。在支撑脚落地的同时，踢球腿已完成后摆，踢球脚脚尖指向出球方向，身体向支撑腿一侧倾斜。踢球腿以髋关节为轴，以大腿带动小腿由后向前迅速摆动。在触球的一瞬间，脚背迅速绷直，踝关节紧张，脚尖外展并插向球的斜下方，用脚背内侧击球的后下部，踢球腿随球向斜前上方摆动。（图 10-2-7）

脚背内侧踢球

4.脚背外侧踢球

脚背外侧踢球的助跑、支撑脚站位和踢球腿摆动均与脚背正面踢球技术的3个对应环节相同，不同的是用脚背外侧触球。此时要求踢球腿的膝关节和脚尖内转，脚背绷紧，脚趾紧屈，提膝。击球后，身体随踢球腿的摆动前移。（图10-2-8）

5.脚尖踢球

脚尖踢球时，出球异常迅速，在场地泥泞时多使用这种方法踢球。支撑腿跳跃上步，踢球腿屈膝前跨，髋关节尽量前送，踢球腿小腿前伸，在踢球脚落地前用脚尖击球的后中部。（图10-2-9）

图 10-2-5　　　图 10-2-6　　　图 10-2-7　　　　图 10-2-8　　　　图 10-2-9

6.脚跟踢球

脚跟踢球，出球较隐蔽。球在支撑脚外侧时，踢球脚在支撑脚前面交叉，摆到支撑脚外侧，用脚跟击球；球在支撑脚内侧时，踢球脚后摆，用脚跟踢球。

（三）停球

停球是指运动员用身体的合理部位将球停挡在自己的控制范围内的技术动作。它包括脚内侧停球、脚背外侧停球、胸部停球、脚背正面停球、大腿停球、脚底停球等。

1.脚内侧停球

脚内侧停球的触球面积大，停球稳，易于准确地将球停在自己的控制范围内。

（1）停地滚球：身体正对来球方向，支撑腿膝关节微屈，停球脚稍提起，脚尖回勾，停球腿膝关节外转，脚内侧正对来球。在脚与球接触的一刹那，停球腿稍后撤以缓冲来球的力量，将球停在自己的身体前。（图10-2-10）

（2）停反弹球：先准确判断球的落点，支撑脚要踏在球落点的侧前方，支撑腿膝关节弯曲，上体稍前倾，停球腿放松，用脚内侧对准球的反弹方向，推压球的后中上部，以缓冲球的力量，将球控制在自己可控制的范围内。

图 10-2-10

（3）停空中球：准确判断来球的方向、力量和高度，迎球上前。抬停球腿，用停球脚脚内侧对准来球，触球的一刹那，停球腿小腿放松，微后撤，以缓冲来球的力量，将球停在自己可控制的范围内。

2.脚背外侧停球

（1）脚背外侧停地滚球：支撑腿膝关节微屈。停球腿抬起、屈膝，脚内翻使小腿和脚背外侧与地面成锐角，并对准停球后球运行的方向，脚抬离地面的高度应约等于球的半径；然后大腿向停球后球运行的方向后撤，用脚背外侧挡球的后中部，同时身体随球移动。

（2）脚背外侧停反弹球：根据来球的落点及时移动到位，支撑脚站在来球落点的侧后方，除了触球部位是球的后中上部外，其他环节均与脚背外侧停地滚球相同。

3. 胸部停球

胸部既能停高球又能停平直球。

（1）收胸停球：主要用于停与胸等高的平直球。面对来球，两脚前后开立，两臂自然张开，挺胸迎球，在胸与球接触的一刹那，上体后移，迅速收胸、收腹挡压球，以缓冲来球的力量，将球准确地停在体前。

（2）挺胸停球：主要用于停胸部高度以上的高空球。面对来球，两臂自然屈肘上举。当球与胸接触时，两腿蹬地，上体稍后仰，胸部向上挺出（图10-2-11），将球弹起，落在体前。

4. 脚背正面停球

脚背正面停球主要用于停从空中下落的球。面对来球，提起停球脚，用脚背正面迎从空中下落的球的底部，停球腿踝关节和膝关节放松。在触球的一刹那，停球脚脚背向后下撤，以缓冲来球的力量，将球准确地停在体前。（图10-2-12）

5. 大腿停球

大腿停球主要用于停从高空下落的球和平行于大腿高度的球。停球时，面对来球，停球腿抬起，以大腿中部对准下落的球（图10-2-13），肌肉放松。当大腿与球接触时，大腿迅速后撤，将球准确地停在体前。

6. 脚底停球

脚底停球即用脚底踩球的后上部或后中上部停球。由于脚底停球技术便于掌握，易于将球停到需要的位置，故常被用来停各种地滚球和反弹球。

（1）脚底停地滚球：身体正对来球方向，移动前迎。支撑脚踏在球的侧面，支撑腿膝关节微屈；同时停球腿提起，膝关节微屈，使脚底与地面夹角略小于45°，以前脚掌触球的后上部为宜。（图10-2-14）

图10-2-11　　　图10-2-12　　　图10-2-13　　　图10-2-14

（2）脚底停反弹球：根据来球的落点，及时前移迎球。支撑脚站在停球脚的侧后方，脚尖正对来球方向。在球落地的瞬间，用停球脚的前脚掌触球的后中上部，停球腿膝微伸，用脚掌将球停在体前。

（四）运球

运球是指队员在跑动中用脚连续触球的技术，它是控球能力的集中体现。运球包括脚背正面运球、脚内侧运球、脚背外侧运球和以拨球、拉球、扣球、挑球、颠球为代表的其他运球方法等。

1. 脚背正面运球

脚背正面运球便于向前跑动时快速运球。运球时，身体放松，上体前倾，两臂自然摆动，步幅不要太大。运球脚提起时，运球腿踝关节弯曲，脚尖下指，在向前迈步着地前，用脚背正面向前推拨球。（图10-2-15）

2. 脚内侧运球

脚内侧运球要求在运球前进时，支撑脚始终位于球的侧前方。肩部指向运球方向，支撑腿膝关节微屈，身体重心放在支撑腿上。运球腿提起、屈膝，用脚内侧推球前进。（图10-2-16）

3. 脚背外侧运球

运球时，自然跑动，上体稍前倾，步幅不宜过大。运球腿提起，膝关节稍屈，髋关节前送，运球脚的脚背外侧正对运球方向。在运球脚落地前，用脚背外侧推拨球的中后部。（图10-2-17）

图 10-2-15　　　图 10-2-16　　　图 10-2-17

4. 其他运球方法

（1）拨球：用脚背内侧或外侧触球并将球拨向身体的侧前方、侧方、侧后方。

（2）拉球：将触球脚的前脚掌放在球的上部或侧上部，支撑脚在球的侧后方，然后触球脚向后下方用力将球拉回。

（3）扣球：扣球动作与拨球基本相同；不同的是，它的用力是突然的，并伴随着突然转身或急停，使对手来不及调整身体重心，此时运球者可以突然向反方向推送球，突破对手的防守。

（4）挑球：用脚背触球的下部，并突然向上方将球挑起，运球者迅速随球跟进。

（5）颠球：根据对手抢截时所处位置或实施抢截的时间，用恰当的身体部位将球颠起，越过对手，达到过人的目的。

（五）头顶球

1. 原地前额正面顶球

正对来球，两脚前后开立，两腿膝关节稍屈，上体后仰，身体重心在后脚，两臂自

拨球

然张开，目视来球以判断球的速度和力量；两脚用力蹬地，上体前摆，收腹，颈部紧张，快速向前甩头，用前额正面顶球的后中部。触球后，上体继续随球前摆。（图10-2-18）

图10-2-18

2. 跳起前额正面顶球

两腿屈膝，身体重心下降，目视来球以判断来球的方向、速度、力量。跳起的同时，挺胸，展腹，两臂自然张开。当跳到最高点时，身体形成背弓，快速收腹，向前甩头，用前额将球顶出，屈膝缓冲落地。

3. 后蹭顶球

后蹭顶球分为原地蹭顶和跳起蹭顶。在球运行到身体上空前的准备动作与原地前额正面顶球的准备动作相同。当球运行到身体上空时，挺胸，展腹，仰头，身体向后上方伸展，用前额正面靠上的部位用力击球的下部，将球向后上方顶出。

（六）抢截球

抢截球是指运用争夺球、堵截传球、将球碰至远处甚至是界外的办法延缓和阻拦对方进攻的技术。

1. 正面跨步抢截球

两脚前后开立，两膝微屈，身体重心下降，身体重心在两脚之间，面向对方。当对方运球前进且其触球脚即将着地或刚着地时，抢球者支撑脚立即用力蹬地，以抢球脚内侧对准球并前伸（图10-2-19）。若双方的脚同时触球，则抢球者要顺势向上提拉，使球从对方脚背滚过，并且身体要迅速跟上，把球控制住。

2. 正面铲球

两脚前后开立，两膝微屈，身体重心下降，身体重心在两脚之间，面向对手。当对方运球前进且其触球脚即将着地或刚着地时，抢球者一脚立即用力蹬地，另一脚前伸，然后蹬地脚迅速跟上并以脚跟着地，前伸脚沿地面向前滑铲球。上体后仰，两臂屈肘，以铲球腿同侧臂撑地。（图10-2-20）

3. 侧面合理冲撞抢球

当抢球者与对方并肩跑动时，身体重心稍下降，与对方接触一侧的手臂要贴紧自己的身体。当对方靠近抢球者一侧的脚离地时，抢球者用与对方接触一侧的手臂的肘关节以上部位冲撞对方的相应部位，使对方失去平衡而离开球，趁机将球抢过来。（图10-2-21）

图 10-2-19　　　　　　　　　图 10-2-20　　　　　　　　　图 10-2-21

（七）有球假动作

假动作是指运动员为了隐藏自己动作的意图，运用各种动作迷惑和调动对方，使其产生错误的判断或失去平衡，从而取得时间、位置、距离等方面的有利条件，更好地实现自己的真正意图的一种技术。

1.传球假动作

当控球者正要传球而对方迎面跑来抢球时，控球者可先摆动右腿做向对方右侧踢的假动作，使对方向其右侧堵截，再突然改用其他脚法将球从对方左侧传出。

2.停球假动作

当控球者在对方的紧逼下停球时，控球者可先假装向自己左侧停球，然后突然改变停球方向。

3.过人假动作

背靠对方停球时，控球者先向对方左侧做虚晃动作，使对方向左移动，然后用右脚脚背外侧把球向右轻拨并转身过人。

4.抢截假动作

当对方运球向自己跑来时，防守队员如果能用一些方法影响运球队员的节奏，就可以变被动为主动，抢截假动作就是达到此目的的一种手段。例如，先使用假动作去堵截某一方向，使运球队员向另一方向出球或运球，而这一方向正是防守队员抢截真动作实施的方向，如此则很容易将球抢截。

高速运球较难抢截，防守队员稍一错移身体重心，就会被运球队员越过，因此，对于高速向自己运球而来的运球，防守队员可采取前扑假动作。当对方看到防守队员猛扑时，会将球一拨而过，这样防守队员在假扑后就较容易立即转身将运球队员拨出的球抢截。使用前扑假动作时，防守队员应注意距离：离运球队员太远时，对方不易上当；离运球队员太近时，易弄巧成拙，反被运球队员突破。

（八）掷界外球

掷界外球时，接球队员不受越位规则的约束，因此掷界外球不仅可以用于恢复比赛，还可以为进攻创造有利条件。尤其是在前场 30 米内掷界外球时，掷球者将球直接掷向对方球门往往能够给对方造成很大威胁。

掷界外球的动作是爆发式的平摆运动，需要稳固的支撑。根据身高和臂长掌握合理的掷出角度（不超过 45°），这是影响远度的重要因素。球出手早则掷出角大，反之则小。球出手速度快则掷得远，这需要队员具备一定的力量基础和协调用力能力。另外，充分利用助跑的初速度有助于将球掷远。

1. 原地掷界外球

面对出球方向，两脚前后开立（或左右开立），两腿膝关节弯曲，上体后仰，成背弓，身体重心在后脚处（两脚左右开立时，身体重心在两脚间）。两手自然张开，拇指相对，持球的侧后部，屈两肘，将球置于头后。（图 10-2-22）

图 10-2-22

掷球时，后脚用力蹬地（两脚左右开立时，两脚同时蹬地），两腿迅速伸直，身体重心由后移到前，屈体收腹；同时两臂急速前摆，当球摆到头的正上方时，用力甩腕将球掷入场内。掷球时，后脚可沿地面向前滑动，两脚均不得离地或踏入场地（但允许踏在线上）。

2. 助跑掷界外球

两手持球于胸前，在助跑迈出最后一步时，上体后仰，身体成背弓，同时将球上举至头后。掷球动作与原地掷界外球动作相同。

（九）守门员技术

守门员技术有位置选择、准备姿势、移动、接球、扑球、拳击球和托球、掷球等。

1. 位置选择

守门员根据对方射门地点和射门角度来决定位置，通常站在两门柱与对方射门时球所处的位置所形成的夹角的角平分线上。

2. 准备姿势

两脚左右开立，与肩同宽，两脚脚跟稍提起，身体重心在前脚掌处，两腿屈膝并稍内扣，上体稍前倾，两臂自然屈肘于体前，两手手指自然张开，目视来球。

3. 移动

向左右调整位置的移动一般可采用侧滑步和交叉步 2 种步法。

（1）侧滑步：常用于扑接两侧低平球。向左侧滑步时，先用右脚用力蹬地，左脚稍离地面并向左滑步，右脚快速跟上。向右侧滑步时，动作相同，方向相反。

（2）交叉步：多用于扑接两侧高球。向左侧交叉步移动时，身体先向左侧倾斜，同时右脚用力蹬地并及时向左前方跨出一步，成交叉步，然后左脚向左侧移动，然后右脚和左脚依次快速向左侧移动并一起蹬地跃出。向右侧交叉步移动时，动作相同，方向相反。

4. 接球

接球包括接地面球、接平空球、接高空球。

（1）接地面球：分为直腿式和跪撑式。

① 直腿式：面对来球，弯腰，两腿伸直分开，两腿间距不得超过球的直径，两手掌心向前迎球，触球后将球抱至胸前。

② 跪撑式：用于向侧移步接球。接左侧球时，左腿屈膝，右腿跪撑于左脚附近，两腿间距不得超过球的直径，其余动作与直腿式接球相同。接右侧球时，动作相同，方向相反。

助跑掷
界外球

（2）接平空球：平空球是指膝以上、胸以下的空中球。接球时，面对来球，两手掌心向上，两手小指相靠，前迎接球。上体前屈，当手触球时，两手微后撤以缓冲来球的力量，将球抱于胸前。

（3）接高空球：面对来球，两臂向上伸，两手拇指相对，成八字形，其余手指微屈，手掌对球。在来球至最高点手触球的瞬间，手指、手腕适当用力，缓冲来球并将球接住，顺势转腕、屈肘、下引，将球抱至胸前。

5. 扑球

扑球包括扑两侧低球、扑两侧平高球。

（1）扑两侧低球：用远离来球一侧的脚用力蹬地，两手快速向来球伸出，一只手置于球后，另一只手置于球的侧上方，同时身体向靠近来球一侧的脚的方向倒地；落地时，以小腿、大腿、臀、肘外侧依次着地，落地后迅速抱球团身。

（2）扑两侧平高球：完成这一动作时应注意在空中展体，用手指用力抓住球；接球后，以肘、肩、背、臀、腿外侧依次着地并迅速抱球团身。

6. 拳击球和托球

（1）拳击球：在守门员没有把握接住球或对方猛烈冲门的情况下，为了避免接球脱手，可采用拳击球。

准确判断来球的运行路线，及时移动到位，握紧拳，在接近球的一刹那迅速出拳击球。拳击球有单拳击球和双拳击球两种：单拳击球动作灵活，摆动幅度大，击球力量大；双拳击球接触球面积大，准确性高。

（2）托球：在来球弧度较大、落点又在球门横梁附近，守门员起跳接球把握性不大时，可运用托球技术。托球时，守门员跳起，一臂快速上伸，该臂手掌掌心向上，用手掌前部击球，触球后将球稍往后上方托起，使球越过球门横梁。

7. 掷球

守门员充分利用后腿蹬地、持球手臂后引及转体、挥臂和甩腕的力量将球掷出。

第三节　足球基本战术

一、进攻战术

（一）个人进攻战术

个人进攻战术包括摆脱、跑位、运球过人等，是指个人在对方紧逼防守的情况下采取有效措施，摆脱自己的对手，跑到有利的位置，接应控制球的同伴，以巧妙的传球配合达到进攻目的的战术。

（二）局部进攻战术

局部进攻战术是指两人及两人以上的战术配合行动，一般常用的有斜传直插二过

一、直传斜插二过一、反切二过一等。这些战术可以丰富和完善全队的进攻战术，是实施全队战术的基础。

1. 斜传直插二过一

斜传直插二过一如图 10-3-1 所示：⑦ 横传给 ⑨，⑨ 斜线传球，⑦ 直线插入接球；⑥ 斜线传球给 ⑩，⑩ 斜线传球，⑥ 直插接球。

2. 直传斜插二过一

直传斜插二过一如图 10-3-2 所示：⑦ 横传给 ⑨ 后立即斜线插上，接 ⑨ 的直传；⑩ 运球过人后传给 ⑧，再斜线插上接 ⑧ 的直传。

3. 反切二过一

反切二过一如图 10-3-3 所示：⑦ 回撤接 ⑨ 的传球，当防守队员跟上紧逼时，⑦ 回传给 ⑨ 并转身切入，再接 ⑨ 传至对手身后空当的球。

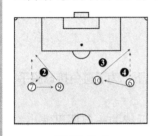 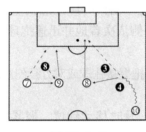 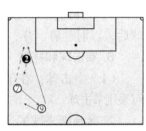

图 10-3-1　　　　　　　图 10-3-2　　　　　　　图 10-3-3

（三）集体进攻战术

1. 边路进攻

边路进攻主要通过边锋或交叉换位到边上的中锋或直接插上的前卫、边后卫运用个人带球突破或传球配合，来达到突破对方防线传中（外围传中、下底传中、切底迂回传中），最后由中锋包抄射门的目的。

2. 中路进攻

虽然中路进攻能直接威胁球门，但是对方中间防守队员密集，不易突破，要通过中锋、内切的边锋或插上的前卫之间的配合或个人运球过人等方法来突破对方防线。

3. 转移进攻

当一侧进攻受阻、另一侧进攻有利时，要及时快速转移进攻方向。转移进攻多是采用有效而准确的中长距离传球，将球突然转移至对方防守薄弱地带以求增加突破对方防线的可能性。

4. 快速反击

快速反击要求进攻队员与防守队员积极拼抢，一旦得球，趁对方立足未稳即快速传球，争取在局部形成以多打少的局面，达到射门得分的目的。

二、防守战术

（一）个人防守战术

个人防守战术是局部防守和集体防守的基础，包括对堵（迎面堵、贴身堵）、抢

（迎面抢、侧面抢、侧后铲）、断等技术的运用。此外，选位与盯人也是个人防守战术的重要内容。

（二）集体防守战术

集体防守战术是指全队相互协作而进行防守的战术方法，其既有全场防守、半场防守、紧逼防守和区域防守，也有人盯人防守结合区域防守、密集防守等多种防守战术。无论采用哪种战术，防守队都要考虑到本队的特长，要针对对方的进攻战术采取有效的防守战术，破坏对方的进攻。

（三）造越位战术

造越位战术是防守队员主动逼迫对方越位，以打乱对方的进攻节奏和减弱对方的攻势的战术，是由守转攻的一种手段。

第四节　足球赛事欣赏

一、目前主要足球赛事

（一）国际主要足球赛事

1. 奥运会足球比赛

1900 年，男子足球成为奥运会正式比赛项目，但当时国际奥委会不允许职业球员参加奥运会足球比赛，因此当时的奥运会足球比赛的水平并不高。另外，当时的足球运动并未受到人们的普遍重视，因此，虽然奥运会足球比赛属于正式比赛，在当时却更具表演性质。直到 1908 年伦敦奥运会，奥运会足球比赛参赛队才开始以国家队为单位。

1996 年，女子足球成为奥运会正式比赛项目。

奥运会足球比赛每 4 年举办一次。

2. 国际足联世界杯

国际足联世界杯（简称"世界杯"）是具有较大知名度和影响力的国际性足球赛事，参赛队为国家队。该项赛事原为世界足球锦标赛，1926 年，国际足联将此项赛事名称改为"雷米特杯赛"，用于纪念国际足联前主席雷米特为足球事业所做出的贡献，该赛事的奖杯即被命名为"雷米特杯"。后来，国际足联最终将其定名为"世界足球冠军杯——雷米特杯"，简称"世界杯"。

1974 年，"大力神杯"取代了"雷米特杯"成为世界杯的新奖杯。

世界杯每 4 年举办一次。

3. 欧洲足球锦标赛

欧洲足球锦标赛（简称"欧锦赛"或"欧洲杯"）是一项由欧洲足球协会联盟（简称"欧足联"）举办的足球赛事，参赛队为国家队。该赛事创办之初，被称为欧洲国家杯，1968 年改名为欧锦赛。该项赛事最初的举办目的在于填补 2 届世界杯之间 4 年的空白，从而让欧洲各国国家队有更多的比赛机会。

欧锦赛于1960年举行首届比赛，其后每4年举办一次。

4. 欧洲冠军联赛

欧洲冠军联赛（简称"欧冠联赛"或"欧冠"）是由欧足联主办的年度足球比赛，代表欧洲足球俱乐部的最高水平和荣誉，被公认为全世界最具影响力和最高水平的足球俱乐部赛事。

欧冠每年举办一次。

5. 欧洲足球五大联赛

欧洲足球五大联赛是指在欧洲的影响力和足球竞技水平排名前五的足球联赛，包括英格兰足球超级联赛（简称"英超"）、西班牙足球甲级联赛（简称"西甲"）、意大利足球甲级联赛（简称"意甲"）、德国足球甲级联赛（简称"德甲"）和法国足球甲级联赛（简称"法甲"）。

英超是英格兰最高级别的足球联赛，具有比赛节奏快、竞争激烈、强队众多的特点。

西甲是西班牙最高级别的足球联赛，也是近百年来欧洲所有联赛中最具竞争力的联赛。

意甲是意大利最高级别的足球联赛，实力强劲的球队众多，曾被誉为"小世界杯"。

德甲是德国最高级别的足球联赛。在全球范围内，它长期是平均上座率超高的足球联赛之一。

法甲是法国最高级别的足球联赛。最初，法甲的竞争力并不强。后来，随着竞争力的提升，法甲吸引了大批优秀球员，并成为这些球员进入英超、西甲、意甲、德甲的跳板。

6. 美洲足球锦标赛

美洲足球锦标赛（简称"美洲杯"）是一项由南美洲足球联合会（简称"南美足联"）组织的国家队参赛的足球赛事。该项赛事是全世界历史最悠久的国家级足球赛事，其前身为南美足球锦标赛。

美洲杯于1916年举行首届比赛，但其后的举办时间并不固定。因为南美足联只有10支球队，所以该赛事也是仅有的不举行资格赛的洲际赛事。同时南美足联会邀请2支非南美足联球队参与赛事。

（二）国内主要足球赛事

1. 中超联赛、中甲联赛、中乙联赛、中冠联赛

中国足球协会超级联赛（简称"中超联赛"或"中超"）是中国内地最高级别的职业足球联赛。中超联赛的前身是甲A联赛，甲A联赛于1989年成立，于1994年开始职业化，2003年赛季结束后改制为中超联赛。2004年，中超联赛开始。中超联赛的下级联赛分别是中国足球协会甲级联赛（简称"中甲联赛"）、中国足球协会乙级联赛（简称"中乙联赛"）及中国足球协会会员协会冠军联赛（简称"中冠联赛"）。

中甲联赛是由中国足协组织的，由国内职业足球俱乐部参加的全国第二级别的足球职业联赛，实行升降级制度。

中乙联赛成立于2004年，是全国第三级别的足球职业联赛，实行升降级制度。其

前身是全国足球乙级队联赛。

中冠联赛创办于 2002 年，曾使用过"全国足球业余（丙级）队联赛""全国足球业余联赛"和"中国足球协会业余联赛"等名称，是全国第四级别的足球职业联赛，属于业余联赛。该项赛事分为预赛和决赛 2 个阶段。

2. 中国大学生足球联赛

中国大学生足球联赛由教育部中国大学生体育协会与中国足球协会于 2000 年共同创办，是教育部唯一官方认证的全国高校 11 人制足球联赛，同时也是中国足球在校园开展的最高级别的足球赛事。该项赛事参赛队伍多，覆盖范围广，组别多样化，时间跨度长，为高校内高水平的足球运动员提供了展示自己的平台。

二、足球比赛的欣赏角度

足球是一项以脚为主的控制和支配球的运动。足球比赛是两支球队在遵守一定规则的前提下在同一块长方形球场上互相进攻、防守的具有竞技性和对抗性的体育项目。足球运动对抗性强、战术多变、参与人数多，欣赏足球比赛的角度包括赏技术、赏战术、赏球风等。

（一）赏技术

人们通过欣赏球场上球员优美的动作，深刻体会他们在高对抗、高强度、高速度运动中运用技术的合理性和创造性。球员在战况瞬息万变的球场上能够灵活使用动作技巧，机智应对对方的进攻和防守，其实是建立在其具备娴熟精湛的球技的基础之上的。

（二）赏战术

人们应该通过观察球员间的默契配合，领会其使用的比赛战术，并体味其战术在比赛中运用的合理性和针对性。同时，人们通过观察战术配合给球队带来的优势和效果，可以体会教练员的随机应变能力和临场指挥能力，以及球员与教练员配合的默契程度。

（三）赏球风

人们在欣赏球员高超的球技和精妙的配合的同时，也可欣赏他们的精神和品质。在球场上，球员需不停地奋力奔跑，长时间的比赛对球员的体力、耐力和精神都是一种考验，人们在领略球员赛场风采的同时，也应仔细体会其内心的强大，并通过球队整体的表现了解球队的不同风格。

欣赏足球比赛不仅可以培养人们对足球的兴趣，让人们了解更多的足球知识，也是人们娱乐休闲、陶冶情操和排解压力的绝佳方法。比赛虽然要分输赢，但在比赛过程中，球队呈现的技术、战术和球风却能够让人们收获更多。大学生应通过欣赏足球比赛，培养自身坚忍不拔、团结合作的精神。

三、足球竞赛规则简介

（一）比赛场地

比赛场地必须为全天然草皮。若竞赛规程允许，可使用全人造草皮。2 条较长的边界线为边线，2 条较短的边界线为球门线。比赛场地由 1 条连接两侧边线中点的中线划分为 2 个半场。中线的中心位置为中点。以中点为圆心画 1 个半径为 9.15 米的圆圈。（图 10-4-1）

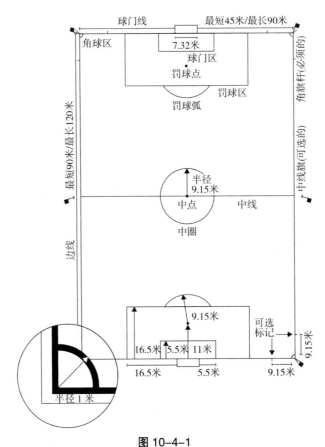

图 10-4-1

（二）比赛时间

一场比赛分为 2 个 45 分钟相同时长的半场。依照竞赛规程，在比赛开始前经裁判员和双方球队同意后，方可缩短各半场比赛时长。队员享有中场休息的权利，休息时间不得超过 15 分钟。加时赛中场阶段可短暂补水（时长不超过 1 分钟）。竞赛规程必须明确中场休息的时长，在经裁判员许可的情况下方可调整中场休息时长。

（三）开球

掷硬币猜中的一队决定本方上半场进攻方向，或者由本方开球。根据选择结果，另一队开球，或者决定本方上半场进攻方向。选择了本方上半场进攻方向的一队，在下半场开球开始比赛。下半场，双方球队交换半场和进攻方向。当一队进球后，由另一队开球。

除开球队员外，所有场上队员必须处在本方半场内。开球队的对方队员必须距球至少 9.15 米直至比赛开始。球必须放定在中点上。裁判员给出信号。当球被踢且明显移动时，比赛即为开始。开球可直接射入对方球门得分；如果直接射入了本方球门，则判给对方角球。

如果开球队员在其他场上队员触及球前再次触球，则判罚间接任意球，如果手球犯规，则判罚直接任意球。对于其他任何违反开球程序的情况，应重新开球。

（四）进球得分

当球的整体从球门柱之间及横梁下方越过球门线，且进球队未犯规或违规时，即为进球得分。

（五）队员人数

一场比赛由两队参加，每队最多可有 11 名上场队员，其中 1 名必须为守门员。如果任何一队场上队员人数少于 7 人，则比赛不得开始或继续。

国际足联、各洲际联合会或各国足球协会可决定在其正式赛事中可使用的替补队员人数，但最多不能超过 5 人次替换。涉及顶级联赛球队一队及国家队 A 队的男子、女子赛事最多可进行 3 人次替换。替补队员名单必须在赛前向裁判员提交。任何未在此阶段提交名单的替补队员不得参加该场比赛。

（六）比赛进行与停止

当出现如下情况时，比赛即为停止：① 球的整体从地面或空中越过球门线或边线。② 裁判员停止了比赛。③ 球接触了比赛官员后仍在比赛场地内，并且任一队开始了一次有希望的进攻，或直接进入了球门，或控球球队发生了转换。

上述情况下，比赛以坠球恢复。

所有其他时间，如果球接触了比赛官员，或从球门柱、横梁、角旗杆弹回并且仍在比赛场地内，均为比赛进行中。

（七）越位

处于越位位置并不意味着构成越位犯规。队员处于越位位置，如果其：头、躯干或脚的任何部分处在对方半场（不包含中线），且头、躯干或脚的任何部分较球和对方倒数第二名队员更接近于对方球门线。

一名队员在同队队员传球或触球的一瞬间处于越位位置，该队员随后以如下方式参与了实际比赛，才被判罚越位犯规。

（1）在同队队员传球或触球后得球或触及球，从而干扰了比赛。

（2）干扰对方队员：通过明显阻碍对方队员视线，以妨碍对方队员处理球；或影响其处理球的能力；或与对方队员争抢球；或有明显的试图触及近处的来球的举动，且该举动影响了对方队员；或做出影响对方队员处理球能力的明显举动。

（3）在如下情况发生后触球或干扰对方队员，从而获得利益：球从球门柱、横梁、比赛官员或对方队员处反弹或折射过来；球从任一对方队员有意救球后而来。

（八）犯规

1. 直接任意球

如果裁判员认为，一名场上队员草率地、鲁莽地或使用过分力量对对方队员实施如下犯规，则判罚直接任意球：① 冲撞；② 跳向；③ 踢或企图踢；④ 推搡；⑤ 打或企图打（包括用头顶撞）；⑥ 用脚或其他部位抢截；⑦ 绊或企图绊。

如果是有身体接触的犯规，则判罚直接任意球。

如果场上队员实施如下犯规时，判罚直接任意球：① 手球犯规（守门员在本方罚球区内除外）；② 拉扯对方队员；③ 在身体接触的情况下阻碍对方队员移动；④ 对在比赛名单上的人员或比赛官员实施咬人或吐口水；⑤ 向球、对方队员或比赛官员扔掷物品，或用手中的物品触及球。

2. 间接任意球

如果一名场上队员犯有如下行为时，则判罚间接任意球：① 以危险方式进行比赛；② 在没有身体接触的情况下阻碍对方行进；③ 以语言表示不满，使用攻击性、侮辱性或辱骂性的语言和/或行为，或其他口头的违规行为；④ 在守门员发球过程中，阻止守门员从手中发球、踢或准备踢球；⑤ 故意发起施诡计用头、胸、膝等部位将球传递给守门员以逃避规则相关条款处罚的行为（包括在踢任意球或球门球时），无论守门员是否用手触球，如果该行为由守门员发起，则处罚守门员；⑥ 犯有规则中没有提及的，又需裁判员停止比赛予以警告或罚令出场的任何其他犯规。

如果守门员在本方罚球区内犯有如下行为时，则判罚间接任意球：① 在发出球前，用手/臂部控制球超过6秒。② 在发出球后、其他场上队员触球前，用手/臂部触球。③ 在下列情况之后用手/臂部触球，除非守门员已经清晰地将球踢出或试图踢出，即同队队员故意将球踢给守门员；接同队队员直接掷来的界外球。

3. 可警告的犯规行为

场上队员犯有如下行为时，应被警告：① 延误比赛恢复；② 以语言或行动表示不满；③ 未经裁判员许可进入、重新进入或故意离开比赛场地；④ 当比赛以坠球、角球、任意球或掷界外球恢复时，未退出规定距离；⑤ 持续违反规则；⑥ 非体育行为；⑦ 进入裁判员回看分析区域；⑧ 过分地做出要求回看分析（比画电视屏幕）的信号。

替补队员或已替换下场的队员犯有如下行为时，应被警告：① 延误比赛恢复；② 以语言或行动表示不满；③ 未经裁判员许可进入、重新进入或故意离开比赛场地；④ 非体育行为；⑤ 进入裁判员回看分析区域；⑥ 过分地做出要求回看分析（比画电视屏幕）的信号。

4. 罚令出场的犯规行为

场上队员、替补队员或已替换下场的队员犯有如下行为时，应被罚令出场。

（1）通过手球犯规破坏对方球队进球或明显的进球得分机会（守门员在本方罚球区内除外）。

（2）通过可判罚任意球的犯规，破坏对方的进球或总体上朝犯规方球门方向移动的明显的进球得分机会（在意图争抢球时造成犯规的情况除外）。

（3）严重犯规。

（4）咬人或向任何人吐口水。

（5）暴力行为。

（6）使用攻击性、侮辱性或辱骂性的语言和/或行为。

（7）在同一场比赛中得到第二次警告。

（8）进入视频操作室。

被罚令出场的场上队员、替补队员或已替换下场的队员，必须离开比赛场地周边区域及技术区域。

课后实践

1. 制订足球训练计划，开展训练。

2. 欣赏一场足球比赛，并向其他人进行介绍，分享感想。

3. 组织开展一次足球比赛。

课　程　思　政

学生通过学习足球技战术和参加比赛，可以得到很好的思政教育。足球是一项团队合作运动，学生在开展该运动的过程中能够与队友建立牢固的信任，提高配合默契度，培养团队精神。

第十一章　乒乓球运动

 内容提要

※ 乒乓球运动概述。

※ 乒乓球基本技术及练习方法。

※ 乒乓球基本战术。

※ 乒乓球赛事欣赏。

 学习目标

※ 了解乒乓球运动概况。

※ 掌握乒乓球基本技术及练习方法。

※ 了解乒乓球基本战术。

※ 学会欣赏乒乓球赛事。

第一节　乒乓球运动概述

一、乒乓球运动的起源和发展

乒乓球运动起源于英国，由网球运动派生而来。19 世纪后期，英国人在室内把桌子当作球台，把书当作球网，将网球在桌上推来挡去，形成了"桌上网球"游戏。后来，人们用空心塑料球代替了网球。因塑料球击在木板拍上发出"乒乓"的声响，人们便将这项运动称为乒乓球运动。

1981 年，国际奥委会决定，把乒乓球列为奥运会正式比赛项目。1982 年在匈牙利布达佩斯举行的欧洲乒乓球联合会会议上，时任国际奥委会主席萨马兰奇宣布，乒乓球从 1988 年开始被列为奥运会正式比赛项目。

目前，世界乒乓球技术正朝着积极主动、特长突出、技术全面、战术变化多样的方向发展。

二、中国乒乓球运动的发展

1904 年，乒乓球运动传入中国。1952 年，第 1 届全国乒乓球锦标赛在北京举行，同年，中华全国体育总会乒乓球部加入国际乒乓球联合会（简称"国际乒联"）。从此，乒乓球运动在全国迅速发展起来。1953 年，中国国家乒乓球队首次参加了世界乒乓球锦标赛（简称"世乒赛"），此后中国乒乓球队又参加了多次国际性赛事。1959 年，容国团在第 25 届世乒赛上为中国夺得了第 1 个乒乓球世界冠军。1961 年，在北京举行的第 26 届世乒赛中，我国运动员第 1 次夺得了男子团体冠军，并同时夺得了男单和女单世界冠军。从此之后，中国国家乒乓球队跻身于世界强队行列，并多次获得世界乒乓球大赛的各项冠军。在 2000 年第 45 届世乒赛团体赛中，中国国家女子乒乓球队获得女子团体冠军。2003 年，第 47 届世乒赛在巴黎举行，这是国际乒联将赛制改成 11 分制后的首届世乒赛，中国国家乒乓球队获得了 5 枚金牌中的 4 枚，其中，王楠收获 3 枚金牌。2004 年，中国国家男子乒乓球队和中国国家女子乒乓球队在世乒赛团体赛中均取得了比赛中所有场次的胜利并夺得冠军。中国国家乒乓球队继在 2008 年北京奥运会上包揽乒乓球比赛男单、女单、男团、女团 4 枚金牌之后，在 2012 年伦敦奥运会上再次包揽乒乓球比赛男单、女单、男团、女团 4 枚金牌；2012 年，中国国家乒乓球队在亚洲乒乓球锦标赛上又包揽了乒乓球比赛女单、男单、女双、混双、女团、男团 6 个项目的冠军。在 2014 年第 52 届世乒赛团体赛上，中国国家乒乓球队再次获得男、女团体冠军。在 2016 年里约热内卢奥运会上，中国乒乓球队再次包揽乒乓球比赛男单、女单、男团、女团 4 枚金牌。2020 年东京奥运会，许昕、刘诗雯夺得乒乓球男女混合双打亚军；在女团决赛中，中国队战胜日本队，获得冠军；男团决赛，中国队战胜德国队，获得冠军。

三、乒乓球运动的锻炼价值

（一）提高身体素质

长期参加乒乓球运动，不仅可以使技术水平不断提高，还可以相应地提高速度素质、力量素质、灵敏素质等，另外还能使肌肉发达、结实、健壮，关节更加灵活、稳固。

（二）提高反应速度，改善视力

打乒乓球时，球在空中飞行的速度是很快的，在短暂的时间内，锻炼者要对高速运动的球的方向、旋转、力量、落点等进行全面观察，迅速做出判断，并及时采取对策，迅速移动，调整击球的位置和拍面角度，进行合理的还击，这一切活动都是在大脑指挥下进行的。因此，经常进行乒乓球练习可提高神经系统的反应速度。

打乒乓球是提高手、眼配合的较好途径，对改善视力有十分重要的作用：打乒乓球时，睫状肌随乒乓球的来往穿梭不停地放松和收缩；眼睛需要追随乒乓球不断变化的运动轨迹，这既对眼球功能的完善起到了良好的作用，又能促进眼球组织的血液循环和代谢，从而改善视力，预防视力下降。

（三）提高心理素质

乒乓球运动是一项竞技运动，激烈的竞争使比赛的局势经常变化，而锻炼者的情绪状态也非常复杂，他们会在这些变幻莫测、胜负难料的激烈竞争中体验种种情绪。此外，锻炼者在比赛中还要对对方的战术意图进行揣摩，同时把握自己的战术应用。因此，参加乒乓球运动可以使锻炼者的心理素质得到很好的锻炼。

（四）促进交流，增进友谊

通过参加乒乓球运动，锻炼者之间可以相互交流经验，切磋球技，达到相互学习、共同提高、建立良好人际关系的目的。

第二节　乒乓球基本技术及练习方法

乒乓球基本技术包括握拍方法、发球、接发球、攻球、推挡球、搓球、弧圈球。本节以右手持拍为例。

一、握拍方法

握拍方法有两种：一种是直拍握法，另一种是横拍握法。

（一）直拍握法

直拍握法击球出手快，手腕灵活，发球变化多，适用于处理台内球，有利于以速度和球路变化取得主动，但反手攻球时因受身体限制不易发力，防守时能照顾到的面积较小。

采用直拍握法时，用拇指和食指握住球拍拍柄与拍面的结合部位；拍前，以食指第二指节和拇指第一指节扣拍；拍后，其他 3 指弯曲贴于拍的上 1/3 处，这种握法又被称为中钳式。（图 11-2-1）

图 11-2-1

（二）横拍握法

横拍握法照顾范围大，击球时便于发力，有利于攻削结合，但使用这种握拍法时手腕难以灵活运用，挥摆速度较慢，较难处理台内球。

采用横拍握法时，虎口贴拍，拇指在球拍的正面，食指自然伸直放于球拍的反面，其他 3 指自然地握住拍柄，这种握法又被称为八字式（图 11-2-2）。正手攻球时，食指稍向上移动；反手攻球时，拇指稍向上移动。

图 11-2-2

二、发球

发球是乒乓球比赛中唯一不受对方来球限制的技术，它是各种技术中最能实现锻炼者战术意图的技术，具有较强的主动性。因此，发球是乒乓球竞赛中创造得分机会的重要技术。常用的发球方法包括以下几种（以右手直拍为例）。

（一）正手平击发球

身体离球台约 40 厘米，两脚开立，间距略比肩宽，左脚稍靠前。左手将球向上抛起，身体稍右转，同时右臂内旋，使拍面稍前倾，向右后方引拍。当球从高点下降至稍高于球网时，右臂向左前下方挥拍，击球的后中上部，以向前发力为主。击球后，迅速还原。（图 11-2-3）

正手平击
发球

图 11-2-3

（二）反手平击发球

身体离球台约 40 厘米，两脚开立，间距略宽于肩，右脚稍靠前。左手将球向上抛起，身体稍左转，同时右臂外旋，使拍面稍前倾，向左后方引拍。当球从高点下降至稍高于球网时，右臂向右前下方挥拍，击球的后中上部，以向前发力为主。击球后，迅速还原。（图 11-2-4）

图 11-2-4

（三）正手发奔球

身体靠近球台站立，左手将球向上抛起，同时右臂内旋，使拍面稍前倾，右手手腕自然下垂，右臂肘关节高于前臂，上体略向右转，身体重心移至右脚，向右后方引拍。当球从高点下降至近于球网高度时，右臂向右侧上方挥拍，摩擦球的右侧中部，触球瞬间，拇指压拍，手腕从右后方向左上方抖动。击球后，挥拍手臂尽可能制动，停止随挥动作。（图11-2-5）

图 11-2-5

（四）反手发奔球

身体靠近球台站立，右脚稍靠前，左脚稍靠后，身体略向左偏斜，左手掌心托球置于身前偏左侧。左手将球向上抛起，同时右臂外旋，使拍面稍前倾，向身体左后方引拍，身体重心在右脚。当球从高点下降至低于球网高度时，右臂挥拍，击球的左侧中上部，触球瞬间，前臂加速向左前上方横摆，以手腕控制球拍弹击并摩擦球，腰部配合向右转动。球被击出后，要使球的第一落点接近本方球台端线。右臂继续向右前上方挥动，调整身体重心，迅速还原。（图11-2-6）

图 11-2-6

（五）正手发下旋球和正手发不转球

正手发下旋球：身体靠近球台，左脚稍靠前，左手掌心托球置于身体右前方。左手将球抛起的同时，腰向右后转，右臂向后上方引拍，拍面后仰，右手手腕伸直（横拍手腕略向外展并伸直）。当球从高点下降至稍高于球网或与球网同高时，以腰带动右臂前臂加速向左前下方挥动，同时右手手腕稍屈并内收，以球拍远端（拍头）触球，击球的后中下部并向底部摩擦。（图11-2-7）

图 11-2-7

正手发不转球与正手发下旋球动作基本一致，区别：正手发不转球时，手臂外旋幅度更小，拍面后仰角度更小，以球拍中后部偏右的地方触球，击球的后中部或后中下部，以减少向下摩擦球的力量，近似将球向前推出，使击球的作用力接近球心，从而形成不转球。球发出后，挥拍动作尽早停住，以利于还原。

（六）反手发下旋球和反手发不转球

反手发下旋球：身体靠近球台，右脚稍靠前，左手掌心托球置于身体左前方。左手将球抛起的同时，腰向左后转，右臂向左后上方引拍，拍面后仰，手腕内收（横拍手腕略向外展）。当球从高点下降至稍高于球网或与球网同高时，以腰带动右臂前臂加速向右前下方挥动，同时右手手腕外展（横拍手腕内收），以球拍远端（拍头）触球，击球的后中下部并向底部摩擦。球发出后，注意控制动作幅度，以利于快速还原。（图 11-2-8）

图 11-2-8

反手发下旋球与反手发不转球的动作区别同正手发下旋球与正手发不转球的动作区别类似。

三、接发球

接发球技术通常由点、拨、带、拉、攻、推、搓、削等各种技术综合组成。以下均以右手持拍为例。

（一）接急球

急球的球速快，且带上旋。一般用反手推挡回接左方急球，用正手快带、快攻借力回接右方急球。如果用反手攻或弧圈球削球回击，则必须移步后退，等来球力量减弱时再回接。

接急球

接下旋球

接侧上旋球

接侧下旋球

接短球

（二）接下旋球

下旋球的球速较慢，且在触拍后会向下反弹。用搓球回接时，注意拍面后仰，以增加向前上方发球的力量。用快攻或弧圈球回接时，一定要增加向上提拉的力量。

（三）接侧上旋球

侧上旋球是侧旋与上旋相结合的旋转球，一般以推、攻回接为主。击球时，拍面稍前倾，并向左侧或右侧偏斜，以抵消来球的上旋力和侧旋力。用弧圈球回接时，要加大拍面前倾的角度，要多向前发力，少向上提拉。

（四）接侧下旋球

侧下旋球是侧旋与下旋相结合的旋转球，一般以搓、削回接为主。回接时，拍面稍向后仰，并朝左方或右方偏斜，以抵消来球的下旋力和侧旋力。用弧圈球回接时，拍面不要过于前倾，要多向上提拉，少向前发力。

（五）接短球

接短球时要注意及时上前至最合适的击球位置，同时要控制好身体的前冲力。接发球后要迅速还原，准备击下一板球。回接短球时，因受台面阻碍，引拍动作会受影响，这时要以前臂和手腕的发力为主，根据来球的旋转性能调节拍面角度、击球部位、击球时间和用力方向。

四、攻球

攻球技术是乒乓球技术中重要的得分技术之一。它在击球方式上以撞击为主，因此具有击球速度快、动作幅度小、进攻性强的特点。攻球技术可分为正手攻球和反手攻球，现代乒乓球技术又将攻球技术的每一部分进一步细化为快攻、快点、快拉、快带、突击、扣杀、挑打、滑板等技术。每种技术都有着不同的特点和战术目的，要掌握全面的攻球技术，就必须掌握好基本的攻球技术。下面重点学习正手攻球和反手攻球的基本技术（均以右手持拍为例）。

（一）正手攻球

正手攻球包括正手近台攻球、正手扣杀。

1. 正手近台攻球

正手近台
攻球

两脚开立，左脚稍靠前，身体离球台约40厘米。右臂自然弯曲并内旋，使拍面稍前倾，身体重心移向右脚，前臂横摆引至身体右侧后方。右脚稍用力蹬地，腰向左转，上臂带动前臂快速向左前方挥拍迎球，在来球的后上升期（或高点期）击球的后中上部。触球瞬间，前臂迅速收缩，以向前击打为主，略带摩擦，手腕辅助发力，身体重心由右脚移至左脚。击球后，迅速还原。（图11-2-9）

图 11-2-9

2. 正手扣杀

两脚开立，左脚稍靠前，站位离台远近视来球路线长短而定。右臂自然弯曲并内旋，使拍面稍前倾，球拍成半横状。随着腰、髋的转动，手臂向后移动，将球拍引至身体右后方，适当加入引拍距离。借助腰、髋的左转及腿的蹬力带动手臂向前挥拍迎球。当来球弹起到高点期（位置合适可在上升期）时，上臂带动前臂同时加速向左前下方发力，拍面前倾，击球的后中上部，以撞击为主，略带摩擦（近网除外）。击球后，身体重心由右脚移至左脚。扣杀后，立即还原，准备连续扣杀。（图 11-2-10）

图 11-2-10

（二）反手攻球

反手攻球包括反手近台快攻、横拍反手快攻。

1. 反手近台快攻

身体离球台 40～50 厘米，两脚开立，右脚稍靠前。身体略左转，使腰部扭紧，右肩略下沉，前臂后引球拍至身体左侧，上臂贴近躯干，肘部内收，使球拍略高于来球。用腰、髋的突然转动带动前臂向右前方用力挥拍，在来球的上升期或高点期击球的后中上部。拇指和食指压拍，中指在拍后，选定用力方向后将球击出。击球后，迅速还原。（图 11-2-11）

反手近台
快攻

图 11-2-11

2. 横拍反手快攻

靠近球台站立，右脚稍靠前。身体左转，右肩前顶略下沉，右臂向左侧后方引拍至腹前，肘部前顶，手腕稍内收，拍面前倾，拇指抵住拍面。腰、髋略向右转动，前臂带动上臂由左后向右前上方挥拍，击球点在体前偏左侧，在来球的上升后期或高点期击球的后中上部，击球时以前臂发力为主。击球后，迅速还原。（图 11-2-12）

图 11-2-12

五、推挡球

推挡球包括平挡、快推、加力推、减力挡。

（一）平挡

右臂上臂自然贴近身体，拍面稍前倾，将球拍引至身体前方，在来球的上升期触球的中部或中上部。击球瞬间只以前臂和手腕稍用力将球向前上方推出，主要借助来球的反弹力将球挡回（图 11-2-13）。回击弧圈球时，球拍要高于来球，在来球的上升后期击球。

图 11-2-13

（二）快推

右臂上臂和肘内收，自然靠近身体右侧，以肩为轴，将球拍引至身体前方。当来球至上升期时，前臂和手腕迅速向前上方推出，拍面稍前倾，击球的后中上部。以前臂和手腕发力为主，并适当借力。（图11-2-14）

图 11-2-14

（三）加力推

右臂以肩为轴，屈肘向后引拍，身体稍右转，将球拍引至较高处，拍面稍前倾，略收腹。当来球处于上升后期或高点期时，上臂、前臂和手腕加速向前下方推压，腰、髋向左转动，配合发力，击球的后中上部，中指的第二指节用力顶拍。（图11-2-15）

加力推

图 11-2-15

（四）减力挡

击球前，身体重心略升高，右臂稍屈，球拍保持合适的前倾角度。当来球刚刚弹起时，立即触球的后中上部，触球瞬间有意识地做手臂和手腕后收的动作。在削弱来球反弹力的同时，借助来球的力量将球挡至对方台区。（图11-2-16）

图 11-2-16

六、搓球

搓球是一种近台还击下旋球的基本技术，可用它为拉弧圈球创造条件。将搓球技术与攻球技术结合起来可以形成搓攻战术。在接发球时，搓球可以作为有效的过渡，为自己的下一板创造进攻机会。搓球包括慢搓、快搓（均以右手持拍为例）。

（一）慢搓

慢搓包括反手慢搓、正手慢搓。

1. 反手慢搓

右脚在前或两脚平行站立，身体离球台 40 ～ 50 厘米。右臂前臂内旋使拍面后仰，向左上方引拍至胸前，采用横拍握法时，手腕适当外展；采用直拍握法时，手腕稍屈，拍头指向斜上方。当来球跳至下降前期时，前臂带动手腕加速向右前下方用力挥拍摩擦球，拍面后仰，击球的中下偏外侧的部位。击球后，前臂顺势前送，并注意还原。（图 11-2-17）

图 11-2-17

2. 正手慢搓

正手慢搓动作技巧与反手慢搓动作技巧相同，但拍面方向相反。

（二）快搓

快搓包括反手快搓、正手快搓。

1. 反手快搓

两脚平行站立或右脚稍前，身体靠近球台。右臂肘部自然靠近身体，后引动作幅度较小，拍面稍后仰。当来球反弹至上升期时，利用上臂前送的力量，前臂和手腕配合，借力的同时结合发力，触球的后中下部并向前下方用力摩擦。击球后尽快还原，准备击下一板球。（图 11-2-18）

图 11-2-18

正手慢搓

2. 正手快搓

正手快搓动作技巧与反手快搓动作技巧相同，但拍面方向相反。

七、弧圈球

弧圈球技术是现代乒乓球比赛中较为主流的进攻技术，其优势是将球的速度与旋转有效地结合起来。弧圈球包括正手弧圈球、反手弧圈球。（均以右手持拍为例）

（一）正手弧圈球

判断来球，确定拉球时间和拉球部位。两脚开立，左脚稍靠前，收腹、含胸、屈膝，使身体重心降低并落在两脚之间。当来球将要落至台面时，腰、髋向右转动，身体重心移至右脚前脚掌，右肩略下沉，左肩自然转向来球方向，右腿屈膝程度加大，右前臂自然下移。通过向右转腰带动右臂经腹前向右侧下方移动，将球拍引至身体右侧腰部下方稍后处。两臂自然放松，两臂肘关节夹角保持在 150° ～ 170°。右脚蹬地，髋关节适当前送，腰部带动上臂向左转动，右臂前臂向左前上方挥拍击球。通常击球的后中部或后中上部（如果增加侧旋，则可击球后中部略偏右处并带侧向摩擦），前臂和手腕在球拍即将触球时迅速内收，在触球瞬间抓紧球拍。来球下旋强烈或击球点较低时，多用向上摩擦；反之，在保证必要的弧线的前提下，可增加撞击的力度以增强球的前冲力。击球后，手臂继续顺势挥动，使身体重心移到左脚后，迅速还原。（图 11-2-19）

图 11-2-19

（二）反手弧圈球

反手弧圈球的动作方法与正手弧圈球的动作方法类似。除了左右方向相反外，还须注意：① 近台反手拉球时，站位基本上以左脚在前为主；② 中远台拉球时，站位多以两脚平行站立或右脚稍靠前为主；③ 反手拉球时，右臂肘部在引拍阶段要稍微离开躯干，放在躯干外侧，以确保球拍在身体前有一定的击球空间；④ 近台拉球时，引拍动作幅度不宜过大。

第三节　乒乓球基本战术

一、以攻对攻的战术

以攻为主的战术运用主要是以力量为基础，结合速度、落点和旋转的变化制胜。以攻对攻时，要根据不同情况采取不同策略，灵活使用战术以争取主动权，取得胜利。以攻对攻的战术主要包括两面攻对左推右攻、左推右攻对两面攻。以下均以双方右手持拍为例。

（一）两面攻对左推右攻

若对方使用左推右攻的打法，球速较快，则本方一般应采用以猛制快、力争主动的策略。在战术上以狠、变为主，结合快、准的打法。

（1）发下旋长球至对方左侧端线，破坏对方的第一板推挡；或发上旋长球至对方左侧端线，使对方不能回挡成近网短球。

（2）以反手猛攻对方左侧，再伺机突击中路。

（3）猛攻对方左侧后，再突击对方右侧空当。

（4）正、反手交替攻对方左、右角，再伺机扣杀空当。

（5）猛攻对方左侧，迫使对方回高球至本方中央或左角时，再侧身扣杀对方右角。

左推右攻的主要弱点在对方左侧，因此，各种战术都应以压住对方左侧为重点，同时谨防对方侧身抢攻。

（二）左推右攻对两面攻

若对方攻球技术比较全面，则本方不宜采用稳扎稳打的办法，而应充分发挥推挡球球速快的优势压制对方，通常采取以快打慢、以近制远、调动对方、力争主动的策略。战术的具体运用是以快速多变为主，结合狠、准的打法。

（1）一般发追身的中间急球，迫使对方后退，接着回近网轻球，引对方上前；或者发中间靠对方右角轻球，引对方上前，然后猛攻对方左侧。

（2）通过快且有力的推挡球，压住对方中间或打出追身急球，破坏对方两面起板的节奏。

（3）快速推挡，配合长短球，扰乱对方步法，使其不能发挥有力的正反手攻球优势，伺机快速侧身攻球，争取主动。

（4）快推对方中路或追身，侧身猛攻对方左侧。

（5）快速推挡，突然变线（直线），引对方回斜线以后，再以正手抽杀对方中间或左侧。

两面攻对两面攻，左推右攻对左推右攻等战术方法，因双方打法相同，故应预先分析彼此的优劣势，根据对手的不同情况制订策略，以己之长攻彼之短，争取主动。

二、以攻对削的战术

（一）拉两角的战术

采用拉两角战术，可先做左右试探性进攻，然后拉两角，突击中间；也可突击左侧或右侧直线；还可反复拉两角，伺机突击追身。

（二）拉中间，突击两角，结合短球的战术

用大角度球把对方逼离台面后，突然放短球，致使对方来不及上步，出现接球失误。

（三）拉搓结合的战术

当对方削球加转或回短球难于实行进攻时，本方可用搓球过渡。这种战术还可以迫使对方在近台还击。如果对方步法调整不到位，就会导致回球质量较差，使本方获得突击扣杀的机会。

三、以削对攻的战术

（一）紧逼一角，突袭空当

（1）先用加转球逼住对方左角，在对方身体重心逐渐左移时，突然直线送球至对方右侧。

（2）当对方往左移动时，突然使用一连串削球紧逼对方右角；当对方频繁跑向右角时，又攻回左角。

（3）用相反球路交叉逼两角，逢斜变直、逢直变斜，迫使对方因移步不及时而回球过高，此时可伺机扣杀。

（二）用转与不转的削球变化来扰乱对方，伺机反攻

（1）加转中突然送不转球过去，使对方拉球过高或抽球出界，伺机扣杀。

（2）稳削中突然加转，迫使对方回球落网。

（三）以不同力量和落点变化控制对方攻势，伺机反攻

（1）先送端线长球，逼对方后退拉球，再突然削近台短球，引对方近台回球。

（2）先长后短，先短后长，交叉使用，迫使对方忙于移动而不易加力扣杀，在对方移步不到位时，伺机反攻。

（四）挡、削兼施，伺机反攻

（1）削球中突然挡右角空当，使对方措手不及，对方回球过高时，起板反击。

（2）在削球中突然轻挡一板，变化回球旋转性质，致使对方判断不准，伺机反击。

四、以削对削的战术

擅用削球打法的双方相遇，主要以双方的进攻能力来决定各自的打法。若攻球技术强，又会使用弧圈球，就可以用发球抢攻结合弧圈球的打法；若削球技术较好，则可采用先守后攻、看准机会突然起板的打法。

除了先用发球抢攻战术力争主动外，一般多采用搓攻结合、搓中突击或搓拉结合的打法。

第四节　乒乓球赛事欣赏

一、目前主要乒乓球赛事

（一）国际主要乒乓球赛事

1. 世乒赛

世乒赛由国际乒联组织，每届比赛由国际乒联授权比赛地乒乓球协会主办，它具有广泛的影响力。世乒赛设 7 项赛事，分别为男子单打、女子单打、男子团体、女子团体、男子双打、女子双打和混合双打。

世乒赛于 1926 年举办第 1 届，之后每年一届。1957 年起，改为每 2 年一届。2003 年起，每届世乒赛分 2 年举办，奇数年举办单项比赛，偶数年举办团体比赛。

2. 乒乓球世界杯

乒乓球世界杯又称埃文斯杯赛，是由国际乒联组织的世界性比赛，每年举办一次。乒乓球世界杯包含男子单打、女子单打、男子团体和女子团体共 4 项赛事（分开举办），参赛者为国际乒联公布的部分世界优秀选手、世界单打冠军、各大洲单打冠军、主办协会单打冠军等。

3. 奥运会乒乓球比赛

1988 年，乒乓球被列为奥运会正式比赛项目，奥运会乒乓球比赛每 4 年一届。奥运会乒乓球比赛项目包括男子单打、女子单打、男子团体和女子团体共 4 项。2020 年东京奥运会，乒乓球比赛新增男女混合双打项目。

（二）国内主要乒乓球赛事

1. 中国乒乓球俱乐部超级联赛

中国乒乓球俱乐部超级联赛（简称"乒超联赛"）是我国最高等级的乒乓球俱乐部赛事。该项赛事的前身是始于 1995 年的中国乒乓球俱乐部比赛。1999 年，中国乒乓球协会（简称"中国乒协"）提出调整国内竞赛体制，将该项赛事由甲级联赛升格为超级联赛，改为现名。

乒超联赛每年举办一届，设男子团体和女子团体两项比赛。

2. 全国乒乓球锦标赛

全国乒乓球锦标赛是在我国具有很大影响力的乒乓球传统赛事。该项赛事由国家体育总局乒乓球羽毛球运动管理中心主办，历史悠久，规模较大，参赛运动员竞技水平高。

全国乒乓球锦标赛每年举办一次，包括男子单打、女子单打、男子团体、女子团体、男子双打、女子双打和混合双打共7个项目。

3. 全运会乒乓球比赛

全运会乒乓球比赛是反映中国乒乓球水平的比赛。每届全运会都汇集了我国乒乓球运动的精英，竞争非常激烈。由于参加奥运会的名额有限，许多无法登上奥运舞台的优秀乒乓球运动员都可以在全运会上展示自己精湛的球技。

全运会乒乓球比赛一般每4年举办一次。

二、乒乓球比赛的欣赏角度

乒乓球运动被誉为我国的"国球"。因其具有较强的健身作用，且便于开展，故而成为深受人们喜爱的体育项目之一。乒乓球比赛竞争激烈，欣赏乒乓球比赛可以从技术、战术和"乒乓精神"3个角度进行。

（一）技术角度

首先，乒乓球技术多种多样，如快攻打法、快弧打法、削攻结合打法等。另外，不同的握拍方式也决定着球员技术动作的不同。人们在了解乒乓球的多种技术后，才能在比赛过程中体会到乒乓球运动的特点。如果能够掌握一些乒乓球技术，则更有助于人们观察到运动员的动作技术细节，了解动作技术的难点，从而体会到球员的精湛技术。

其次，我国乒乓球队提出的"百花齐放，以我为主，采诸家之长，走自己的路"的技术发展政策在鼓励球员夯实自身技术的基础上，发展自己的优势，形成自己的技术风格，如邓亚萍的快怪结合、刘国梁的快转结合、张怡宁的弧圈结合等。因此，人们在了解乒乓球技术的基础上了解球员的技术风格，也有助于人们融入比赛，欣赏到丰富有趣的比赛过程。

（二）战术角度

欣赏一项比赛，首先要了解其赛制规则，这样才能结合球队采取的战术方式来观看比赛。近年来，国际乒乓球比赛的规则变化颇多。基于此，我国乒乓球队也在不断地研发新的战术。了解了竞赛规则，人们才能更好地观看比赛，理解球员在赛场上对技战术的运用。

另外，在参赛双方对阵的过程中，球员除了要具备高水平的技术外，还需要及时做出准确判断，采取合适的战术来应对对方的进攻。乒乓球的打法变化多，击球快，球员在短时间内对于自身及对方的防守和进攻做出准确判断并应用于实际，是非常考验体力和脑力的。了解运动员的战术，有助于人们领略乒乓球比赛更深层次的魅力。

（三）"乒乓精神"角度

我国的乒乓球工作者在研究和发展乒乓球技战术方面倾注了大量的心血，进行了多次的实践，让我国的乒乓球运动在国际上展示了中国的风采。"小球转动大球"更体现了乒乓球运动在我国外交史上发挥的重要作用。

随着国际竞赛规则的不断变化，我国乒乓球健儿不断面对新的挑战，不断迎难而上，不断研究新的技战术并付诸实践，一次次使五星红旗飘扬在赛场上空。这种勇往直前的精神也激励着亿万观众，使其受到鼓舞，深感振奋。

三、乒乓球竞赛规则简介

（一）球台

球台的上层表面叫作比赛台面，应为与水平面平行的长方形，长 2.74 米，宽 1.525 米，离地面高 76 厘米。比赛台面不包括球台台面的垂直侧面。比赛台面应呈均匀的暗色，无光泽。沿每个 2.74 米的比赛台面边缘各有一条 2 厘米宽的白色边线，沿每个 1.525 米的比赛台面边缘各有一条 2 厘米宽的白色端线。

比赛台面由一个与端线平行的垂直的球网划分为两个相等的台区，各台区的整个面积应是一个整体。双打时，各台区应由一条 3 毫米宽的白色中线，划分为两个相等的"半区"。中线与边线平行，并应视为右半区的一部分。

（二）球网装置

球网装置包括球网、悬网绳、网柱及将它们固定在球台上的夹钳部分。球网应悬挂在一根绳子上，绳子两端系在高 15.25 厘米的直立网柱上，网柱外缘离开边线外缘的距离为 15.25 厘米。整个球网的顶端距离比赛台面 15.25 厘米。整个球网的底边应尽量贴近比赛台面，其两端应整体与网柱相连。

（三）球和球拍

球应为圆球体，直径为 40 毫米。球重 2.7 克。球应用赛璐珞或类似的塑料制成，呈白色或橙色，且无光泽。

球拍的大小、形状和重量不限，但底板应平整、坚硬。球拍两面不论是否有覆盖物，必须无光泽，且一面为鲜红色，另一面为黑色。比赛开始前及比赛过程中运动员需要更换球拍时，必须向对方和裁判员展示其将要使用的球拍，并允许他们检查。

（四）发球

（1）发球开始时，球自然地置于不持拍手的手掌上，手掌张开，保持静止。

（2）随后发球员须将球几乎垂直地向上抛起，不得使球旋转，并使球在离开不执拍手的手掌之后上升不少于 16 厘米，球下降到被击出前不能碰到任何物体。

（3）当球从抛起的最高点下降时，发球员方可击球，使球首先触及本方台区，然后直接触及接发球员台区。在双打中，球应先后触及发球员和接发球员的右半区。

（4）从发球开始，到球被击出，球要始终在比赛台面的水平面以上和发球员的端线以外；而且从接发球方看，球不能被发球员或其双打同伴的身体或他（她）们所穿戴（带）的任何物品挡住。

（5）球一旦被抛起，发球员的不执拍手及其手臂应立即从球和球网之间的空间移开。球和球网之间的空间由球和球网及其向上的无限延伸来界定。

（6）运动员发球时，有责任让裁判员或副裁判员确信他（她）的发球符合规则的要求，且裁判员或副裁判员均可判定发球不合法。

如果裁判员或副裁判员对发球的合法性不确定，在一场比赛中第一次出现时，可以中断比赛并警告发球方。但此后如该运动员或其双打同伴的发球不是明显合法，将被判发球违例。

（7）运动员因身体伤病而不能严格遵守合法发球的某些规定时，可由裁判员做出决定免于执行。

（五）还击

对方发球或还击后，本方运动员必须击球，使球直接触及对方台区，或触及球网装置后，再触及对方台区。

（六）得 1 分

除被判重发球的回合，下列情况该运动员得 1 分。

（1）对方运动员未能正确发球。

（2）对方运动员未能正确还击。

（3）运动员在发球或还击后，对方运动员在击球前，球触及了除球网装置以外的任何东西。

（4）对方击球后，球没有触及本方台区而越过本方台区或端线。

（5）对方击球后，球穿过球网，或从球网和网柱之间、球网和比赛台之间通过。

（6）对方阻挡。

（7）对方故意连续 2 次击球。

（8）对方用不符合规定的拍面击球。

（9）对方运动员或其穿戴（带）的任何东西使比赛台面移动。

（10）对方运动员或其穿戴（带）的任何东西触及球网装置。

（11）对方运动员不执拍手触及比赛台面。

（12）双打时，对方运动员击球次序错误。

（13）执行轮换发球法时，如果接发球方进行了 13 次合法还击，则判接发球方得 1 分。

（七）一局比赛

在一局比赛中，先得 11 分的一方为胜方。10 平后，先多得 2 分的一方为胜方。

（八）一场比赛

一场比赛由奇数局组成。

（九）比赛中的击球次序

（1）在单打中，首先由发球员发球，再由接发球员还击，然后发球员和接发球员交替还击。

（2）在双打中，除配对中至少有一名运动员由于身体残疾而坐轮骑的情况外，首先由发球员发球，再由接发球员还击，然后由发球员的同伴还击，再由接发球员的同伴还击。此后，运动员按此次序轮流还击。

（十）发球、接发球和方位的次序

（1）选择发球、接发球和方位的权力应由抽签来决定。中签者可以选择先发球或先接发球，或选择先在某一方位。

（2）当一方运动员选择了先发球或先接发球，或选择了先在某一方位后，另一方运动员必须有另一个选择。

（3）在获得每 2 分之后，接发球方即成为发球方，依此类推，直至该局比赛结束，或者直至双方比分都达到 10 分或实行轮换发球法，这时，发球和接发球次序仍然不变，但每人只轮发 1 分球。

（4）双打的第 1 局比赛，先由有发球权的一方确定第一发球员，再由接发球方确定第一接发球员；以后的每局比赛，由先发球的一方确定第一发球员，第一接发球员则是前一局发球给他（她）的运动员。

（5）在双打中，每次换发球时，前面的接发球员应成为发球员，前面的发球员的同伴应成为接发球员。

（6）一局中首先发球的一方，在该场下一局应首先接发球。在双打决胜局中，当一方先得 5 分时，接发球方应交换接发球次序。

（7）一局中，在某一方位比赛的一方，在该场下一局应换到另一方位。在决胜局中，一方先得 5 分时，双方应交换方位。

（十一）重发球

（1）回合出现下列情况应判重发球：① 如果发球员发出的球触及球网装置后成为合法发球或被接发球员或其同伴阻挡；② 如果接发球员或接发球方未准备好时，球已发出，而且接发球员或接发球方没有企图击球；③ 由于发生了运动员无法控制的干扰，而使运动员未能成功发球、还击或遵守规则；④ 裁判员或副裁判员暂停比赛。

（2）可以在下列情况下暂停比赛：① 由于纠正发球、接发球次序或方位错误；

② 由于要实行轮换发球法；③ 由于警告、处罚运动员或指导者；④ 由于比赛环境受到干扰，以致该回合结果有可能受到影响。

课后实践

1. 制订乒乓球训练计划，开展训练。
2. 欣赏一场乒乓球比赛，并向其他人进行介绍，分享感想。
3. 组织开展一次乒乓球比赛。

课程思政

　　乒乓球是受大学生喜爱的运动项目之一，在高校有着非常高的普及率。在乒乓球教学中，教师让学生领会我国一代又一代乒乓球运动员顽强拼搏、努力为国争光的精神，可以激发学生的爱国之情，因此乒乓球教学活动是一项很好的爱国主义教育活动。

第十二章　羽毛球运动

内容提要

※ 羽毛球运动概述。

※ 羽毛球基本技术及练习方法。

※ 羽毛球基本战术。

※ 羽毛球赛事欣赏。

学习目标

※ 了解羽毛球运动概况。

※ 掌握羽毛球运动的基本技术及练习方法

※ 了解羽毛球基本战术。

※ 学会欣赏羽毛球赛事。

第一节　羽毛球运动概述

一、羽毛球运动的起源和发展

现代羽毛球运动诞生于英国。1870 年左右，英国出现了用羽毛、软木做成的球和穿弦的球拍。1873 年，英国人鲍弗特在格拉斯哥郡的伯明顿庄园里进行了一场羽毛球游戏，这是世界上的第一次羽毛球比赛，伯明顿的英文"badminton"也因此成为羽毛球的英文名称。1934 年，国际羽毛球联合会（简称"国际羽联"）成立，总部设在伦敦。国际羽联于 1948—1949 年举办的第一届世界男子团体赛的奖杯即由汤姆斯所赠。1978 年 2 月，由亚非国家组成的世界羽毛球联合会（简称"世界羽联"）成立，同年 11 月举办了第一届世界羽毛球锦标赛。国际羽联和世界羽联于 1981 年合并，称国际羽毛球联合会，其组织的比赛有汤姆斯杯赛、尤伯杯赛、世界羽毛球锦标赛、全英羽毛球锦标赛和世界羽毛球系列大奖赛。1992 年巴塞罗那奥运会，羽毛球被列为正式比赛项目，设男、女单打和男、女双打 4 项比赛。2006 年，国际羽毛球联合会更名为羽毛球世界联合会。

二、中国羽毛球运动的发展

羽毛球运动于 20 世纪初传入我国，中华人民共和国成立后，得到迅速发展。20 世纪 70 年代，我国羽毛球队已跻身于世界强队之列，当时，国际羽坛上印度尼西亚与我国平分秋色。20 世纪 80 年代，优势已转向我国。2016 年里约热内卢奥运会，中国羽毛球队获得 2 枚金牌。2022 年东京奥运会，中国羽毛球队获得 2 枚金牌、4 枚银牌的好成绩。现今，我国羽毛球运动技术已达到世界领先水平。在我国羽毛球运动的发展过程中，涌现出了一批世界羽坛顶尖运动员，从而进一步奠定了我国羽毛球技术水平处于世界羽坛领先地位的基础。在一系列世界大赛中，他们为祖国夺得了多项荣誉，创造了中国羽毛球运动的辉煌历史。

三、羽毛球运动的锻炼价值

（一）娱乐性

羽毛球运动是一种娱乐活动，双方在对击的过程中，通过不停地奔跑和动作的变化，努力地把球击到对方的场地。击球者在击出一个好球或赢得一个球时会感到兴奋和喜悦。

（二）观赏性

羽毛球运动技术的千变万化使羽毛球运动具有很高的观赏价值。羽毛球赛场上，双方运动员充分运用技战术，如上网技术、扣杀技术、抢扑救球等，让比赛充满不确定性，调动观赏者的观赛兴趣，吸引观赏者的注意力。

（三）增强眼球功能

在连续不断的击球过程中，眼球结构中的关键部位，如睫状肌、晶状体和晶状体悬韧带都会得到锻炼。这对遏制弱视与近视的发展有一定的作用，对内视眼有一定的辅助治疗效果。

（四）丰富思想

参与羽毛球运动不但有助于培养人勇敢顽强、机智灵活、沉着果断的优良品质，而且能丰富人的思想，使人产生新的灵感和想法。

第二节　羽毛球基本技术及练习方法

一、握拍法

握拍是羽毛球技术的基础动作，每一个击球动作都需要采用正确的握拍方式。现介绍两种握拍方法：正手握拍法和反手握拍法（均以右手持拍为例）。

（一）正手握拍法

左手握住拍杆，使拍框与地面垂直。右手张开，形成近似握手的手型，虎口对准拍框，拇指与食指成V字形，然后五指自然地贴到拍柄上。（图12-2-1）

（二）反手握拍法

左手握住拍杆，使拍框与地面平行。右手拇指上提，顶贴在拍柄的宽面上，其余四指自然贴靠在拍柄上，并留有一定的发力空间。（图12-2-2）

图12-2-1   图12-2-2

二、发球

发球不仅是羽毛球技术中一项很重要的基本技术，还是羽毛球战术的重要组成部分。发球质量的好坏往往直接影响一个比赛回合的主动与被动。羽毛球的发球方法有两种：一种是正手发球，另一种是反手发球。根据发出的球在空中飞行的弧度与落点，羽毛球发球技术可以分为发后场高远球、发后场平高球、发后场平射球和发网前小球。（图12-2-3）

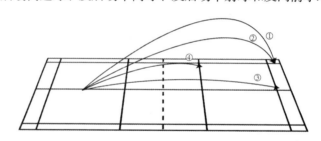

①发后场高远球；②发后场平高球；③发后场平射球；④发网前小球

图12-2-3

（一）正手发球

正手发球技术是以正手发后场高远球动作为基础的。正手发后场高远球是用正手握拍方法，以正拍面将球击得又高又远，使球飞行到对方端线上空后突然改变方向，成直线下落至对方端线附近的一种发球技术。（图12-2-4）

正手发
后场高远球

图12-2-4

正手发后场高远球的动作要领有以下几点。

（1）准备发后场高远球时，站在离前发球线 1 米左右的发球场区中线附近，面对球网，左脚在前，右脚在后，两脚自然分开。

（2）身体重心落在右脚，身体自然地微向后仰，右臂向右后侧举，肘稍弯曲；左手持球（可持球的球托部位），左臂自然地在胸前弯曲。

（3）发球时，左手把球举在身体的右前方并放手，使球自然落下；右臂同时由上臂带动前臂，从右后方向左前上方挥动。当上臂开始挥动时，身体重心由右脚慢慢地移到左脚。

（4）当球落到发球者手臂向下自然伸直能够使球拍触到球的位置的一刹那，握紧球拍，并利用甩腕的力量向前上方用力鞭打击球。把球击出的同时，手臂向左上方挥动，击球之后，身体重心也由右脚移至左脚，身体微前倾。

（二）反手发球

由于动作结构、解剖因素、力量等因素的限制，反手发球一般用来发网前小球和平球。

反手发网前小球的动作要领有以下几点。

（1）站位靠近前发球线，左脚或右脚在前均可，身体重心在前脚脚掌，上体前倾，后脚脚跟提起。右手反握在拍柄上端，肘关节提起，手腕稍前屈，拍头低于腰部，斜放在小腹前；左手持球位于球拍前方。（图 12-2-5）

反手发
网前小球

图 12-2-5

（2）左手放球的同时，右臂前臂内旋，以肘关节为轴带动手腕由后向前做半弧形回环挥动。

（3）击球时，球拍由后向前推送击球，使球的弧线最高处略高于网顶，通过拍面的切削动作使球落到对方场区的前发球线附近。

（4）击球后，以制动动作结束发力，并迅速将握拍姿势调整为正手握拍。

三、接发球

（一）单打站位

单打站位一般是在离发球线 1.30 ～ 1.50 米处，站在右发球区靠近中线的位置（在左发球区则站在中间稍偏边线的位置，防备对方直接进攻反手部位）（图 12-2-6）。准备接发球时，一般左脚在前、右脚在后，两膝微屈，收腹含胸，身体重心落在前脚上，后脚脚跟稍抬起。身体侧对球网，持拍手将球拍举在身前，两眼注视对方。

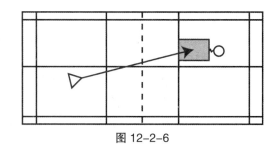

图 12-2-6

（二）双打站位

双打发球区比单打发球区短 0.76 米，发高远球易被对方扣杀，因此，双打发球多以发网前球为主。接发球时，要站在靠近前发球线的位置（图 12-2-7）。双打接发球准备姿势与单打接发球准备姿势基本相同，只是双打接发球时，身体前倾较大，身体重心可前可后，球拍应举得高些，在球飞行到网上最高点时主动击球，但要注意防守对方在右场区发平快球突袭反手部位。

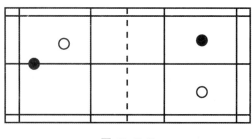

图 12-2-7

（三）接发各种来球

对方发来高远球或平高球时，可用平高球、吊球或杀球还击（图 12-2-8）。一般来说，接发高远球是一次进攻的机会，还击得好，就掌握了主动权。一些初学者常因没掌握好后场技术，还击球的质量较差，以致遭到对方的攻击。

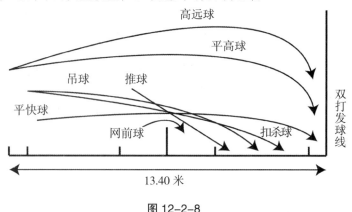

图 12-2-8

四、基本步法

步法在羽毛球运动中占有十分重要的地位，快速、灵活、合理的步法是打好羽毛

接平快球

接网前球

球、全面提高羽毛球技术水平的重要环节。

（一）步法的组成

羽毛球步法由垫步、交叉步、小碎步、并步、蹬跨步、腾跳步等组成。通常情况下，每种步法的移动都是从球场中心开始的。

1. 垫步

当一脚迈出一步后，另一脚跟进，紧接着前脚向同一方向再迈一步为垫步。垫步一般用来调整步距。

垫步

2. 交叉步

左右脚交替向前、向侧或向后移动为交叉步，一脚经另一脚前面超越的为前交叉步，一脚经另一脚后面跨越的为后交叉步。交叉步一般在后退打后场球时运用得较多。

交叉步

3. 小碎步

以小的交叉步移动的步法为小碎步。由于步幅小，步频快，小碎步一般在起动或回到起始姿势时使用。

4. 并步

右脚向前（或向后）移动一步，左脚即刻向右脚跟进一步，紧接着右脚再向前（向后）移动一步，称为并步。

5. 蹬跨步

在移动的最后一步，左脚用力向后蹬的同时，右脚向来球的方向跨出一大步，称为蹬跨步。它多用于上网击球，在后场端线两角移动抽球时也常被采用。

蹬跨步

6. 腾跳步

起跳腾空击球的步法为腾跳步。它可分为两种：一种是上网扑球或向两侧移动突击杀球时，以领先的脚（或双脚）起跳，做扑球或突击杀球；另一种是对方击来高远球时，右脚（或双脚）起跳到最高点杀球。

（二）步法的分类

1. 前场上网步法

从球场中心位置移动到网前击球的步法，称为前场上网步法。前场上网步法可根据个人习惯采用交叉步、并步、垫步或蹬跨步。

（1）前场正手上网步法。当来球落点在右侧，且距离身体较远时，采用正手三步上网步法。起动后，右脚迅速向身体右侧前方迈出第一步，左脚紧接着向前垫第二步，同时左脚的前脚掌用力蹬地，右脚再向前跨出第三步，准备击球。（图 12-2-9）

（2）前场反手上网步法。当来球落点在左侧，且距离身体较远时，采用反手三步上网步法。起动后，右脚迅速向身体左侧前方迈出第一步，左脚紧接着向前迈出第二步，同时左脚前脚掌用力蹬地，右脚又向前跨出第三步，准备击球。击球后，右脚向中心位置撤回第一步，左脚紧跟退回第二步，右脚再向中心位置迈回。（图 12-2-10）

2. 后场后退步法

后场后退步法是指从球场中心位置后退到端线的移动步法。后场后退步法是羽毛球步法中最常用的，也是难度较大的步法动作。因受人体生理结构等因素影响，向后移动比向前移动更有难度，特别是向左场区端线后退，对灵活性和协调性的要求更高。后场后退步法可分为后场正手后退步法、后场头顶后退步法和后场反手后退步法。

（1）后场正手后退步法。来球落点在后场正手位，且距离身体较远时，采用后场正手后退步法。起动后，右脚向来球落点方向后退第一步，左脚经右脚向后交叉退第二步，右脚再向后交叉退第三步，身体重心落在右脚上，向右后方斜步起跳，准备击球。（图12-2-11）

（2）后场头顶后退步法。来球落点在后场反手位，且距离身体较远时，采用后场头顶后退步法。起动后，右脚蹬地，转体，向身体左后侧区域的来球落点方向后交叉退第一步，左脚向左后退第二步，右脚再向后交叉退第三步，身体重心落在右脚上，交叉步起跳，准备击球。（图12-2-12）

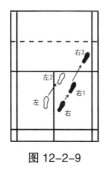 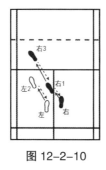 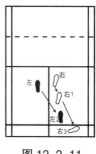 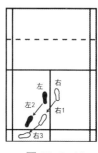

图12-2-9 　　　　图12-2-10 　　　　图12-2-11 　　　　图12-2-12

（3）后场反手后退步法。当来球落点在后场反手位，且距离身体位置较远，不能采用头顶后退步法时，则采用后场反手后退步法。反手后退步法以左脚的前脚掌为轴心，右脚蹬地向身体左后侧来球落点方向转体迈出第一步，左脚紧接其后向左后侧迈出第二步，右脚再向来球落点方向跨出第三步，准备击球（图12-2-13）。完成击球后，身体重心落在右脚，右脚迅速蹬地转体向中心位置方向迈出第一步，左脚随即向中心位置交叉迈出第二步，右脚再向中心位置迈出第三步，迅速回位。

3. 中场步法

中场步法是还击中场球时所使用的步法，主要是左右移动。中场两侧移动步法多用于接杀球，因此左右移动大致有两种方法：一种是向右移动的正手移动步法；另一种是向左移动的反手移动步法。

（1）中场正手蹬跨步接杀步法。判断来球后，左脚蹬地，右脚向来球方向转动的同时向前跨一步接球，右脚触地动作与前场交叉步上网步法相似，接球后右脚迅速向中心蹬跳回位。（图12-2-14）

（2）中场反手蹬跨步接杀步法。起动后，右脚用力蹬地，向左侧转髋的同时，左脚向来球方向跨步接球，左脚脚尖外展、脚跟触地。接球后，左脚脚掌蹬地迅速向中心回位。（图12-2-15）

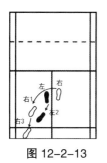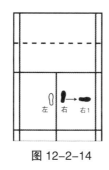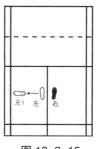

图 12-2-13　　　　　　图 12-2-14　　　　　　图 12-2-15

羽毛球的步法有很多，以上介绍的只是其中较为常见、较为主要的几种步法。运动员可根据自身的技术特点和身体素质的实际情况灵活采用，也可以总结、创新一些适合自己特点的步法。

五、击球

（一）后场击球

后场击球技术包括后场击高远球、后场击平高球、后场吊球、后场扣杀球。（图 12-2-16）

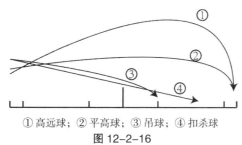

①高远球；②平高球；③吊球；④扣杀球
图 12-2-16

1. 后场正手击高远球

后场正手击高远球指用正手握拍法，以正拍面击球，击球点在右肩前上方的击球技术。（图 12-2-17）

【动作要领】

（1）准备姿势是左脚在前，右脚在后，侧身对网。右手正手握拍，右臂屈肘于体侧，上臂与前臂的夹角为45°左右。左手自然上举，以保持平衡，两眼注视来球方向。

（2）当球下落到一定的高度时，躯干向左转体，右肘上抬，右臂后倒引拍，以肩为轴做回环动作；右前臂向后下方摆动并充分外旋伸展；左臂随转体协调屈臂，向身体左下方下降。

（3）击球时，右前臂急速内旋并带动手腕加速向前上方挥动，手腕内收，手指屈指发力，用正拍面将球击出。击球点选在右肩的前上方，其高度以持拍手臂能自然伸直击球为宜。

（4）击球后，右手随击球后的惯性向左前下方挥动，顺势收回至体前，成击球前的准备姿势。

2. 后场反手击高远球

后场反手击高远球是用反手握拍法，以反拍面在后场击高远球的击球技术。

（图 12-2-18）

图 12-2-17   图 12-2-18

【动作要领】

（1）由中心位置起动后，用后场反手后退步法向来球方向移动，移动到位后，右脚在前，身体背向球网，将球拍举在胸前，拍面朝上，两眼注视来球。

（2）击球时，上肢动作是一个由屈到伸的过程。当球下落至右肩前上方一定高度时，以上臂带动前臂挥拍，在肘部上抬至与肩平行时，转为前臂带动腕部闪动，在右侧上方伸直手臂向后击球，伴随着右腿的蹬力，使击出的球更有力量。

（3）击球后，迅速转体，面向球网跟进回位。

3. 后场吊球

吊球指把对方击来的高球从后场轻击或轻切、轻劈到对方的近网附近击球技术。吊球根据动作方法、球的飞行弧线的不同，可分为劈吊、拦吊和轻吊（其中每一项都包括正手、反手等方法）。

（1）劈吊。劈吊击球前的动作和击高远球击球前的动作相似。击球时用力较轻，带有劈切动作（落点一般离网较近）。当球落到右臂向上自然伸直所达到的高度时，手腕快速做切削动作，使拍面与球托的右侧或左侧接触而把球击出去，就完成了劈吊动作。（图 12-2-19）

图 12-2-19

（2）拦吊。拦吊通常是把对方击来的平高球拦截回去的技术。击球时，拍面正对来球，当拍面与球接触时，只要轻轻拦切或点击，球即可用较平的弧线、较慢的速度越过球网垂直下落。

（3）轻吊。轻吊击球前的动作和击高远球击球前的动作相似。击球时，以拍面正对来球，在拍面接触球的一刹那，突然减速轻点或轻切来球，使球刚一过网就下落。

4. 后场扣杀球

扣杀球指把高球用力向前下方重击、重切或重"点"的击球技术，这种击球技术速度快、力量大。比赛中，扣杀球可以直接得分，也可以使对方处于被动防守地位。这一技术是羽毛球进攻中的主要技术之一。（图 12-2-20）

图 12-2-20

扣杀球根据击球点与身体的相对位置可分为正手扣杀、头顶扣杀和反手扣杀；根据击球力量的大小可分为重杀、轻杀、劈杀、点杀、追身杀等。这里主要介绍头顶扣杀直线球和头顶扣杀对角线球。

（1）头顶扣杀直线球。动作与击高远球基本一致，不同之处是挥拍击球时，靠腰、腹带动手臂、手腕的鞭打动作，全力沿直线向下方击球。拍面和击球用力方向的夹角小于 90°。

（2）头顶扣杀对角线球。动作与击高远球基本一致，不同之处是挥拍击球时，靠腰、腹带动手臂、手腕的鞭打动作，全力沿对角线向下方击球。拍面和击球用力方向的夹角小于 90°。

（二）前场击球

前场击球技术包括网前的放球、搓球、推球、勾球、扑球、挑球等。其中，搓球、推球、勾球和扑球是进攻技术，要求击球前期动作具有一致性，击球刹那产生突变，握拍要灵活，动作要细腻，手腕、手指要灵巧，以控制好球的落点。

网前进攻威胁较大，因球飞行距离短、落地快，常使对方措手不及，本方直接得分。即使不能直接得分，也能迫使对方被动回球，创造下一拍进攻的机会。若能将网前进攻和中场进攻紧密地配合起来，则能发挥前后场的连续进攻优势，掌握主动权。

1. 放网前球

放网前球是将网前区域低手位置的来球击至对方网前区域的前场击球技术。放网前球的来球一般处于低手位，击出的球没有旋转和翻滚，落点比较贴近球网，这样可以创造有利的进攻形势。放网前球可分为正手放网前球和反手放网前球。

正手放
网前球

（1）正手放网前球：正手握拍，以正拍面将网前区域低手位置的来球击至对方网前区域。

【动作要领】右脚在前，左脚在后，两脚间距与肩同宽，右手持拍自然地置于胸前，左手自然地置于体侧，身体向前倾斜。右臂前臂随步法伸向前上方，前臂外旋，向后引拍。击球时，握拍放松，拍面几乎水平置于球托下，手指、手腕轻轻地向上抬，击球托底部，使其越网而过。击球后，右脚迅速蹬地回位，同时击球手臂收回至胸前，成击球的准备姿势，准备回击下一个来球。（图12-2-21）

图 12-2-21

（2）反手放网前球：反手握拍，以反拍面将网前区域低手位置的来球击至对方网前区域。

【动作要领】击球前的动作要领同正手放网前球动作，只是方向相反。反手握拍，反面迎球。击球时，主要靠前臂的前伸、外旋和手腕由内收至外展的合力轻击球托底部，把球轻送过网。击球后，还原成下次击球的准备姿势。（图12-2-22）

反手放网
前球

图 12-2-22

2. 网前搓球

（1）正手网前搓球：正手握拍，以正拍面将网前区域的来球运用搓、切等动作回击到对方网前区域附近。

【动作要领】击球前，前臂稍外旋，手腕由后伸至稍内收闪动。击球时，在正手放网前球的动作基础上，加快挥拍速度，搓、切来球的右下部，使球旋转滚过网。（图12-2-23）

图 12-2-23

（2）反手网前搓球：反手握拍，以反拍面将网前区域的来球运用搓、切等动作回击到对方网前区域附近。

【动作要领】击球前，前臂前伸内旋，手腕由内收至外展，搓击球的右侧后底部，使球侧旋滚动过网。另外，前臂还可以稍伸直，手腕由外展到内收，带动球拍向前切送，搓击球托的后底部，使球下旋滚动过网。（图 12-2-24）

图 12-2-24

3. 网前勾球

（1）正手勾对角线球：勾球一般采用并步加蹬跨步上网的步法。在步法移动的同时，球拍随着前臂往右前上方举起，前臂前伸的同时稍有外旋，手腕稍背伸，这时，将拍柄稍向外捻动，使拇指贴在拍柄的宽面上，食指的第二指节贴在与其相对的另一个宽面上，拍柄不触及掌心。击球时，前臂稍内旋往左拉收，手腕由稍背伸至内收，球拍拨击球托的右侧底部，由手腕和手指控制拍面角度。击球后，将球拍回收至胸前。（图 12-2-25）

图 12-2-25

（2）反手勾对角线球：步法移动的同时，手臂向左侧前方平举（注意手臂不要伸直，稍弯即可）。击球时，肘关节下沉，前臂回收外旋的同时，食指和拇指协调用力捻动拍柄，用反拍面拨击球托的左侧后部，使球沿对角线飞越过网。击球后，将球拍回收至胸前，为下次的来球做积极的准备。（图 12-2-26）

图 12-2-26

4. 挑球

（1）正手挑球：准备姿势同正手放网前球准备姿势。击球前，前臂充分外旋，手腕尽量后伸。击球时，右臂从右下向右前方至左上方挥拍击球。在此基础上，若球拍向右前上方挥动，则挑出的是直线高球；若球拍向左前方挥动，则挑出的是对角高球。（图 12-2-27）

图 12-2-27

（2）反手挑球：准备姿势同反手放网前球准备姿势。击球前，右臂向后拉，抬肘引拍。击球时，前臂充分内旋，手腕由屈至背伸闪动挥拍击球。若球拍由左下向左前上方挥动，则球向直线方向飞行；若球拍由左下向右前上方挥动，则球向对角线方向飞行。（图 12-2-28）

图 12-2-28

（三）中场击球

羽毛球击球技术中，除了后场击球技术和前场击球技术之外，还有介于前后场之间的中场击球技术，其中常见的是中场平抽球技术和中场接杀球技术。由于中场区域是比赛双方攻守转换的主要地带，双方运动员之间的距离比较近，球在空中滞留的时间又比较短，因此，中场击球技术对挥拍击球的要求是球拍的预摆幅度要相对小一些，突出体现"快"字。

1. 平抽球

平抽球是把位于身体左右两侧，高度在肩部以下、腰部以上位置的球抽击过网，球飞行的线路既平又快，是双打的主要技术之一。

【动作要领】站在右场区的中部，两脚平行站立，间距稍宽于肩，身体重心在两脚之间，微屈膝，收腹，正手握拍举于右肩前。击球前，肘关节前摆，前臂稍外旋，手腕稍背伸至后方，引拍至体后。击球时，前臂内旋，手腕伸直闪动，手指抓紧拍柄，球拍由右后方往右前方高速平扫来球。击球后，手臂左摆，左脚往左前方迈一步，右脚跟进一步回到中心位置。（图 12-2-29）

图 12-2-29

2. 接杀球

接杀球是羽毛球实战中由守转攻的重要环节，较好地掌握接杀球技术，可以从防守反击中得到进攻主动权或直接得分机会。积极有效的接杀球可以化解对手的进攻，达到化被动为主动的目的。接杀球技术可分为接杀放网前球、接杀挑后场高球、接杀勾对角线球等。每项技术又可分为正手和反手两种击球方法。

【动作要领】两脚平行站立，间距与肩同宽，自然站立于中场位置，膝关节微屈，身体重心降低，注视对方击球动作。判断来球的落点，采用相应的步法与握拍动作，控制好拍面角度，以切击或挑球的动作将球击出。击球后，迅速回位，并将球拍置于胸前，准备回击下一个来球。

第三节　羽毛球基本战术

一、单打基本战术

（一）发球战术

1. 发后场高远球

把球发到对方接发球区的端线外角处，能调动对方至端线边角，便于下一拍打对方对角网前，拉开对方的站位。

2. 发平高球

发平高球时，球的飞行弧线较低，但对方仍然必须退到后场才能还击。由于球的飞行速度快，对方没有充裕的时间考虑对策，因此回球质量会受到一定的影响。

3. 发网前球

发网前球能减少对方把球往下压的机会，发球后立即进行互相抢攻。

（二）接发球战术

1. 接发高远球、平高球

一般可用平高球、吊球或杀球还击高远球、平高球。若对方发球后站位适中，本方进攻时要注意球落点的准确性；若用杀球、吊球还击，速度要跟上；若对方发球质量很好，则不要盲目重杀，可用高远球、平高球还击，伺机再攻，或者用点杀、劈杀、劈吊先抑制对方。

2. 接发网前球

可用平推球、放网前球或挑高球还击网前球。当对方发球过网较高时，要抢先上网扑杀。接发网前球的击球点应尽量抢高。

3. 接发平快球

要观察对方的发球意图，随时做好准备。借用对方的发球力量快杀空当或追身，也可借助反弹力将球拦吊至对角网前。

4. 逼反手

一般而言，后场的反手击球弱于后场正手击球，而且反手击球时，球的进攻性相对较弱，球路也较简单。有的运动员不能在后场用反手把球打到对方端线，因此要毫不放松地加以攻击对方的反手位。

5. 平高球压端线

用快速、准确的平高球打到对方后场两角，在对方不能拦截的前提下尽量降低球的飞行弧线高度，把对方紧压在端线。当对方回击半场高球时，本方就可以扣杀进攻。

6. 拉、吊结合杀球

拉、吊结合杀球是指把球准确地打到对方场区的 4 个角上，使对方在场上来回奔跑的战术。

二、双打基本战术

（一）发球

1. 发球站位

发球的站位不同，对发球的飞行路线、弧线、落点和第三拍的击球都有影响。

（1）发球者紧靠前发球线和中线。这种站位利于反手发网前内角位球，球过网后球托向下，不易被对方扑击。由于站位靠前，便于第三拍封网，但不利于发平快球，一般是发网前内角位球与发双打后发球线的外角位平高球相配合。

（2）发球者站位离前发球线 0.5 米，靠近中线。这种站位发球的选择面较广，正反手都可发网前球、平快球、平高球，并且可以发各种路线；其缺点是球的飞行时间长，对方有较多时间判断、处理，发球后如果抢网较慢，容易失去网前主动权。

（3）发球者站在离中线较远处。这种站位主要用于在右场区以正手和左场区以反手发平快球攻对方双打后发球线的内角位，配合发网前外角位球。这种发球战术只能作为一种变换手段，原因是这种发球只对反应慢、攻击力差的对手有一定威胁，当对方有了准备时就无法发挥太大作用，还会使本方陷入被动。

2. 发球路线

发球路线和落点的选择须注意：① 调动对方站位，破坏对方打法；② 避实就虚，抓住对方弱点发球抢攻；③ 发球路线要有变化；④ 注意发球时间的变化。

接发球方在准备接发球时，虽然思想高度集中，但因受到发球方的牵制，要等球发出后才能判断、起动、还击。因此，发球动作的快慢也应在规则允许的范围内有所变化，不要让接发球方掌握规律。

（二）接发球

1. 接发内角位网前球

扑或轻压对方两边中场，或以发球者身体为主要攻击点，配合网前搓、勾等其他技术。

2. 接发外角位网前球

除了上述攻击点外，还可以平推对方端线两角，以调动对方一名队员至边角，扩大对方另一名队员的防守范围。

3. 接发内角位、外角位后场球

应以发球者为攻击点，力争扣杀追身球。若起动慢，可用平高球打到对方端线两角。一般在后场球发出后，发球者后退准备接杀的情况居多，这时可拦截吊球，球的落点可选择在发球者的对角。

（三）攻人

攻人是双打中常用的一种战术，就是以人为攻击目标。无论两名对手的实力是否相当，都可采用这一战术。这种战术集中攻势于对方一名队员，常能起到集中优秀队员打败对手的作用；当对方另一名队员过来协助时，又会暴露出空当，本方可在其仓促接应、立足不稳时突袭。

（四）攻中路

（1）守方左右站位时，把球打在两人的中间。这种战术可以造成守方两人抢接一球或同时让球的结果，使其两人难以协调；可以限制守方在接杀球时以挑大角度高球调动攻方；有利于攻方的封网，原因是打对方中路时，对方回球的角度小，网前队员封网的难度降低。

（2）守方前后站位时，把球下压或轻推在边线半场处。这种战术多在接发网前球和防守中反攻抢网时运用。守方前场队员拦截不到这种球，后场队员又只能以下手击球放网或挑高球，此时，守方后场两角便会露出很大空当，使攻方有机可乘。

（五）攻后场

攻后场战术常用来应对后场扣杀能力较差的对手，或把对方中的弱者调动到后场。此战术多采用发平高球、平推球、挑端线球，把对方一人紧逼在端线，使其在端线两角移动击球，在其还击出半场高球或网前高球时，本方即可大力扣杀，取得该球的胜利或主动。

（六）后攻前封

后场队员积极大力扣杀，在对方接杀放网、挑高球或准备反击抽球时，前场队员以扑、搓、勾、推控制网前，或以拦截吊、点封住前半场，使整个进攻过程连贯而有变化，使对方防不胜防。

（七）防守

1. 调整站位

为了摆脱被动，伺机转入反攻，本方首先要调整好防守时的站位。如果是对方网前挑高球，那么击球者应直线后退，切忌对角后退（直线后退路线短、站位快，对角后退路线长，也容易被对方打追身球）。另一名队员应根据同伴移动后的情况补到空当位。双打防守时的站位调整，一般是一名队员在跑动击球时，另一名队员根据同伴的移动情况填补空当。

2. 防守球路

（1）攻方杀球者和封网者在半边场前后一条直线上，则守方接杀球时应打到另半边前场或后场。

（2）攻方杀球者和封网者在前后对角位上，则守方接杀球时可还击到杀球者的网前或封网者的后场。

（3）攻方杀球者杀对角后，另一名队员想要退到后场去助攻时，则守方接杀球时可以还击到网前中路或直线网前。

（4）守方把攻方杀来的直线球挑对角，或把杀来的对角球挑直线，以调动杀球者。

三、混合双打基本战术

（一）站位

虽然混合双打也是采用前后站位和左右站位这两种站位方法，但具体方式与其他双打不同。混合双打中，女选手后场的攻击力较男选手差一些，因此，女选手主要站在前场，负责封网前小球，男选手力量强一些，负责中后场的大范围区域，这就形成了男选手在后、女选手在前的基本进攻队形。

为了配合这种队形，男选手发球时站位要后移至中场附近，而此时女选手站位应靠近前发球线。发球后，男选手立即准备守住中后场，而女选手则负责封住前半场。

（二）分工

混合双打中采用左右站位时，与其他双打的不同之处在于，无论女选手是在左区还是在右区，一般都只负责守住靠近边线一侧的 1/3 区域，而将场区的大部分区域留给男选手，这样女选手防守范围小，防守起来也相对容易些。

第四节　羽毛球赛事欣赏

一、目前主要羽毛球赛事

（一）国际主要羽毛球赛事

1. 奥运会羽毛球比赛

1988 年汉城（今首尔）奥运会，羽毛球首度成为奥运会表演项目。1992 年巴塞罗那奥运会，羽毛球被列为正式比赛项目，并设男子单打、女子单打、男子双打和女子单打 4 项比赛。1996 年亚特兰大奥运会，羽毛球增加男女混合双打项目。

2. 世界羽毛球锦标赛

世界羽毛球锦标赛是一项世界性比赛，是由羽毛球世界联合会组织的羽毛球单项赛事。该项赛事设男子单打、女子单打、男子双打、女子双打和男女混合双打 5 个项目。

第一届世界羽毛球锦标赛于 1977 年举办，每 3 年一届，1985 年起改为每 2 年一届。2006 年起，该赛事改为每年一届，逢奥运会举办的年份，该赛事停办。

3. 全英羽毛球公开赛

全英羽毛球公开赛（又称全英羽毛球锦标赛）是世界上最早和最具荣誉的羽毛球比赛，由英国羽毛球协会于 1899 年创办，当时只有男子双打、女子双打和男女混合双打 3 个项目。现在该项赛事已由原来几个国家参加的赛事发展为全球性的羽坛大会战。

全英羽毛球公开赛每年举办一次。

4. 世界男子羽毛球团体锦标赛

世界男子团体羽毛球锦标赛（又称汤姆斯杯赛）是羽毛球世界联合会组织的世界性男子团体赛，也是世界上最高水平的男子羽毛球团体赛。第一届世界男子羽毛球团体锦标赛于 1948 年举行，原为每 3 年举办一届，1984 年起改为每 2 年举办一届，并与世界女子羽毛球团体锦标赛同时同地举行。

5. 世界女子羽毛球团体锦标赛

世界女子羽毛球团体锦标赛（又称尤伯杯赛）是羽毛球世界联合会组织的世界性女子团体赛，也是世界上最高水平的女子羽毛球团体赛。第一届世界女子羽毛球团体锦标赛于 1956 年举行，原为每 3 年举办一届，1984 年起改为每 2 年举办一届。

6. 世界羽毛球混合团体锦标赛

世界羽毛球混合团体锦标赛（又称苏迪曼杯）是羽毛球世界联合会组织的世界性混合团体比赛，是代表羽毛球整体水平的重要的世界大赛。第一届世界羽毛球混合团体锦标赛于 1989 年举办，每 2 年举办一届。在苏迪曼杯历史上，中国曾 12 次夺冠，包括一个四连冠和一个六连冠。

7. 世界羽联超级系列赛

世界羽联超级系列赛是羽毛球世界联合会主办的世界性的个人赛事。在经过全年 12 站的超级赛后，参赛者中获得积分最高的前 8 名/组选手参加年终的世界羽联超级系列赛总决赛，但在任一单项比赛中每个下属协会最多每队两名选手报名参加。2017 年该项赛事改为世界羽联巡回赛，分为超级 100 级别、超级 300 级别、超级 500 级别、超级 750 级别、超级 1000 级别、世界羽联总决赛 6 个级别赛事。

（二）国内主要羽毛球赛事

1. 中国羽毛球俱乐部超级联赛

中国羽毛球俱乐部超级联赛是中国高水平的体育职业联赛之一，由中国羽协和中央电视台体育中心联合主办。该项赛事始于 2010 年，每年举办一届。

2. 中国羽毛球公开赛

中国羽毛球公开赛是世界羽联超级系列赛在中国站的赛事，与马来西亚羽毛球公开赛、全英羽毛球公开赛、印度尼西亚羽毛球公开赛和丹麦羽毛球公开赛被视为羽毛球世界联合会的五大顶级赛事。中国羽毛球公开赛的成绩计入世界排名和奥运会参赛积分。

3. 全国青年羽毛球锦标赛

全国青年羽毛球锦标赛是由中国羽协主办的，是我国最高级别的青年羽毛球赛事。该项赛事为国家青年队和国家队选拔和输送人才。

全国青年羽毛球锦标赛每年举办一届。

4. 全国大学生羽毛球锦标赛

全国大学生羽毛球锦标赛由中国大学生体育协会主办，中国大学生体育协会羽毛球分会执行。该项赛事是我国大学生羽毛球运动的盛会，为大学生展现自己的羽毛球技术水平提供了平台。

全国大学生羽毛球锦标赛每年举办一届。

二、羽毛球比赛的欣赏角度

（一）观赏角度

羽毛球运动属于隔网对抗、技能主导类的运动，球员在运动过程中展现的美好姿态和拼搏状态使这项运动具有非常高的观赏性。球员在赛场上时而身如满弓似地扣杀，时而鱼翔浅底似地救球，一来一回，针锋相对，这不仅会让参与者感觉到紧张和刺激，观赏者的情绪也会被调动和影响。

（二）竞技角度

羽毛球运动的过程需要步法与手法相结合，而这个过程恰恰能够展现球员对速度和路线控制的智慧。球员在比赛中斗智斗勇，快速移动，不断运用假动作和其他技战术改变比赛的节奏和球的路线及落点，打乱对手的战术，争取比赛的胜利。在比赛过程中，球员通过移动自身位置和控制击球落点，逼迫对手不断变换位置，双方的激烈对战造就了一个个精彩的瞬间。球员娴熟的技战术的展现一直吸引着赛场内外的观众。

（三）文化角度

尊重对手，尊重裁判，用语文明，举止得体等都是羽毛球文化所倡导的。一场羽毛球比赛，从每一次发球的等待、捡球的礼貌或球击中对手的致歉，到比赛结束的致谢，甚至观众的言谈举止，处处都体现着羽毛球赛场的礼仪。羽毛球赛场礼仪不仅是一种重要的约束规范，也是一种文化，更衍生为羽毛球比赛的看点。

（四）精神角度

羽毛球比赛不仅是与他人竞争，也是为自己拼搏，即使自己落后于对手，也不能气馁，不到最后一刻，都要努力去争取，这是一种永不低头、勇于拼搏、积极竞争的体育精神。在体育运动中，这种永不放弃、永不言败的精神是不可或缺的。一项体育运动之所以能够具有顽强的生命力，是因为有永不服输的精神在支持，羽毛球运动也不例外。

三、羽毛球竞赛规则简介

（一）场地和场地设备

场地应是一个长方形，用宽 40 毫米的线画出（图 12-4-1）。线的颜色应是白色、黄色或其他容易辨别的颜色。所有的线都是它所界定区域的组成部分。从场地地面起，网柱高 1.55 米。当球网被拉紧时，网柱应与地面保持垂直。不论是单打还是双打比赛，网柱都应放置在双打边线上。网柱及其支撑物不得延伸进入除边线外的场地内。球网应由深色优质的细绳编织成。网孔为均匀分布的方形，边长 15～20 毫米。球网上下宽 760 毫米，全长至少 6.1 米。球网的上沿应用宽 75 毫米的白布带对折成夹层，且用绳索或钢丝从中穿过。夹层的上沿，必须紧贴绳索或钢丝。绳索或钢丝应牢固地拉紧，并与网柱顶取平。从场地地面起，场地中心点处网高 1.524 米，双打边线中心点处网高 1.55 米。球网两端与网柱之间不应有空隙。如有空隙，球网两端应与网柱系紧。

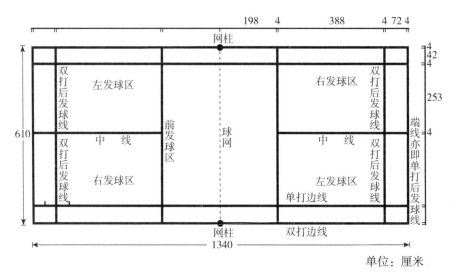

图 12-4-1

（二）计分方法

（1）除非另有规定，一场比赛应以三局两胜定胜负。

（2）除（4）（5）的情况外，先得 21 分的一方胜一局。

（3）一方"违例"或球触及该方场区内的地面成"死球"，则另一方胜这一回合并得 1 分。

（4）20 平后，领先 2 分的一方胜该局。

（5）29 平后，先得 30 分的一方胜该局。

（6）一局的胜方在下一局首先发球。

（三）发球

（1）合法发球：① 一旦发球员和接发球员做好准备，任何一方不得延误开始发球。② 发球员球拍头的向后摆动一旦停止，任何对发球开始的迟延都是延误。③ 发球员和接发球员，应站在斜对角的发球区界线以内，脚不得触及发球区和接发球区的界线。④ 从发球开始，至发球结束，发球员和接发球员的两脚都必须有一部分与场地的地面接触，不得移动。⑤ 发球员的球拍，应首先击中球托。⑥ 发球员的球拍击中球的瞬间，整个球应低于距场地地面高度 1.15 米。⑦ 自发球开始，发球员挥拍必须连贯向前，直至将球发出。⑧ 发出的球应向上飞行过网，如果未被拦截，球应落在规定的接发球区内（即落在界线上或界线内）。⑨ 发球员发球时，应击中球。

（2）一旦运动员站好位置准备发球，发球员的球拍头开始向前挥动，即为发球开始。

（3）一旦发球开始，发球员的球拍击中或未能击中球，均为发球结束。

（4）发球员应在接发球员准备好后才能发球，如果接发球员已试图接发球，即视为已做好准备。

（5）双打比赛发球时，发球员和接发球员的同伴应在各自的场区内。其站位不限，但不得阻挡对方发球员或接发球员的视线。

（四）单打

1. 发球区和接发球区

（1）一局中，发球员的分数为 0 或双数时，双方运动员均应在各自的右发球区发球或接发球。

（2）一局中，发球员的分数为单数时，双方运动员均应在各自的左发球区发球或接发球。

2. 击球顺序和位置

一回合中，球应由发球员和接发球员交替从各自场区的任何位置击出，直至成"死球"为止。

3. 得分和发球

（1）发球员胜一回合则得 1 分，随后发球员再从另一发球区发球。

（2）接发球员胜一回合则得 1 分，随后接发球员成为新发球员。

（五）双打

1. 发球区和接发球区

（1）一局中，发球方的分数为 0 或双数时，发球方均应从右发球区发球。

（2）一局中，发球方的分数为单数时，发球方均应从左发球区发球。

（3）接发球方按其上次发球时的位置站位。

（4）接发球员应是站在发球员斜对角发球区的运动员。

（5）发球方每得 1 分，原发球员则变换发球区再发球。

2. 击球顺序和位置

每一回合发球被回击后，由发球方的任何一人和接球方的任何一人，交替在各自场区的任何位置击球，如此往返直至"死球"。

3. 得分和发球

（1）发球方胜一回合则得 1 分，随后发球员继续发球。

（2）接发球方胜一回合则得 1 分，随后接发球方成为新发球方。

（六）违例

以下情况均属违例。

（1）不合法发球。

（2）球发出后：① 停在网顶；② 过网后挂在网上；③ 被接发球员的同伴击中。

（3）比赛进行中，球：① 落在场地界线外（即未落在界线上或界线内）；② 未从网上越过；③ 触及天花板或四周墙壁；④ 触及运动员的身体或衣服；⑤ 触及场地外其他物体或人；⑥ 被击时停滞在球拍上，紧接着被拖带抛出；⑦ 被同一运动员两次挥拍连续两次击中，但一次击球动作中球被拍框和拍弦面击中不属"违例"；⑧ 被同方两名运动员连续击中；⑨ 触及运动员球拍，而未飞向对方场区。

（4）比赛进行中，运动员：① 球拍、身体或衣服，触及球网或球网的支撑物；② 球拍或身体，从网上侵入对方场区（击球时，球拍与球的接触点在击球者网这一方，而后球拍随球过网的情况除外）；③ 球拍或身体，从网下侵入对方场区，导致妨碍对方或分散对方的注意力；④ 妨碍对方，即阻挡对方随球过网的合法击球；⑤故意分散对方注意力的任何举动，如喊叫、做手势等。

课后实践

1. 制订羽毛球训练计划，开展训练。
2. 欣赏一场羽毛球比赛，并向其他人进行介绍，分享感想。
3. 组织开展一次羽毛球比赛。

课程思政

羽毛球运动深受学生的喜爱。学生参与羽毛球运动不仅可以发展身体素质，改善和提高心肺功能，还有利于培养顽强拼搏、沉着冷静等品质。学生经常参加羽毛球运动，可以使反应更加灵敏，协调性更好，提高自己在日常生活和学习中的应急应变能力，更好地应对困难和挫折。

第十三章 网球运动

内容提要

※ 网球运动概述。

※ 网球基本技术及练习方法。

※ 网球基本战术。

※ 网球赛事欣赏。

学习目标

※ 了解网球运动概况。

※ 掌握网球运动的基本技术及练习方法。

※ 了解网球基本战术。

※ 学会欣赏网球赛事。

第一节　网球运动概述

一、网球运动的起源和发展

古代网球运动起源于法国，是供人们玩耍的一种掌中游戏。现代网球运动起源于英国。1873 年，英国人温菲尔德受羽毛球运动的启发，把古代网球游戏进行了改进，设计出了现代网球运动。

1877 年，英国在温布尔登举行了第 1 届全英草地网球男子单打锦标赛，以亨利·琼为首的裁判委员会草拟的比赛规则成为现代网球比赛规则的基础，其中的盘制、局制和换位法被沿用至今。

1913 年，国际网球联合会（简称"国际网联"）成立，总部设在英国伦敦。1896 年，网球成为奥运会的比赛项目。此后，由于国际网联因运动员参赛资格问题与国际奥委会发生冲突，1924 年起网球不再是奥运会项目，直到 1988 年网球运动才重新列为奥运会正式比赛项目。

二、中国网球运动的发展

1885 年前后，网球运动传入中国。1898 年，上海举行了中国网球史上最早的网球比赛——斯坦豪斯杯赛。中华人民共和国成立后，中国网球运动得到了快速发展。1953年，中国网球协会成立，并在天津市举办了首届全国网球表演赛。1986 年，中国女子网球队在第 10 届亚运会的团体赛中夺冠，从此结束了中国在亚运会上无网球金牌的历史。2004 年雅典奥运会，李婷、孙甜甜经过奋勇拼搏，取得了中国体育史上第一个网球双打奥运冠军。2006 年，郑洁、晏紫在澳大利亚网球公开赛女双比赛中夺得中国网球在四大网球公开赛成年组双打比赛中的第一个冠军。2008 年北京奥运会，李娜夺得女子单打第四名，并在 2011 年法国网球公开赛和 2014 年澳大利亚网球公开赛上获得女子单打冠军，创造了中国网球运动的新历史。2018 年雅加达亚运会，徐一璠/杨钊煊夺得冠军，这是中国队时隔 12 年再夺亚运会女双冠军，也是历史上第三次登顶。

三、网球运动的锻炼价值

网球运动是一项深受人们喜爱、富有乐趣的体育活动。网球运动的锻炼价值很高，它既是一种娱乐和增进健康的方式，又是一项扣人心弦的竞赛项目，还极具艺术价值。经常参与网球运动，可以使人的动作迅速、判断准确、反应敏捷，并能提高速度素质、力量素质、耐力素质、灵敏素质等，对调节肌肉的紧张度和发展身体协调性有积极作用。

第二节　网球基本技术及练习方法

一、握拍法

握拍方法是网球运动最基本的技术，它直接影响着拍面触球的角度。网球基本的握拍方法有 4 种：东方式握拍法、大陆式握拍法、西方式握拍法和双手握拍法。初学者必须掌握正确的、适合自己的握拍法。为了理解各种握拍方法与球拍拍柄的关系，练习者需掌握拍面垂直于地面时，拍柄各个部位的名称（图 13-2-1）。

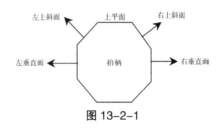

图 13-2-1

（一）东方式握拍法

1. 东方式正手握拍法

东方式正手握拍法俗称"握手式"握拍法。握拍时，先将拍面垂直于地面，右手与拍柄右上斜面紧贴，拇指与食指成V字形，虎口对准拍柄右上斜面（图13-2-2①），拇指环绕拍柄与中指接触，手掌与食指下关节压住拍柄的右垂直面，食指稍离中指，拍柄底部与手掌根部齐平。

2. 东方式反手握拍法

在东方式正手握拍的基础上，手向左转动1/4，即虎口对准拍柄左上斜面（图13-2-2②），拇指末节贴在左下斜面上，食指下关节压在右上斜面上。

（二）大陆式握拍法

大陆式握拍法是把V字形虎口对准拍柄的上平面与左上斜面的交界线（图13-2-2③），手掌根部贴住上平面，拇指伸直围绕拍柄，食指下关节紧贴在右上斜面上。

（三）西方式握拍法

将球拍放在地面上，右手掌根贴着拍柄右下斜面，V字形虎口对准拍柄的右垂直面（图13-2-2④），正反手用同一拍面击球。

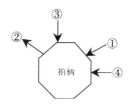

图 13-2-2

（四）双手握拍法

双手握拍法常用于反手击球。右手用东方式反手握拍法，握在拍柄的后方；左手用东方式正手握拍法，握在拍柄的前方。

初学者可以根据自己的习惯和喜好选择其中的一种握拍法，但建议选用东方式握拍法。

二、击球站位

击球站位有关闭式站位、半关闭式站位、开放式站位和半开放式站位。图13-2-3中的阴影部分为脚掌与地面接触的面积。

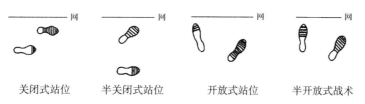

关闭式站位　　半关闭式站位　　开放式站位　　半开放式战术

图 13-2-3

三、正手击球

正手击球分为准备动作和击球动作 2 个部分。（图 13-2-4）

图 13-2-4

（一）准备动作

面对对方场区站立，两脚开立，间距略宽于肩。两膝微屈，上体略前倾，脚跟稍抬起，身体重心在两脚之间。右手握拍柄，左手扶着拍颈部位，持拍于体前。两眼注视来球。

（二）击球动作

以左脚前脚掌为轴，向右转身并向后拉拍，拍头高于手腕，左臂自然前伸以保持身体平衡。在开始向前挥拍时，左脚应向击球的方向迈步，右臂以肩关节为轴向前挥拍。击球时，应使拍面与地面垂直，并尽量使拍面和球有较长时间的接触。击球后，右臂应继续随球挥动球拍，挥拍动作结束在左肩上方，右腿摆动跟进，身体恢复成准备姿势。

四、反手击球

（一）单手反手击球

1. 准备动作

单手反手击球的准备动作同正手击球的准备动作。

2. 击球动作

向左侧转体、转肩，并变换成东方式反手握拍，向后拉拍，右脚向左前方跨步，右肩对网。球拍向前再向上挥拍击球，击球点在右腿前腰部高度。击球时，拍面垂直于地面，挥拍轨迹朝目标方向由下至上。随挥动作结束在身体的右上方。（图 13-2-5）

图 13-2-5

（二）双手反手击球

1. 准备动作

双手反手击球的准备动作与单手反手击球的准备动作基本相同，只是双手握拍准备。

2. 击球动作

转肩、向后拉拍并变换握拍。身体重心转移到左脚上，将球拍拉向后方低于来球的高度，右脚向来球方向迈出。两手向前挥动并击球，击球点比单手击球时略靠后。击球时，右臂伸直，拍面垂直于地面。击球后，球拍应沿目标方向继续挥出，动作完成时两手高于肩。

五、发球

现代网球运动中，发球是最重要的技术，是唯一由自己掌握主动权的击球法。发球既可以直接得分，又可以为进攻创造条件。

（一）准备动作

采用东方式正手握拍法。两脚开立，间距与肩同宽，在底线后侧身站立。右脚与底线基本平行，左脚脚尖正对右网柱。手腕和手臂放松，握拍于体前，左手持球并在拍颈处托住拍。

（二）抛球

左臂放松，持球自然、平稳地向上抛球，抛球和挥拍动作几乎同时开始；当左手达到肩部高度时，手指自然松开，球借助惯性自然上升。抛球的高度要适中，以便能在最高点击球。

（三）击球动作

两臂同时向下再向上运动，球从伸展的左手中被向上竖直抛出，右臂屈肘上举。抛球后，身体开始向前转动，球拍自身后向前挥动击球。尽量伸展身体，在球上升至最高点时击球的后部（拍面与地面垂直）。击球时，身体重心向前转移。随挥动作结束在身体左侧下方。

六、高压球

高压球是将对方挑来的高球加以扣杀的一种技术。

用大陆式握拍法，抬头盯着球，侧身转体，用短促的碎步调整位置，左手高举指向击球点，右手举起球拍向后拉拍，球拍后摆做挠背动作，球拍在右肩的前上方对准球心挥出。击球后，右臂继续伸直跟进摆动。随挥动作结束在身体左侧下方。

七、截击球

截击球是指来球在空中飞行还没有落地就加以还击的一种打法，通常在球网和中场之间截击。

（一）正手截击球

截击球时，无论正反手都应该采用大陆式握拍方法。截击球速度快，没有足够的时间变换握拍法，因此正反手截击球的准备动作相同。

　　肩部稍转动，球拍与肩平行，右臂向后拉拍要平稳，不得超过肩。在向前挥拍的同时，左脚朝球飞行的方向迈步，保持手腕稳定，并在身体前方击球。随挥距离要短，以便快速回到准备接下一个球的位置。（图13-2-6）

图 13-2-6

（二）反手截击球

　　肩部稍转动，球拍与肩平行右臂向后拉拍要平稳。在向前挥拍的同时，右脚朝球飞行的方向迈步；保持手腕稳定，并在身体前方击球。随挥距离要短，以便快速回到准备接下一个球的位置。（图13-2-7）

图 13-2-7

第三节　网球基本战术

　　网球比赛是一项开放性的运动项目，对网球的技术进行不同的组合，在不同的情况运用，会有截然不同的效果。把网球技术合理地组合起来，有助于取得比赛的胜利。下面介绍网球运动单打和双打中比较常用的战术。

一、单打战术

（一）上网战术

　　上网战术以网前进攻为主要得分手段，可以分为发球上网、接发球上网、随球上网和偷袭上网4种。

1. 发球上网

发球上网指通过大力发球或者大角度的发球逼迫对方，使对方回球质量下降，从而利于本方快速跑到网前进行抢攻得分。

2. 接发球上网

接发球上网指在对方发球比较弱或者在第二发球的时候，通过多变、快速地接发球抢攻实现上网得分。

3. 随球上网

随球上网指当对方在底线对攻相持或者接发球时，出现质量不高的中场球或浅球，则本方可在打完这个球之后顺势向前跑到网前，进行网前抢攻。

4. 偷袭上网

偷袭上网指对方适应了本方球员惯常的打法和节奏时，本方通过变换上网打法，加快进攻节奏和改变场上主动位置，使其短时间内难以适应，从而实现得分。

（二）底线战术

底线战术是以底线技术为主，在底线大力击球，通过击球落点的变化和击球旋转的变化，造成对方失误或者本方直接得分。常见的底线战术有紧逼战术、防守反击战术和综合性战术。

1. 紧逼战术

紧逼战术以正反手底线抽球为主要进攻技术，而且应抢时间打球的上升点来加快进攻节奏。通过快节奏强攻和刁钻的击球落点来逼迫对方暴露弱点，或者大范围地调动对方，使对方出现失误或者本方直接得分。

2. 防守反击战术

防守反击战术是防守者以良好的步伐移动能力、控球能力和准确的判断能力，通过多个回合来调动对方，然后寻找机会进行反攻。

3. 综合性战术

综合性战术要求运动员基本功扎实，技术全面，在场上通过网前、底线、节奏快慢的变化来得分。这种打法讲求攻守平衡。

二、双打战术

双打与单打不同，不能单靠个人能力取得比赛胜利，应更注重两个人之间的技术互补、默契配合，以及合理地运用战术。网球双打比赛中较常见的战术有双上网战术、双底线战术和一网一底战术。

（一）双上网战术

双上网战术指通过有威胁的发球或接发球后，两人快速地来到网前进行截击抢攻得分。双上网战术在职业比赛或高水平双打比赛中是主流打法。

（二）双底线战术

双底线战术指两人在底线通过底线技术与对方进行对攻相持。这种打法相对保守，较容易出现空当。

（三）一网一底战术

一网一底战术指底线的队员跟对方相持，网前的队员等待截击抢攻机会。这种打法在业余比赛中比较常见。

第四节　网球赛事欣赏

一、目前主要网球赛事

（一）国际主要网球赛事

国际主要网球赛事为网球四大公开赛，即澳大利亚网球公开赛、法国网球公开赛、全英草地网球锦标赛和美国网球公开赛，分别设男子单打、女子单打、男子双打、女子双打和男女混合双打 5 项。

1. 澳大利亚网球公开赛

澳大利亚网球公开赛（简称"澳网"）是网球四大公开赛中历史最短的赛事，创办于 1905 年，比赛场地设在澳大利亚的墨尔本。由于该项赛事的时间一般安排在每年 1 月的最后两周，因此其又是网球四大公开赛中每年最早的一站比赛。

澳网是在硬地网球场上进行的，打法全面的选手在这种场地上更占优势。

2. 法国网球公开赛

法国网球公开赛（简称"法网"）始于 1891 年，在每年的 5—6 月举行。该项赛事原本仅限法国网球俱乐部成员参加，1925 年起改为公开赛。它是网球四大公开赛中的第二站比赛。

法网是网球四大公开赛中唯一一个在红土球场上进行的比赛，以底线抽击为主的选手较为适合这种场地，因其具有球速较慢、球的旋转性较强等特点，使比赛充满观赏性。

3. 全英草地网球锦标赛

全英草地网球锦标赛（又称温布尔登草地网球锦标赛，简称"温网"）创办于 1877 年，是现代网球史上最早举办的世界性的网球公开赛事。该项赛事在每年 6—7 月举行，是网球四大公开赛中的第三站比赛。

温网是网球四大公开赛中唯一一个在草地上进行的比赛，这种场地适合发球上网型的选手，击球时的速度很快。

4. 美国网球公开赛

美国网球公开赛（简称"美网"）始于 1881 年。该项赛事在每年的 8—9 月举行，是网球四大公开赛中的最后一站比赛。美网的赛事采用的中速硬地场地，吸引了世界众多高水平球员前来参赛。

（二）国内主要网球赛事

1. 中国网球公开赛

中国网球公开赛始于 2004 年，是一项综合性的国际网球赛事。该项赛事在每年 9 月中旬举行。中国网球公开赛的男子赛事为职业网球联合会（ATP）世界巡回赛的 500 系列赛之一，女子赛事为国际女子网球协会（WTA）的 4 项皇冠明珠赛之一。该项赛事设男子单打、女子单打、男子双打和女子双打 4 项。

中国网球公开赛在室外硬地场上进行。

2. 上海网球大师赛

上海网球大师赛是职业网球联合会世界巡回赛的九站 1000 大师赛之一。该项赛事在每年 10 月中旬举行，设男子单打和男子双打两项。

上海网球大师赛在室外硬地场上进行。

3. 武汉网球公开赛

武汉网球公开赛于 2014 年启动，其主体赛事是国际女子网球协会超五巡回赛，也是国际女子网球协会全球十大网球赛事之一。该项赛事于每年 9 月底举行，设女子单打和女子双打两项。

二、网球比赛的欣赏角度

（一）技术角度

网球技术多种多样，在实际比赛中，往往一项技术还会有不同的变化。人们在比赛过程中，既要欣赏运动员优美的技术动作，也要欣赏运动员如何将各项技术完美地组合在一起。

网球比赛的打法包括防守反击型打法、底线攻击型打法、全场型打法、发球上网型打法等。人们在观看比赛时要注意欣赏运动员在各种打法之间的流畅转换。

（二）战术角度

网球双打比赛讲究战术配合。人们在观看双打比赛时，既要欣赏同组球员的战术形式，也要注意同组球员战术运用的合理性和针对性，特别要注意在夺取关键分时同组球员采取的战术，这体现了运动员和教练员的战术素养。

三、网球竞赛规则简介

（一）比赛场地

网球场地（图 13-4-1）为长方形，长度为 23.77 米，单打比赛的场地宽度为 8.23 米，双打比赛的场地宽度为 10.97 米。场地由一条球网从中间处分隔开，悬挂在网绳或金属绳上，附着或绕在 1.07 米高的两根网柱上。球网应充分伸展开，填满两个网柱之间的空间，网孔的大小应确保球不能从中间穿过。球网中心的高度应为 0.914 米，并用中心带向下绷紧固定，网绳、金属绳和球网的上端应当用一条网带包裹住，中心带和网带均应完全为白色。

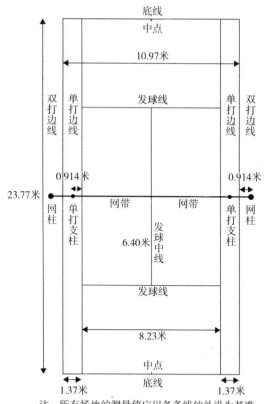

注：所有场地的测量值应以各条线的外沿为基准。

图 13-4-1

单打比赛中，如果使用单打球网，每侧网柱的中心应距单打场地的外沿 0.914 米。如果使用双打球网，那么球网要用两根高 1.07 米的单打支柱撑起，每侧单打支柱的中心距单打场地的外沿 0.914 米。

球场两端的界线称为底线，两侧的界线称为边线。

（二）站位和发球的选择

在准备活动开始前，通过抛硬币的方式决定比赛的第一局站位和发球/接发球权。抛硬币获胜的运动员/队可以选择：

（1）在比赛的第一局中选择发球或接发球，在这种情况下，对手选择站位。

（2）选择比赛的第一局站位，在这种情况下，对手选择发球或接发球。

（3）要求对手做出以上任意一种选择。

（三）交换场地

运动员应在每一盘的第一局、第三局和随后的每一个单数局结束后交换场地。运动员还应在每一盘结束后交换场地，但当一盘结束后双方所得局数之和为偶数时，运动员须在下一盘第一局结束后交换场地。在平局决胜局中，运动员应在每 6 分后交换场地。

（四）发球次序

在常规局结束后，该局的接发球员在下一局中发球，该局的发球员在下一局中接发球。

双打比赛中，在每一盘第一局开始前，由先发球的那队决定哪一名运动员先在该局发球。同样，在第二局开始前，他们的对手也应当决定由谁在该局先发球。第一局发球的运动员的搭档在第三局发球，第二局发球的运动员的搭档在第四局发球。这一次序一直延续到该盘结束。

（五）运动员失分

如果出现下列情况，运动员将失分。

（1）发球员连续两次发球失误。

（2）在活球状态下，运动员在球连续两次落地前未能击球。

（3）在活球状态下，运动员回击的球落到有效击球区外的地面或在落地前碰到有效击球区外的其他物体。

（4）在活球状态下，运动员回击的球在落地前触到永久固定物。

（5）接发球员在发球没有落地前击球。

（6）运动员故意用球拍托带或接住处于活球状态中的球，或故意用球拍触球超过1次。

（7）在活球状态下的任何时候，运动员或他的球拍（无论球拍是否在他手中），或他穿戴的或携带的任何物品触到球网、网柱／单打支柱、网绳或金属绳、中心带或网带，或对手场地。

（8）运动员在球过网前击球。

（9）在活球状态下，除了运动员手中的球拍以外，球触及运动员的身体或他穿戴的或携带的任何物品。

（10）在活球状态下，球触到了运动员的球拍，但球拍不在他的手中。

（11）在活球状态下，运动员故意并实质性地改变了球拍的形状。

（12）双打比赛中，同队的两名运动员在回球时都触到了球。

课后实践

1. 制订网球训练计划，开展训练。
2. 欣赏一场网球比赛，并向其他人进行介绍，分享感想。
3. 组织开展一次网球比赛。

课程思政

网球运动对运动员在场上的着装和行为都有着严格的要求。网球运动可以培养大学生谦虚谨慎的态度，不断提高自身心理素质。同时，大学生在欣赏网球比赛时，受到场上运动员着装、行为等潜移默化的影响，可以提高文明素养。

第十四章　武术与健身气功

 内容提要

※ 武术与健身气功概述。

※ 武术基本功及练习方法。

※ 24 式简化太极拳。

※ 健身气功·八段锦。

※ 武术赛事欣赏。

※ 健身气功赛事欣赏。

 学习目标

※ 了解武术与健身气功概况。

※ 掌握武术基本功及练习方法。

※ 学会 24 式简化太极拳，并坚持练习。

※ 学会八段锦，并坚持练习。

※ 学会欣赏武术和健身气功赛事。

第一节　武术与健身气功概述

一、武术概述

　　武术萌芽于原始社会时期，起源于中国古代的生产劳动。古人在狩猎的生产活动中，制作了石刀、石锤、木棍等工具，逐渐掌握了躲闪、跳远、滚翻等动作，以及运用石器、木棍进行劈、砍、刺等技能。在氏族公社时期经常发生部落战争，人们不断总结在战场上搏斗的经验，击、刺等进攻技能不断被模仿、传授和习练，这促进了武术的萌芽。武术成形于奴隶社会时期。夏朝建立后，战火不断，人们为了适应实战需要，将武术进一步向实用化、规范化发展，这主要体现在军队的武术活动和以武术为主的学校教育。商周时期出现了武术训练的重要手段——田猎，以及被用来训练士兵、鼓舞士气的武舞。春秋战国时期，诸侯争霸，各诸侯国都很重视技击在战场上的运用。秦汉时期盛行角力、击剑等武术活动。随着"宴乐兴舞"的兴起，手持器械的舞练时常在畅饮酒酣时出现。此外，还有"刀舞""力舞"等，其虽具娱乐性，但从技术上更近似于当今的武术套路形式。唐朝开始实行武举制，并授予有一技之长的士兵荣誉称号，对武术的发展起到了促进作用。宋元时期，以民间结社的武艺组织为主体的民间练武活动大量出现，这个时期还出现了以习武卖艺为生的人，其表演形式不仅有单练，还有对练。明清时期是武术的大发展时期，流派林立，拳种纷呈。

中华人民共和国成立后，武术得到了进一步的发展。1958 年，中国武术协会在北京成立，推动了群众性武术活动的发展。1985 年，首届国际武术邀请赛在西安举行。在国际武术邀请赛期间，国际武术联合会筹委会成立，这是武术发展历史性的突破。1987 年，第 1 届亚洲武术锦标赛在日本横滨举行。1990 年北京亚运会，武术被列为正式比赛项目。1999 年，国际武术联合会成为国际奥林匹克委员会的正式国际体育单项联合会成员，这是武术发展的又一历史性突破。2008 年，武术以"特设项目"的形式亮相于北京奥运会。2020 年，武术被列为第 4 届青年奥运会（简称"青奥会"）正式比赛项目。

二、健身气功概述

健身气功是以身体活动、呼吸吐纳、心理调节相结合为主要运动形式的民族传统体育项目，是中华民族悠久文化的重要组成部分。练习健身气功对于提高心理素质、改善生理功能、提高道德修养等，具有独特的作用。

健身气功的操作活动包含"三调"，即调身、调息、调心，以调身为主，以调息、调心为辅。健身气功也正是因其强身健体、调节身心的作用，而受到大众的广泛青睐。

健身气功中原本的一些动作或套路是以技击为目的的，具有较强的对抗性。在健身气功的发展过程中，人们逐渐舍去了其中有对抗性的部分，保留了其中较为和缓和颐养身心的部分。就"三调合一"的特点而言，其他体育运动在此方面较健身气功稍显逊色。

目前流行的健身气功主要有五禽戏、六字诀、八段锦、易筋经等。

第二节　武术基本功及练习方法

一、手型

武术的基本手型主要包括拳、掌、勾等。

（1）拳：四指并拢卷握，拇指紧扣于食指和中指的第二指节上。（图 14-2-1）

（2）掌：四指并拢伸直，拇指弯曲、紧扣于虎口处。（图 14-2-2）

（3）勾：五指的第一指节捏拢在一起，屈腕。（图 14-2-3）

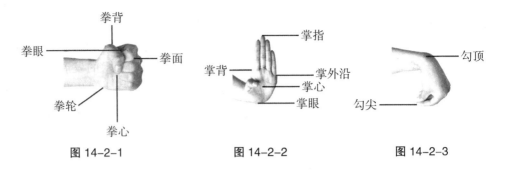

图 14-2-1   图 14-2-2   图 14-2-3

二、手法

武术的基本手法包括冲拳、架拳、劈拳、推掌、亮掌、格肘等。

（1）冲拳：旋臂，拳从腰间向前快速击出，力达拳面。（图 14-2-4）

（2）架拳：右拳向左经体前向头上方架起，拳心朝上，臂成弧形。（图 14-2-5）

（3）劈拳：拳自上向下快速劈击，臂伸直，力达拳轮；劈击时，臂要抡成立圆。（图 14-2-6）

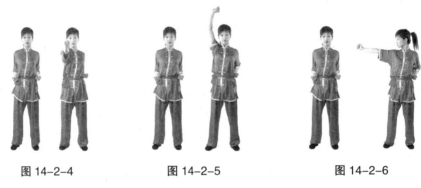

图 14-2-4   图 14-2-5   图 14-2-6

（4）推掌：旋臂，掌由腰间向前立掌推击，速度要快，臂要直，力达掌外沿。（图 14-2-7）

（5）亮掌：臂微屈，抖腕翻掌，举于头侧或头上。（图 14-2-8）

（6）格肘：屈臂，拳心向里，力达前臂，向内横拨为里格（图 14-2-9），向外横拨为外格。

图 14-2-7   图 14-2-8   图 14-2-9

三、步法

武术的基本步法包括弓步、马步、虚步、仆步、歇步等。

（1）弓步：前腿屈膝半蹲，大腿成水平状，小腿与地面垂直，脚尖微内扣，全脚掌着地；后腿挺膝伸直，脚尖内扣斜向前；上体正对前方，两手于腰间抱拳，目视前方。（图14-2-10）

【要点】挺胸，塌腰，沉髋。

（2）马步：两脚左右开立，屈膝半蹲，两大腿成水平状，膝关节不超过脚尖；两手握拳分别抱于腰间，目视前方。（图14-2-11）

【要点】挺胸，塌腰，直背，两膝微内扣。

（3）虚步：两脚前后开立，后腿屈膝半蹲，大腿成水平状，脚尖斜向前，全脚掌着地；前腿微屈，脚背绷紧，脚尖虚点地，身体重心落于后腿上。（图14-2-12）

【要点】挺胸，立腰，虚实分明。

（4）仆步：两脚平行开立，一条腿屈膝全蹲，大腿与小腿靠紧，臀部接近小腿，膝和脚尖稍外展；另一条腿伸直平铺，接近地面，脚尖内扣；两脚全脚掌着地。（图14-2-13）

【要点】挺胸，塌腰，沉髋。

（5）歇步：两腿交叉，屈膝全蹲；前脚脚尖外展；后脚脚跟离地，臀部紧贴后腿小腿。（图14-2-14）

【要点】挺胸，立腰，两腿靠拢贴紧。

图14-2-10　　　　图14-2-11　　　　图14-2-12　　　　图14-2-13　　　　图14-2-14

四、腿法

武术的基本腿法包括正压腿、侧压腿、后压腿、弹踢、正踢腿、侧踢腿、外摆腿、纵劈叉、横劈叉、正搬腿等。

（1）正压腿：面对肋木或一定高度的物体并步站立。左腿抬起，脚跟放在肋木上，脚尖勾紧；两手扶按在左腿膝关节上（图14-2-15），上体前屈，向前下做振压动作。两腿交替练习。

（2）侧压腿：侧对肋木或一定高度的物体站立。左腿支撑，脚尖外展，右脚脚跟放在肋木上，脚尖勾紧，上体向右侧做振压动作（图14-2-16）。两腿交替练习。

（3）后压腿：背对肋木或一定高度的物体站立。右脚脚背放在肋木上，脚背绷直（图14-2-17），上体后屈，做振压动作。两腿交替练习。

图 14-2-15　　　　　　图 14-2-16　　　　　　图 14-2-17

（4）弹踢：右腿支撑，当左腿屈膝提起至大腿接近水平时，小腿猛力向前弹出，挺膝，力达脚尖，目视前方（图 14-2-18）。两腿交替练习。

（5）正踢腿：右腿伸直，全脚掌着地；左腿挺膝，脚尖勾起并快速踢向前额，目视前方（图 14-2-19）。两腿交替练习。

（6）侧踢腿：左腿支撑，右腿挺膝，脚尖勾起，经体侧踢向头顶，目视前方（图 14-2-20）。两腿交替练习。

（7）外摆腿：右腿自然伸直，全脚掌着地；左腿挺直，勾脚向右上方斜踢，再经面前向外做弧形摆动下落，目视前方（图 14-2-21）。两腿交替练习。

图 14-2-18　　　　图 14-2-19　　　　图 14-2-20　　　　图 14-2-21

（8）纵劈叉：两手在左右两侧扶地或两臂侧平举，两腿前后分开并成一条直线。左腿后侧着地，脚尖勾起；右腿内侧或前侧着地（图 14-2-22）。两腿交替练习。

（9）横劈叉：两手在体前扶地或两臂侧平举，两腿左右分开并成一条直线，两腿内侧着地（图 14-2-23）。两腿交替练习。

（10）正搬腿：右腿支撑，左腿屈膝提起；右手托握左脚，左手抱左膝（图 14-2-24）。两腿交替练习。

图 14-2-22　　　　　　　　图 14-2-23　　　　　　　　图 14-2-24

五、腰功

武术的基本腰功主要包括俯腰、甩腰和涮腰。

（1）俯腰：并步站立，两手十指交叉，直臂上举，掌心朝上；然后上体前俯，两手掌心尽量贴地。（图 14-2-25）

（2）甩腰：开步站立，两臂上举，以腰、髋关节为轴，上体交替做前屈、后伸动作，两臂也随之摆动。（图 14-2-26）

（3）涮腰：开步站立，两臂下垂。上体前俯，两臂随之向左前方伸出，以髋关节为轴，向前、向右、向后、向左绕环一周。（图 14-2-27）

图 14-2-25　　　　　图 14-2-26　　　　　图 14-2-27

六、肩功

武术的基本肩功主要包括压肩、握棍转肩和单臂绕环。

（1）压肩：面对肋木或一定高度的物体开步站立，两手抓握肋木，上体前俯并做振压动作。（图 14-2-28）

（2）握棍转肩：两脚并步站立，两手相距一定距离，正握木棍于体前；以肩关节为轴，两臂由体前经头顶绕至背后（图 14-2-29），再由背后经头顶绕至体前。

图 14-2-28

（3）单臂绕环：在左弓步的基础上，左手按于左膝处，右臂上举，由上向后、向下、向前绕环（图 14-2-30）。两臂、两腿交替练习。

图 14-2-29　　　　　　　　图 14-2-30

第三节　24 式简化太极拳

一、24 式简化太极拳概述

24 式简化太极拳由国家体育运动委员会（现为国家体育总局）于 1956 年组织太极拳专家整编而成。它以杨式太极拳为基础，保留了传统太极拳的主要技术，去掉了繁难和重复的动作，按照由简到繁、由易到难的原则，首先安排直进动作，其次安排后退和侧行动作，对于重点动作安排左右式对称练习。其套路充分体现了太极拳动作柔和、缓慢、圆活、连贯的特点。整套动作分为 8 组，包括起势、收势等 24 个动作。24 式简化太极拳动作简练，易学易练。

二、24 式简化太极拳动作要领

第一组

1. 起势

头颈正直，下颌微收，身体放松，自然直立，收腹敛臀，气沉丹田，两臂自然垂于体侧。两臂上抬时配合吸气。两肩下沉，两肘松垂，手指自然微屈。屈膝，松腰，敛臀，身体重心落于两脚之间。两臂下落与身体下蹲的动作要协调一致。（图 14-3-1）

图 14-3-1

2. 左右野马分鬃

两臂分开时要保持弧形，弓步动作与分手动作的速度要协调一致；身体转动时，要以腰为轴带动上肢做动作；身体重心移动时，上体要保持平稳，不可前俯后仰；胸部要宽松舒展。（图 14-3-2）

图 14-3-2

3. 白鹤亮翅

两手抱球动作与右脚跟进半步要协调一致，身体重心后移与右手上提、左手下按要协调一致；转动动作要以腰带臂，虚步动作要收腹敛臀。（图 14-3-3）

图 14-3-3

第二组

4. 左右搂膝拗步

腿成弓步的同时，手掌向前推出；身体不可前俯后仰，要松腰、松胯；推掌时要沉肩垂肘、坐腕舒掌，同时须与松腰、弓腿上下协调一致；成弓步时，两脚脚跟的横向距离约为 30 厘米。（图 14-3-4）

图 14-3-4

5. 手挥琵琶

以身体重心的转移来带动上肢动作，上下肢要协调一致；左手上起时要由左向上、向前，微带弧形；身体姿势要平稳自然，沉肩垂肘，胸部放松。（图 14-3-5）

图 14-3-5

6. 左右倒卷肱

前推的手臂要微屈，后撤的手随转体画弧；前推时要转腰、松胯，两手的速度要一致；转体时，前脚以脚掌为轴扭正；退左脚时略向左后斜，退右脚时略向右后斜，避免两脚落在一条直线上。（图 14-3-6）

图 14-3-6

图 14-3-6（续）

第三组

7. 左揽雀尾

两臂掤出时，肘部微屈保持弧形；分手、松腰、弓腿3个动作必须协调一致；成弓步时，两脚脚跟的横向距离约为10厘米。两手向前挤时，上体要正直；挤的动作要与转腰、弓腿相协调。身体重心右移时，要松腰、坐胯，两手收至腹前；向前按时，两手须画弧，按掌与弓腿应协调一致，腕部高与肩平，两肘微屈。（图 14-3-7）

图 14-3-7

8. 右揽雀尾

右揽雀尾的动作要领与左揽雀尾相同，只是方向相反。（图 14-3-8）

图 14-3-8

图 14-3-8（续）

第四组

9. 单鞭

左手向外翻掌前推时，要随转体边翻边推出，翻掌速度不要太快或最后突然翻掌；全部过渡动作要协调一致。完成定势时，右肘稍下垂，左肘与左膝上下相对，两肩下沉。如面向南起势，则单鞭的方向（左脚脚尖所指的方向）应为正东偏北约 15°。（图 14-3-9）

图 14-3-9

10. 云手

身体转动要以腰脊为轴，松腰、松胯，上体保持自然正直，身体重心不可忽高忽低；两臂随腰转动而运转，动作自然圆活，速度缓慢均匀；下肢移动时，身体重心要稳，两脚前脚掌先着地，再全脚掌踏实，脚尖向前；视线随左、右手的动作而移动；第三个云手在右脚最后跟步时，脚尖微内扣，以便于接单鞭动作。（图 14-3-10）

图 14-3-10

11. 单鞭

此单鞭的动作要领与前单鞭相同。

第五组

12. 高探马

上体左转与推右掌、收左掌协调一致；跟步转换身体重心时，上体保持自然正直，不要上下起伏。（图 14-3-11）

图 14-3-11

13. 右蹬脚

两手分开时，腕部与肩平；蹬脚时，左腿微屈，右脚脚尖回勾，力达脚跟；分手动作与蹬脚动作要协调一致，右臂与右腿上下相对。如面向南起势，则蹬脚方向应为正东偏南约 30°。（图 14-3-12）

图 14-3-12

14. 双峰贯耳

完成定势时，头颈正直，松腰、松胯，两拳松握，沉肩垂肘，两臂均保持弧形。双峰贯耳的弓步和身体方向与右蹬脚方向相同。成弓步时，两脚脚跟的横向距离约为 10 厘米。（图 14-3-13）

图 14-3-13

15. 转身左蹬脚

转身左蹬脚的动作要领与右蹬脚相同，只是方向相反。左蹬脚方向与右蹬脚方向成 180°，即正西偏北约 30°。（图 14-3-14）

图 14-3-14

第六组

16. 左下势独立

左手、左小腿回收要协调一致；成仆步时，左脚脚尖与右脚脚跟踏在中轴线上。独立时，左腿微屈，上体要正直。右腿屈膝提起时，右手上挑。（图 14-3-15）

图 14-3-15

17. 右下势独立

右脚脚尖触地后再提起，然后向下仆腿，其他动作要领均与左下势独立相同，只是方向相反。（图 14-3-16）

图 14-3-16

第七组

18. 左右穿梭

左右穿梭的方向分别为左斜前方约 30° 和右斜前方约 30°；架掌、推掌与弓腿要协调一致；上体保持正直。（图 14-3-17）

图 14-3-17

19. 海底针

身体要先向右转再向左转，完成定势后面向西，上体微前倾。（图 14-3-18）

图 14-3-18

20. 闪通臂

推掌、架掌与弓腿动作要协调一致；成弓步时，两脚脚跟的横向距离约为 10 厘米。（图 14-3-19）

图 14-3-19

第八组

21. 转身搬拦捶

向前冲拳时，右肩随拳略向前伸，沉肩垂肘，右臂微屈。（图 14-3-20）

图 14-3-20

22. 如封似闭

身体后坐时，应避免后仰，臀部不可凸出；两臂随身体后坐收回时，肩部、肘部略向外展，不可直臂抽回；两手推出时，两手间距不超过肩宽。（图14-3-21）

图14-3-21

23. 十字手

两手分开和合抱时，上体不要前俯；站起后，身体自然正直，头要微向上顶，下颌稍向后收；两臂环抱时要圆满舒适，沉肩垂肘。（图14-3-22）

图14-3-22

24. 收势

两手左右分开下落时，全身放松，同时气徐徐下沉（呼气略加长）。呼吸平稳后，左脚收到右脚旁。（图14-3-23）

图14-3-23

第四节　健身气功·八段锦

一、八段锦概述

八段锦由8节动作组成，简便易学，深受人们喜爱。八段锦是中国古代导引术的

八段锦

205

一个重要组成部分，是一套针对特定脏腑病症而创编的健身气功。八段锦的每一句口诀都明确提出了动作的要领、作用和目的。八段锦中的伸展、前俯、后仰、摇摆等动作，分别作用于人体的三焦、心肺、脾胃、肾腰等，可以预防五劳七伤、去心火等，并有滑利关节、发达肌肉、增长气力、强壮筋骨、促进消化和调节神经系统的功能。

八段锦之所以对人体有良好的作用，是因为它的动作可以对某一脏器起到一定的针对性调理作用，这种作用又是综合性、全身性的，并非"头痛医头、脚痛医脚"。将八段锦各节动作综合起来进行练习，能起到调脾胃、理三焦、去心火、固肾腰等作用。

二、八段锦动作说明

（一）预备式

（1）两脚并步站立；两臂自然垂于体侧；身体中正，目视前方。（图14-4-1）

（2）随着松腰沉髋，身体重心移至右腿；左脚向左侧开步，脚尖朝前，两脚间距约与肩同宽；目视前方。（图14-4-2）

（3）两臂内旋，两掌分别向两侧摆起，摆至约与髋同高，掌心向后；目视前方。（图14-4-3）

（4）上一动作不停。两膝稍屈；同时，两臂外旋并向前合抱于腹前，成圆弧形，两掌与脐同高，掌心向内，掌指斜相对，间距约为10厘米；目视前方。（图14-4-4）

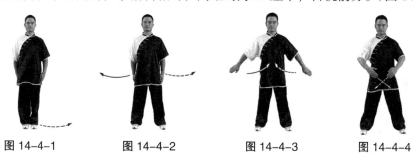

图14-4-1　　　　图14-4-2　　　　图14-4-3　　　　图14-4-4

（二）两手托天理三焦

（1）接上式。两臂外旋微下落，两掌在腹前十指交叉，掌心向上。（图14-4-5）

（2）上一动作不停。两腿徐缓挺膝伸直；同时，两掌上托至胸前，随之两臂内旋向上托起，掌心向上；抬头，目视两掌。（图14-4-6）

（3）上一动作不停。两臂继续上托，肘关节伸直；同时，下颌内收，动作略停；目视前方。（图14-4-7）

（4）身体重心缓缓下降；两膝微屈；同时，十指慢慢分开，两臂分别向身体两侧下落，两掌捧于腹前，掌心向上，掌指相对；目视前方。（图14-4-8）

本式托举、下落为1遍，共做6遍。

图 14-4-5　　　　　图 14-4-6　　　　　图 14-4-7　　　　　图 14-4-8

（三）左右开弓似射雕

（1）接上式。两膝自然伸直，两掌向上交叉于胸前，右掌在外，两手掌心向内；目视前方。（图 14-4-9）

（2）上一动作不停。两腿徐缓屈膝半蹲，成马步；同时，右掌屈指成"爪"，向右拉至肩前；左掌成八字掌，左臂内旋，向左侧推出，与肩同高，坐腕，掌心向左，犹如拉弓射箭之势；动作略停；目视左掌方向。（图 14-4-10）

（3）身体重心右移；同时，右手五指伸开成掌，向上、向右画弧，与肩同高，掌指朝上，掌心斜向前；左手五指伸开成掌，掌心斜向后；目视右掌。（图 14-4-11）

（4）上一动作不停。身体重心继续右移；左脚回收，成并步站立；同时，两掌分别由两侧下落，捧于腹前，掌指相对，掌心向上；目视前方。（图 14-4-12）

动作（5）～（8）同动作（1）～（4），只是左右相反。（图 14-4-13 至图 14-4-16）

本式一左一右为 1 遍，共做 3 遍。做完 3 遍后，身体重心继续左移；右脚向右迈步，成开步站立，两脚间距与肩同宽，膝关节微屈；同时，两掌分别由两侧下落，捧于腹前，掌指相对，掌心向上；目视前方。（图 14-4-17）

图 14-4-9　　　　图 14-4-10　　　　图 14-4-11　　　　图 14-4-12

图 14-4-13　　　图 14-4-14　　　图 14-4-15　　　图 14-4-16　　图 14-4-17

（四）调理脾胃须单举

（1）接上式。两腿徐缓挺膝伸直；同时，左掌上托，左臂外旋经面前上穿，随即左臂内旋上举至头部左上方，肘关节微屈，力达掌根，掌心向上，掌指向右；同时，右掌微上托，随即右臂内旋下按至右侧髋旁，肘关节微屈，力达掌根，掌心向下，掌指向前，动作略停；目视前方。（图14-4-18）

（2）松腰沉髋，身体重心缓缓下降；两膝微屈；同时，左臂屈肘外旋，左掌经面前落于腹前，掌心向上；右臂外旋，右掌捧于腹前，掌心向上，两掌掌指相对，相距约10厘米；目视前方。（图14-4-19）

动作（3）、（4）同动作（1）、（2），只是左右相反。（图14-4-20、图14-4-21）

本式一左一右为1遍，共做3遍。做完3遍后，两膝微屈，同时两臂屈肘，两掌分别下按于同侧髋旁，掌心向下，掌指向前；目视前方。（图14-4-22）

| 图 14-4-18 | 图 14-4-19 | 图 14-4-20 | 图 14-4-21 | 图 14-4-22 |

（五）五劳七伤往后瞧

（1）接上式。两腿徐缓挺膝伸直；同时，两臂伸直，掌心向后，掌指向下，目视前方（图14-4-23）；上一动作不停，两臂充分外旋，掌心向外；头向左后转，动作略停；目视左斜后方（图14-4-24）。

（2）松腰沉髋，身体重心缓缓下降；两膝微屈；同时，两臂内旋，分别下按于同侧髋旁，掌心向下，掌指向前；目视前方。（图14-4-25）

| 图 14-4-23 | 图 14-4-24 | 图 14-4-25 |

动作（3）同动作（1），只是左右相反。（图14-4-26、图14-4-27）

动作（4）同动作（2）。（图14-4-28）

本式一左一右为1遍，共做3遍。做完3遍后，两膝微屈；同时，两掌捧于腹前，掌指相对，掌心向上，目视前方。（图14-4-29）

图 14-4-26　　　　图 14-4-27　　　　图 14-4-28　　　　图 14-4-29

（六）摇头摆尾去心火

（1）接上式。身体重心左移；右脚向右开步站立，两腿自然伸直；同时，两掌上托至与胸同高时，两臂内旋，两掌继续上托至头部上方，肘关节微屈，掌心斜向上，掌指斜相对；目视前方。（图 14-4-30）

（2）上一动作不停。两腿徐缓屈膝半蹲，成马步；同时，两臂分别向两侧下落，两掌分别扶于同侧膝关节上方，肘关节微屈，小指侧向前；目视前方。（图 14-4-31）

（3）身体重心稍向上升起，而后右移；上体先向右倾，随之俯身；目视右脚。（图 14-4-32）

（4）上一动作不停。身体重心左移；同时，上体由右向前、向左旋转；目视右脚。（图 14-4-33）

（5）身体重心右移，成马步，同时，头转正，上体回正，下颌微收；目视前方。（图 14-4-34）

动作（6）～（8）同动作（3）～（5），只是左右相反。（图 14-4-35 至图 14-4-37）

本式一左一右为 1 遍，共做 3 遍。做完 3 遍后，身体重心左移，右脚回收，成开步站立，两脚间距与肩同宽；同时，两掌向外经两侧上举，掌心相对；目视前方（图 14-4-38）。随后松腰沉髋，身体重心缓缓下降，两膝微屈；同时两臂屈肘，两掌经面前下按于腹前，掌心向下，掌指相对；目视前方（图 14-4-39）。

图 14-4-30　　　　图 14-4-31　　　　图 14-4-32　　　　图 14-4-33　　　　图 14-4-34

图 14-4-35　　　　图 14-4-36　　　　图 14-4-37　　　　图 14-4-38　　　　图 14-4-39

（七）两手攀足固肾腰

（1）接上式。两腿挺膝伸直；同时，两掌掌指向前，两臂向前、向上举起，肘关节伸直，掌心向前；目视前方。（图 14-4-40）

（2）两臂外旋至掌心相对，屈肘，两掌下按于胸前，掌心向下，掌指相对；目视前方。（图 14-4-41）

（3）上一动作不停。两臂外旋，掌心向上，随后两掌掌指顺腋下向后插；目视前方。（图 14-4-42）

（4）两掌（掌心向内）沿脊柱两侧向下摩运至臀部；随之上体前俯，两掌继续沿腿后向下摩运，经两脚外侧置于脚背；抬头，动作略停；目视前下方。（图 14-4-43）

（5）两掌沿地面前伸，用手臂上举的动作带动上体起立，两臂伸直，掌心向前；目视前方。（图 14-4-44）

本式一上一下为 1 遍，共做 6 遍。做完 6 遍后，松腰沉髋，身体重心缓缓下降，两膝微屈；同时，两掌分别下按至同侧髋旁，掌心向下，掌指向前；目视前方。（图 14-4-45）

图 14-4-40　　图 14-4-41　　图 14-4-42　　　图 14-4-43　　　图 14-4-44　　图 14-4-45

（八）攒拳怒目增气力

（1）接上式。身体重心右移，左脚向左开步；两腿徐缓屈膝半蹲，成马步；同时，两掌握拳，抱于腰侧，拳眼朝上；目视前方。（图 14-4-46）

（2）左拳缓慢用力向前冲出，与肩同高，拳眼朝上；瞪目，视左拳冲出方向。（图 14-4-47）

（3）左臂内旋，左拳变掌，虎口朝下；目视左掌（图 14-4-48）。左臂外旋，肘关节微屈；同时，左掌向左缠绕，当掌心向上后握拳；目视左拳。（图 14-4-49）

（4）屈肘，左拳回收至腰侧，拳眼朝上；目视前方。（图 14-4-50）

图 14-4-46　　　　图 14-4-47　　　　图 14-4-48　　　　图 14-4-49　　　　图 14-4-50

动作（5）～（7）同动作（2）～（4），只是左右相反。（图 14-4-51 至图 14-4-54）

本式 ·左一右为 1 遍，共做 3 遍。做完 3 遍后，身体重心右移，左脚回收，成并步站立；同时两拳变掌，自然垂于体侧；目视前方。（图 14-4-55）

图 14-4-51　　　　图 14-4-52　　　　图 14-4-53　　　　图 14-4-54　　　　图 14-4-55

（九）背后七颠百病消

（1）接上式。两脚脚跟提起；头上顶，动作略停；目视前方。（图 14-4-56）

（2）两脚脚跟下落，轻震地面；目视前方。（图 14-4-57）

本式一起一落为 1 遍，共做 7 遍。

图 14-4-56　　　　图 14-4-57

（十）收势

（1）接上式。两臂内旋，两掌向两侧摆起，摆至与髋同高，掌心向后；目视前方。（图 14-4-58）

（2）两臂屈肘，两掌相叠置于丹田处（男性左手在内，女性右手在内）；目视前方。（图 14-4-59）

（3）两臂自然下落，两掌轻贴于同侧腿外侧；目视前方。（图 14-4-60）

图 14-4-58   图 14-4-59   图 14-4-60

第五节　武术赛事欣赏

一、目前主要武术赛事

（一）国际主要武术赛事

1. 青奥会武术比赛

2020 年 1 月 8 日，国际奥委会在洛桑宣布将武术列为 2022 年达喀尔青奥会比赛项目。这是武术首次成为奥林匹克系列运动会的正式比赛项目。至此，2022 年达喀尔青奥会在原来 28 个大项的基础上共增加包括武术在内的 7 个比赛项目。国际奥委会表示，武术运动深受青少年运动员喜欢，具有男女平等、比赛场地、器材要求简单等特点。

2. 世界武术锦标赛

世界武术锦标赛于 1991 年第一次在中国北京举行，是由国际武术联合会组织的世界性比赛，每 2 年举行一届，是世界武术界最高级别的国际大赛。该项赛事包括武术套路和武术散打。武术套路比赛有刀术、枪术、剑术、棍术，以及太极拳、长拳、南拳等；散打比赛按体重划分，男子分为 11 个级别，女子分为 7 个级别。

3. 世界青少年武术锦标赛

世界青少年武术锦标赛是面向全世界的专业青少年武术运动员的世界级赛事，是青少年群体中最高级别的世界级武术赛事，每 2 年举行一届。首届世界青少年武术锦标赛于 2006 年举行。人们通过了解和观看世界青少年武术锦标赛，可以一窥武术运动的未来。

4. 世界传统武术锦标赛

世界传统武术锦标赛由国际武术联合会和中国武术协会主办，是传统武术中规格最高的国际赛事，面向全世界传统武术习练者，旨在为全世界武术习练者提供交流和展示的平台。首届世界传统武术锦标赛于 2004 年举行，吸引了来自世界各地各年龄段的传统武术习练者参加。世界传统武术锦标赛是集中展示传统武术魅力的重要国际窗口，对促进传统武术的国际交流与发展，增强武术的国际影响力发挥着重要作用。

5. 世界杯武术比赛

世界杯武术比赛是由国际武术联合会主办的国际顶级赛事，分为世界杯武术套路赛和世界杯武术散打赛。世界杯武术套路赛的参赛者均是获得世界武术锦标赛单项前 8 名的选手。世界杯武术散打赛各个重量级别的参赛者均是获得世界武术锦标赛散打单项前 3 名的选手。世界杯武术比赛每 2 年举行一届。

6. 世界太极拳锦标赛

世界太极拳锦标赛聚焦太极项目，每 2 年举行一届。该项赛事涵盖太极拳和太极剑，是世界级太极单项赛事，旨在为全世界太极专业人士和爱好者提供交流、切磋的平台。

（二）国内主要武术赛事

1. 全运会武术比赛

全运会武术比赛是由国家体育总局主办的中国顶级武术赛事，分为全运会武术套路比赛和全运会武术散打比赛。全运会武术套路比赛的参赛者均是获得全运会武术预赛单项前 8 名的选手。全运会武术散打比赛的各个重量级别的参赛者均是获得全运会武术散打预赛单项前 3 名的选手。全运会比赛每 4 年举行一届。

2. 全国武术锦标赛

全国武术锦标赛是由国家体育总局举办的全国高水平的武术竞赛。该项赛事包括武术套路团体赛、武术套路个人赛，武术散打团体赛、武术散打个人赛，太极拳、太极剑、推手比赛。

3. 全国武术运动大会

全国武术运动大会是中国武术赛事中形式最多、内容最全、影响最广的一项综合性武术运动赛会，旨在推动竞技武术、传统武术协调发展，传承武术文化、弘扬民族精神、服务全民健身。

4. 中国大学生武术套路锦标赛

中国大学生武术套路锦标赛由中国大学生体育协会主办，中国大学生体育协会民族传统体育分会执行。该项赛事分为超级组和阳光组。超级组是指在全国锦标赛冠军赛中注册且参赛过的运动员和通过体育单招入学的专业学生。阳光组是指统招大学的学生和未注册参赛过的运动员。

二、武术套路比赛和竞技散打比赛的欣赏角度

（一）武术套路比赛的欣赏角度

武术套路是武术的重要组成部分。相较于搏击技艺，武术套路更可谓是一门艺术。

1. 看速度

"天下武功，唯快不破。"运动员如果能在很短的时间内将诸多武术套路一气呵成地展现出来，也就呈现出了武术套路的一种美感。

2. 看节奏

武术套路有其固定的节奏，各套路的组合也需要合理编排。当运动员以不同的节奏表现不同的套路和其中的动作时，能给人以美的享受。

3. 看韧性

刚柔并济是武术运动的主要特点。武术动作不仅有刚硬强劲的爆发力，还有柔美的韧性。当运动员伸展四肢，武出各种弧线时，其轻盈的姿态和灵敏的动作能让人欣赏到武术不同的美。

4. 看高度

在武术套路中有旋子、旋风腿、侧空翻、后空翻、前空翻等跳跃和翻跃动作。跳得越高，动作伸展的幅度越大，越能展现动作的曲线。运动员在完成这些技巧动作时所展现的精湛技术和优美姿态也是人们欣赏武术的一个角度。

5. 看眼神

运动员在完成套路动作时，应双目有神，且眼神应与动作配合，不能飘忽不定。坚定的眼神能为套路动作的完成增光添彩。

6. 看步法

"下盘稳固，上肢轻灵"是完成武术套路非常重要的一个要求，也是身体具有良好协调性的一种体现。人们可以从步法中了解运动员的身体协调性和控制力。

（二）竞技散打比赛的欣赏角度

1. 动作美、速度美

在散打比赛的过程中，运动员力求通过拳法、腿法和摔法的技术动作，使人们在视觉、知觉上感受到人体的动态美。拳法的快似流星、腿法的势大力沉、摔法的灵巧实用均能带给观众一种美的享受。同时，运动员在激烈的攻防中综合运用各种组合动作充分展现出动作与速度的节奏感，也能带给观众一种美的享受。

2. 比赛结果的不确定性和不可预见性

在散打比赛的过程中，常常会出现以下场面：一方运动员的得分原本遥遥领先，处于优势地位，然而在比赛快结束时却被对方重击，造成KO胜（击倒对手）。这种比赛结果存在的反差变化具有不确定性和不可预见性，吸引着人们观看比赛。

3. 运动员的斗智斗勇

在比赛过程中，运动员在控制与反控制中所表现出来的大智大勇，有时会令观众钦佩不已；同时，运动员所运用的直取战术、迂回战术、制长战术、制短战术、指上打下战术等也展现了运动员的智勇双全，让人们能更全面地体会散打运动的魅力。

三、武术套路竞赛规则简介

（一）竞赛类型

按形式分类有个人赛、团体赛、个人及团体赛。按年龄分类有成年赛、青少年赛、儿童赛。

（二）竞赛项目

（1）自选项目。

① 自选拳术：长拳、南拳、太极拳。

② 自选器械：剑术、刀术、枪术、棍术、太极剑、南刀、南棍。

（2）规定项目。

① 规定拳术：各项目规定拳术。

② 规定器械：各项目规定器械。

（3）对练项目：徒手对练、器械对练、徒手与器械对练。

（4）集体项目。

（三）比赛顺序的确定

在仲裁委员会和总裁判长的监督下，抽签决定比赛顺序。比赛如有预赛、决赛，决赛的比赛顺序，按运动员预赛名次由低到高确定。如预赛排名相同，则抽签确定比赛顺序。

（四）礼仪

运动员听到上场点名、完成比赛套路及现场成绩宣告时，应向裁判长行抱拳礼。

（五）计时

运动员由静止姿势开始动作，计时开始；当运动员完成全套动作后并步直立，计时结束。

（六）套路完成时间

（1）长拳、南拳、剑术、刀术、枪术、棍术、南刀、南棍套路：成年不少于1分20秒，青少年（含儿童）不少于1分10秒。

（2）太极拳、太极剑自选套路和太极剑规定套路：为3～4分钟；太极拳规定套路：为5～6分钟。

（3）对练套路：不少于50秒。

（4）集体项目：为3～4分钟。

（七）比赛场地

（1）使用国际武术联合会认证的比赛场地。

（2）个人项目的比赛场地为长14米、宽8米，其周围至少有2米宽的安全区。

（3）集体项目的比赛场地为长16米、宽14米，其周围至少有1米宽的安全区。

（4）比赛场地四周内沿应标明5厘米宽的白色边线。

（5）比赛场地上方无障碍空间高度不低于8米。

（6）相邻两个比赛场地之间的距离不少于6米。

（7）比赛场地可高出地面0.6～1米。

（8）比赛场地内的灯光照度应符合高清电视转播要求，通常不低于1000勒克斯。

（八）比赛服装

（1）裁判员统一着装，佩戴裁判员技术等级胸牌。

（2）运动员穿武术比赛服装，佩戴号码布。

（九）比赛器械

（1）使用国际武术联合会认证的比赛器械。

（2）比赛器械要求如下。

① 刀/剑：左手持剑或抱刀，剑尖或刀尖不低于运动员本人耳上端，刀彩自然下垂的长度不短于 30 厘米。

② 南刀：刀尖在运动员左手抱刀时不低于本人下颌骨。

③ 棍、南棍：长度不短于运动员本人身高。

④ 枪：枪的长度不短于运动员本人并步直立直臂上举时从脚底至中指尖的长度，枪缨长度不短于 20 厘米且不得太稀疏。

四、武术散打竞赛规则简介

（一）竞赛种类

团体比赛、个人比赛。

（二）竞赛办法

（1）循环赛、淘汰赛。

（2）每场比赛采用三局两胜制，每局比赛 2 分钟（青年比赛和少年比赛可采用 1 分 30 秒），局间休息 1 分钟。

（三）参赛年龄与资格审查

（1）成年运动员的参赛年龄为 18～40 周岁；青年运动员的参赛年龄为 15～17 周岁；少年运动员的参赛年龄为 12～14 周岁。

（2）运动员必须持有所代表国家或地区的护照。

（3）运动员必须有参加该次比赛的人身保险证明。

（4）运动员参赛时必须出示报到之日前 15 天内的包括脑电图、心电图、血压、脉搏等指标在内的体格检查证明。

（四）体重分级

1. 少年体重分级

（1）39 公斤级（≤39 公斤）。

（2）42 公斤级（>39 公斤～≤42 公斤）。

（3）45 公斤级（>42 公斤～≤45 公斤）。

（4）48 公斤级（>45 公斤～≤48 公斤）。

（5）52 公斤级（>48 公斤～≤52 公斤）。

（6）56 公斤级（>52 公斤～≤56 公斤）。

（7）60 公斤级（>56 公斤～≤60 公斤）。

2. 青年体重分级

（1）48 公斤级（≤48 公斤）。

（2）52公斤级（＞48公斤～≤52公斤）。

（3）56公斤级（＞52公斤～≤56公斤）。

（4）60公斤级（＞56公斤～≤60公斤）。

（5）65公斤级（＞60公斤～≤65公斤）。

（6）70公斤级（＞65公斤～≤70公斤）。

（7）75公斤级（＞70公斤～≤75公斤）。

（8）80公斤级（＞75公斤～≤80公斤）。

3. 成年体重分级

（1）48公斤级（≤48公斤）。

（2）52公斤级（＞48公斤～≤52公斤）。

（3）56公斤级（＞52公斤～≤56公斤）。

（4）60公斤级（＞56公斤～≤60公斤）。

（5）65公斤级（＞60公斤～≤65公斤）。

（6）70公斤级（＞65公斤～≤70公斤）。

（7）75公斤级（＞70公斤～≤75公斤）。

（8）80公斤级（＞75公斤～≤80公斤）。

（9）85公斤级（＞80公斤～≤85公斤）。

（10）90公斤级（＞85公斤～≤90公斤）。

（11）90公斤以上级（＞90公斤）。

（五）称量体重

（1）运动员经资格审查合格后方可参加称量体重，必须携带本人身份证。

（2）运动员必须在仲裁委员的监督下称量体重，由检录长负责，编排记录员配合完成。

（3）运动员必须按照大会规定的时间到指定地点称量体重。称量体重时，运动员须裸体或只穿短裤（女运动员可穿紧身内衣）。

（4）称量体重先从比赛设定的最小级别开始，每个级别在1小时内称完。在规定的称量时间内体重不符合报名级别时，则不准参加后面所有场次的比赛。

（5）当天有比赛的运动员，须在赛前规定的时间内称量体重。

（六）抽签

（1）由编排记录组负责抽签，仲裁委员会主任、总裁判长及参赛队的教练员或领队参加。

（2）在第一次称量体重后进行抽签，由比赛设定的最小级别开始。如该级别只有1人，则不能参加比赛。

（3）由各队教练员或本队运动员抽签。

（七）服装护具

（1）运动员必须穿国际武术联合会认定的武术散打比赛服装及护具。

（2）比赛护具分红、蓝两种颜色，包括拳套、护头、护胸；运动员须自备护齿、护裆和缠手带。护裆必须穿在短裤内，缠手带的长度为 3.5 ～ 4.5 米。

（3）少年、青年运动员的拳套重量为 230 克；成年女子和男子 65 公斤级及以下级别运动员的拳套重量为 230 克，男子 70 公斤级及以上级别的拳套重量为 280 克。

（八）比赛礼节

（1）每场比赛开始前介绍运动员时，运动员向观众行抱拳礼。

（2）每局比赛开始前，运动员上台后先向本方教练员行抱拳礼，教练员还礼；运动员之间再相互行抱拳礼。

（3）宣布比赛结果时，运动员交换站位。宣布结果后，运动员先相互行抱拳礼，再向台上裁判员行抱拳礼，裁判员还礼。然后向对方教练员行抱拳礼，教练员还礼。

（4）边裁判员换人时，互相行抱拳礼。

（九）弃权

（1）比赛期间，运动员因伤病（需有医务监督出具的诊断证明）或体重不符合报名级别不能参加比赛者，作弃权论，不再参加后面场次的比赛，已取得的成绩有效。

（2）比赛时，运动员实力悬殊，为保护本方运动员的安全，教练员可举弃权牌表示弃权，运动员也可举手或主动下台弃权。

（3）不能按时参加称量体重、赛前 3 次检录未到或检录后擅自离开不能按时上场者，作无故弃权论。

（4）比赛期间，运动员无故弃权，取消本人全部成绩。

（十）竞赛中的有关规定

（1）临场执行裁判人员应集中精力，不得与其他人员交谈，未经裁判长许可，不得离开席位。

（2）运动员必须遵守规则和比赛礼节，尊重和服从裁判。在场上不准有吵闹、谩骂、甩护具等任何表示不满的行为。每场比赛未宣布比赛结果前，运动员不得退场（因伤需急救者除外）。

（3）比赛时，教练员只能带一名队医或助手，着正装坐在指定位置进行现场指导。

（4）运动员严禁使用兴奋剂，局间休息时不得吸氧。

（十一）可用方法与禁用方法、得分标准与判罚

1.可用方法
可以使用武术的拳法、腿法和摔法。

2.禁用方法
（1）用头、肘、膝攻击对方或迫使对方反关节的技法。

（2）用迫使对方头部先着地的摔法或有意砸压对方。

（3）用任何方法攻击倒地一方的头部。

（4）青少年比赛可禁止运动员使用腿法击打对方头部或用拳法连续击打对方头部。

3.得分部位
头部、躯干、大腿。

4. 禁击部位

后脑、颈部、裆部。

5. 得分标准

（1）得2分：① 一方下台，对方得2分。② 一方倒地，站立者得2分。③ 用腿法击中对方头部、躯干得2分。④ 用主动倒地的动作致使对方倒地，而自己顺势站立者，得2分。⑤ 被强制读秒一次，对方得2分。⑥ 受警告一次，对方得2分。

（2）得1分：① 用拳法击中对方头部、躯干得1分。② 用腿法击中对方大腿得1分。③ 先后倒地，后倒地者得1分。④ 被指定进攻后5秒内仍不进攻时，对方得1分。⑤ 主动倒地3秒不起立，对方得1分。⑥ 受劝告一次，对方得1分。

（3）不得分：① 方法不清楚，效果不明显，不得分。② 双方下台或同时倒地，不得分。③ 使用主动倒地动作没有击中对方，但在3秒内迅速站立，对方不得分。④ 抱缠时击中对方，不得分。

6. 犯规与罚则

（1）技术犯规：① 消极搂抱对方。② 消极逃跑。③ 处于不利状况时举手要求暂停。④ 有意拖延比赛时间。⑤ 比赛中对裁判员有不礼貌的行为或不服从裁判。⑥ 上场不戴或吐落护齿，有意松脱护具。⑦ 不遵守规定的比赛礼节。

（2）侵人犯规：① 在口令"开始"前或喊"停"后进攻对方。② 击中对方禁击部位。③ 以禁用的方法击中对方。④ 故意使对方的伤情加重。

（3）罚则：① 每出现一次技术犯规，劝告一次。② 每出现一次侵人犯规，警告一次。③ 侵人犯规达3次，取消该场比赛资格。④ 故意伤人，取消其比赛资格，所有成绩无效。⑤ 使用违禁药物或局间休息时吸氧，取消其比赛资格，所有成绩无效。

7. 暂停比赛

（1）运动员倒地（主动倒地除外）或下台时。

（2）运动员犯规受罚时。

（3）运动员受伤时。

（4）运动员相互抱缠超过2秒而不能产生摔法效果时。

（5）运动员主动倒地超过3秒时。

（6）运动员被指定进攻后达5秒仍不进攻时。

（7）运动员举手要求暂停时。

（8）裁判长纠正错判、漏判时。

（9）场上出现问题或险情时。

（10）因灯光、场地、电子计分系统故障等客观原因影响比赛时。

（十二）胜负评定

1. 优势胜利评定

（1）比赛中，双方实力悬殊，台上裁判员征得裁判长同意，判技术强者为该场胜方。

（2）比赛中，被重击倒地不起达10秒（侵人犯规除外），或虽能站立但知觉失常，判对方为该场胜方。

（3）一场比赛中，被重击强制读秒达 3 次（侵人犯规除外），判对方为该场胜方。

（4）一局比赛中，至少 5 名裁判员显示双方运动员得分相差达 12 分时，判得分多者为该场胜方。

2. 每局胜负评定

（1）每局比赛结束时，依据边裁判员的评判结果，判定每局胜负。

（2）一局比赛中，受重击被强制读秒 2 次（侵人犯规除外），对方为该局胜方。

（3）一局比赛中，2 次下台，对方为该局胜方。

（4）一局比赛中，双方出现平局时，按下列顺序判定胜负：① 受警告少者为胜方。② 受劝告少者为胜方。③ 当天体重轻者为胜方。如上述 3 种情况仍相同，则为平局。

3. 每场胜负评定

（1）一场比赛中，先胜两局者为该场胜方。

（2）比赛中，运动员出现伤病，经医务监督诊断不能继续比赛者，判对方为该场胜方。

（3）比赛中，经医务监督确诊为诈伤者，判对方为该场胜方。

（4）因对方犯规而受伤，经医务监督检查确认不能继续比赛者，为该场胜方，但不得参加后面所有场次的比赛。

（5）循环赛时，一场比赛中如获胜局数相同，则为平局。

（6）淘汰赛时，一场比赛中如获胜局数相同，按下列顺序决定胜负：① 受警告少者为胜方。② 受劝告少者为胜方。如仍相同，则加赛一局，依次类推。

（十三）名次评定

1. 个人名次

（1）淘汰赛时，直接产生名次。

（2）循环赛时，积分多者名次列前，若两人或两人以上积分相同时，按下列顺序排列名次：① 负局数少者列前。② 受警告少者列前。③ 受劝告少者列前。④ 体重轻者列前（以抽签体重为准）。上述 4 种情况仍相同时，名次并列。

2. 团体名次

（1）名次分：①各级别录取前 8 名时，分别按 9、7、6、5、4、3、2、1 的得分计算。②各级别录取前 6 名时，分别按 7、5、4、3、2、1 的得分计算。

（2）积分相等时的处理办法。

两个或两个以上的团体分数相等时，按下列顺序排列名次：① 按个人获第 1 名多的队名次列前；如再相等时，按个人获第 2 名多的队名次列前，依次类推。② 受警告少的队名次列前。③ 受劝告少的队名次列前。如以上几种情况仍相等时，名次并列。

（十四）编排与记录

1. 编排

（1）以竞赛规程、报名人数和比赛的总时间为依据。

（2）同一级别、同一轮次的比赛应相对集中安排，条件要均等。

（3）一名运动员一天最多安排两场比赛。

（4）同一单元的比赛由体重轻的级别开始。

2. 记录

（1）边裁判员根据得分标准和台上裁判员的判罚，记录运动员的得分，每局比赛结束后将运动员的得分填入记分表中。

（2）记录员将劝告、警告、下台、取消比赛资格、强制读秒分别进行记录。

（3）循环赛制时，编排记录组根据每场比赛的结果在记分表中为胜方计 2 分，负方计 0 分，平局时各计 1 分。因对方弃权获胜时，计 2 分，弃权者计 0 分。

第六节　健身气功赛事欣赏

一、目前主要健身气功赛事

（一）国际主要健身气功赛事

1. 世界健身气功交流比赛大会

世界健身气功交流比赛大会由国际健身气功联合会主办。该项赛事每 2 年举办一届。世界健身气功交流比赛大会的举办目的是增强交流互动，营造浓厚的传统文化氛围，深化参会者对健身气功的认识。

2. 亚洲健身气功交流比赛大会

亚洲健身气功交流比赛大会由国际健身气功联合会和中国健身气功协会主办。首届赛事于 2019 年举办。该项赛事旨在弘扬中华优秀传统文化，宣传健身气功康养结合、治未病的特点，以赛事促发展，促进健身气功的传承。

3. 中国国际健身气功交流比赛大会

中国国际健身气功交流比赛大会由中国健身气功协会于 2014 年创办，主要目的是希望在中国打造一个健身气功爱好者切磋技艺、提高水平、增进友谊的国际性交流展示平台。该项赛事每 2 年举办一届，其举办目的是满足各国越来越多的健身气功爱好者交流技艺的需求。

（二）国内主要健身气功赛事

1. 全国健身气功交流比赛大会

全国健身气功交流比赛大会是由国家体育总局健身气功管理中心主办，各地方的健身气功运动管理中心协办的全国性健身气功交流比赛。该项赛事对弘扬中华优秀传统文化、促进中华优秀传统文化的传承有积极作用，满足了健身气功爱好者互相交流的愿望，为推动全民健身和构建和谐社会做出了贡献。

2. 全国高等院校健身气功锦标赛

全国高等院校健身气功锦标赛是面向全国各类高校组织的健身气功锦标赛，比赛内容为国家体育总局推广普及的 9 种健身气功项目和 4 种竞赛项目。该项赛事从 2010

年开始举办，受到了高校师生的普遍欢迎，对健身气功在高校的推广和普及起到了积极作用。

二、健身气功的技术特点

健身气功是以练习者自身为锻炼主体，以强身健体、养生康复为目的，以形体活动、呼吸吐纳、心理调节为手段的锻炼方法，是一项传统体育项目。我国目前推广的4种健身气功（易筋经、五禽戏、八段锦和六字诀）在"调身、调息、调心"三要素的基础上，进一步强调动作导引。了解健身气功的技术特点有助于人们更好地欣赏健身气功比赛。健身气功具有如下技术特点。

（一）注重脊柱的屈、伸、旋、转运动

脊柱在人体躯干运动中起着非常重要的作用，健身气功中的动作注重脊柱的运动，包括颈、胸、腰等的屈、伸、旋、转等。脊柱的运动，可增强脊椎各关节的功能，预防颈、胸、腰等部位的慢性疾病。同时脊柱运动能带动各脏腑活动，对脏腑起到良好的保健作用，还可对脊髓及从脊柱中延伸出来的神经根给予刺激，从而增强人体对相应部位的控制和调节。

（二）注重四肢远端末梢关节的运动

练习者在锻炼中往往较重视人体大关节和大肌肉群的运动，忽视人体远端的小关节和小肌肉群的运动。健身气功在健身方法上则十分注重整体性的健身原则。练习者在练习健身气功时，除了能活动到人体主要关节和大肌肉群外，还能活动到四肢远端末梢关节。一般运动中活动不到的小关节、小肌肉、小韧带、小肌腱等都可在练习者练习健身气功的过程中活动到，这弥补了练习者日常只注重大关节、大肌肉群活动的不足。从健身效果上看，锻炼四肢远端末梢关节，能够使四肢、腕、指（趾）等小关节更灵活，增强脑神经与四肢末梢活动间的协调性，强化肢体末梢神经的调节控制能力，改善肢体远端的外周血液循环，起到降低血压，减轻心脏负荷的作用。

（三）强调通过外在的动作来导引"气"的运行

在中医领域，人体内的"气"是指循行于经脉中的气血之气和循行于肺部的呼吸之"气"。在练习4种健身气功时，练习者应学习并逐渐掌握通过动作的变化来导引自身气血的运行和调节呼吸。气血在经脉中的运行和肺部的呼吸都是有其自身规律的，这个规律不以人的意志为转移，人只能顺应这个规律。因此，4种健身气功都是以舒展大方、柔和缓慢的动作来导引身体气血的运行和肺部的呼吸的。

（四）动作导引注重松紧结合、动静相间

在4种健身气功中，六字诀强调练习者的动作导引要舒缓圆活，似行云流水，婉转连绵，其他3种健身气功要求练习者的动作导引除了要柔和、缓慢外，还必须松紧结合，做到有虚有实，在松紧虚实中体现出导引动作的动和静。"松"是指在做动作导引时，人体各关节、肌肉等的放松，也就是虚。"紧"是指在做动作导引时，躯干与四肢缓慢而适当地发力，也就是实。"动"是指练习者有意识地进行动作导引。"静"是指练

习者在进行动作导引的过程中，看似略有停顿，实则内在发力，肌肉始终保持牵引抻拉的劲力。其实动作导引无论是松还是紧，是动还是静，都是传统中医医学在健身气功中的体现。

三、健身气功竞赛规则简介

（一）竞赛类别

个人赛、集体赛、团体赛。

（二）竞赛项目

中国健身气功协会推广的健身气功及各参赛队自编的健身气功·气舞。

（三）比赛场地

比赛场地：长 22 米、宽 18 米，或长 25 米、宽 22 米。铺地毯，地毯颜色为红色或蓝色，中间标有中国健身气功协会会标。

（四）背景音乐

每个竞赛项目的背景音乐按每次竞赛规程规定执行。

（五）参赛服装

裁判人员应着中国健身气功协会定制的裁判服，参赛队员应着大会指定款式的服装。

（六）比赛顺序

在竞赛委员会和总裁判组的组织下，由编排记录组实施抽签，决定参赛队（队员）的比赛顺序。

（七）赛前检录和比赛弃权

参赛队员在赛前 30 分钟到达指定地点报到，参加第一次检录。赛前 10 分钟进行第二次检录。参赛队员未能按时参加检录或上场比赛，则按弃权处理。

（八）参赛礼仪

参赛队员在比赛开始前和完成比赛项目及领分后，应向裁判长行健身气功礼。

（九）示分办法

个人赛和集体赛的比赛成绩实行公开示分。

（十）名次确定

1. 个人单项赛或集体单项赛名次

（1）按比赛成绩由高到低排列名次。

（2）比赛成绩最后得分相同时，以动作规格（气舞功法展示）应得分高者列前；如仍相同，以演示水平（气舞艺术表现）有效分高分高者列前；如仍相同，以动作规格

（气舞功法展示）有效分高分高者列前；如仍相同，名次并列。

2. 团体赛名次

根据竞赛规程确定团体赛名次。

（十一）申诉规定

（1）申诉的主体为各参赛代表队，不受理参赛队员个人的申诉。

（2）申述的内容为参赛队本队对裁判长扣分的异议。

（3）申诉时限为裁判长宣告参赛队（队员）当场次参赛项目比赛成绩后30分钟内，由领队或教练员向仲裁委员会提出书面申诉，同时交付申诉费2000元，否则不予受理。不论申诉结果如何，申诉费不予退回。。

（十二）评分方法

（1）每个比赛项目满分为10分，其中动作规格分值为5分，演示水平分值为5分。

（2）A组裁判员根据运动员现场动作的完成情况，用动作规格分值减去各种动作规格错误和动作失误的扣分，即为运动员的动作规格得分。

（3）B组裁判员根据运动员现场整体演示水平，按照整体质量、风格特征的评分标准进行综合评判，确定等级分数，即为运动员的演示水平得分。

（4）裁判长对运动员出现重做、动作演示时间滞后、改变动作性质等错误，给予相应的扣分。

（十三）评分标准

1. 动作规格评分标准

动作规格扣分累计不超过4分（含4分）。

（1）规格错误扣分。

① 凡动作错误及手型、步型、身型、口型、手法、步法、腿法、平衡、发声、器械持握方法等不符合规格要求的，每出现一次扣0.1分。

② 同一错误在同一动作中出现多次、同一动作出现多种错误或多人次在同一动作中出现错误，累计扣分最高为0.4分。

③ 竞赛中，凡要求静止2秒的动作，时间不足扣0.1分。

（2）动作失误扣分。

① 每出现一次身体晃动、脚移动、跳动扣0.1分；每出现一次器械脱手、触地，器械开裂，坐垫移动，服饰影响动作扣0.1分。

② 每出现一次附加支撑扣0.2分。

③ 每出现一次倒地、器械掉地扣0.3分。

④ 每出现一次遗忘现象，根据不同程度，扣0.1～0.3分。

2. 演示水平评分标准

（1）整体质量。

① 动作质量：动作姿势、动作幅度、动作路线、动作起止点和器械方法符合动作要求。动作与队形整齐，动作与背景音乐和谐一致。

② 演练质量：劲力顺达、虚实分明、动作协调。呼吸顺畅，眼神运用符合动作要

求。

（2）风格特征。

整套动作演示充分体现演练健身气功的主要风格特征。

① 健身气功·易筋经：抻筋拔骨，刚柔相济，旋转屈伸，虚实相兼。

② 健身气功·五禽戏：仿生导引，形神合一，动诸关节，引挽腰体。

③ 健身气功·六字诀：吐气发声，以声助气，形随声动，以气运形。

④ 健身气功·八段锦：立身中正，神注庄中，松紧结合，动静相兼。

⑤ 健身气功·大舞：以舞宣导，以神领舞，利通关节，身韵圆和。

⑥ 健身气功·马王堆导引术：循经导引，形意相随，旋腕摩肋，典雅柔美。

⑦ 健身气功·十二段锦：盘坐端庄，练养相兼，畅通任督，气运自然。

⑧ 健身气功·导引养生功十二法：逢动必旋，工于稍节，法于圆道，命意腰际。

⑨ 健身气功·太极养生杖：以杖导引，圆转流畅，腰为轴枢，身械合一。

（3）评分档次。

演示水平分值为3个档次，每个档次分为3个级别，共分9个分数段。裁判员给分可到小数点后两位，尾数为0～9。

（十四）裁判长扣分。

（1）参赛队（队员）因不可抗力造成比赛动作中断者，经裁判长同意，可重做一次，不予扣分。

（2）参赛队（队员）因动作失误造成比赛动作中断者，可申请重做一次，扣1分。

（3）参赛队（队员）临场受伤不能继续比赛者，裁判长有权令其终止。经过治疗可继续比赛的，则安排在该项目比赛最后一组上场，按重做处理，扣1分。因伤不能在上述规定时间内继续比赛者，按弃权处理。

（4）着装不符合规程规定，扣0.1分。

（5）普及与竞赛动作比赛中，音乐结束后未完成动作，扣0.1分；气舞比赛中，未在规程规定的音乐时间内完成动作，扣0.1分。

（6）自编气舞套路内容不符合规则与规程要求的，每出现一次扣0.1分。

（7）竞赛动作每出现一次改变动作性质，扣0.2分。

（8）集体赛每多或缺1名参赛队员，扣0.5分。

（十五）得分计算

（1）动作规格（气舞功法展示）的应得分、演示水平（气舞艺术表现）的应得分，以及参赛队（队员）的最后得分，分别计算到小数点后第二位数，小数点后第三位数不做4舍5入。

（2）A组4或5名裁判员评分时，去掉一个最高分和一个最低分，取其平均值为参赛队（队员）动作规格（气舞功法展示）应得分；如3名裁判员评分，则取其平均值为参赛队（队员）动作规格（气舞功法展示）应得分。

（3）B组4或5名裁判员评分时，去掉一个最高分和一个最低分，取其平均值为参赛队（队员）演示水平（气舞艺术表现）应得分；如3名裁判员评分，则取其平均值为参赛队（队员）演示水平（气舞艺术表现）应得分。

（4）参赛队（队员）动作规格（气舞功法展示）应得分、演示水平（气舞艺术表现）应得分之和，减去裁判长扣分为其最后得分。

课后实践

1.通过查询资料，了解我国更多的武术和健身气功种类，了解其历史，并与同学分享。

2.选择一项自己感兴趣的武术或健身气功，尝试练习。

课程思政

武术和健身气功是中华优秀传统文化的重要组成部分。

武术蕴含的武德精神包括公平、正义等，是习武之人应遵从的道德准则，是习武之人高尚道德品质的体现。健身气功具有丰富的文化内涵，涵盖了传统哲学、美学、中医学等。大学生通过学习武术和健身气功，可以了解祖国的灿烂文化，产生强烈的民族自豪感，自觉维护中华民族的尊严；可以使其心胸宽广，学会以礼待人，深刻理解并践行不恃武伤人，不以强凌弱，自觉维护国家和人民的利益；可以磨炼意志，培养良好的身体素质，为社会做出贡献。

第十五章　游泳运动

内容提要

※ 游泳运动概述。

※ 熟悉水性及其练习方法。

※ 游泳基本技术。

※ 游泳赛事欣赏和竞赛规则。

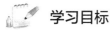

学习目标

※ 了解游泳运动概况。

※ 掌握游泳运动的基本技术和练习方法。

※ 学会欣赏游泳赛事。

第一节　游泳运动概述

一、游泳运动的起源和发展

现代游泳运动起源于英国。1828 年，英国在利物浦乔治码头建造了世界上第一个室内游泳池。1896 年雅典奥运会，游泳被列为正式比赛项目，当时只举行了 100 米自由泳、500 米自由泳、1200 米自由泳这 3 个项目的比赛。1908 年，国际游泳联合会（简称"国际泳联"）成立，负责审定各项游泳世界纪录，制定国际游泳比赛规则。1952年，现代竞技游泳运动的泳姿演化基本完成，形成了以蛙泳、自由泳、仰泳、蝶泳 4 种泳姿为基本技术的游泳竞赛项目群。国际性游泳比赛有奥运会游泳比赛、世界游泳锦标赛、世界短池游泳锦标赛等。这些重大赛事的举办促进了各国运动员之间的交流，推动着世界竞技游泳运动不断地发展。

二、中国游泳运动的发展

1956 年，中国游泳协会成立。近些年来，随着全民健身运动的普及，游泳成为很多中国人日常健身的运动项目。游泳也成为很多学校学生的必修项目或选修项目。中国竞技游泳也取得了很大的进步。进入 21 世纪，我国游泳运动呈现良好的发展势头。2008 年北京奥运会，中国国家游泳队获得 1 枚金牌，3 枚银牌，2 枚铜牌；2012 年伦敦奥运会，获得 5 枚金牌，2 枚银牌，3 枚铜牌；2016 年里约热内卢奥运会，获得 3 枚金牌，2 枚银牌，3 枚铜牌；2020 东京奥运会，获得 3 枚金牌，2 枚银牌，1 枚铜牌。

三、游泳运动的锻炼价值

游泳运动不仅具有较好的观赏性和趣味性，还具有很高的健身价值。游泳是人在水中进行的全身运动。人在水中不能像在陆地上那样自然地呼吸，同时还要克服水的阻力，这就迫使呼吸肌用更大的力量进行呼吸。因此，经常参加游泳运动能改善心血管系统、呼吸系统、神经系统和消化系统的功能，促进人体正常生长发育和新陈代谢，提高全身的协调性、肌肉力量和肌肉耐力，增强人体的耐寒能力。游泳对于身体瘦弱者和一些慢性病患者是一种有效的锻炼手段。此外，游泳还能磨炼意志，培养勇敢顽强的意志品质。

第二节　熟悉水性及其练习方法

一、熟悉水性

熟悉水性

熟悉水性是学习各种游泳姿势的一项重要基础练习。对于游泳初学者而言，尽快适应水的环境，熟悉水的压力、浮力和阻力，逐渐克服怕水的心理，培养水感，可以大大地缩短学习各种游泳技术的时间，便于掌握正确、规范的游泳技术。

二、熟悉水性的练习方法

熟悉水性的主要练习方法有水中行走与跳跃、水中呼吸、水中睁眼、浮体与站立、滑行等。

1. 水中行走与跳跃

【练习目的】体会水的压力、浮力和阻力，掌握在水中行走、跳跃时保持身体平衡的方法，克服怕水的心理。

【练习方法】

（1）扶边行走：手扶池边或池槽向前、向后行走。

（2）拉手行走：集体拉手向前、向后、向两侧行走。

（3）划水行走：两手手掌与水面垂直，向前推水，两脚向后行走；两手手掌与水面垂直，向后划水，两脚向前行走；两手手掌与水面垂直，向身体的一侧划水，两脚向相反的方向行走。

（4）扶边跳跃：两手扶池边或池槽，两脚蹬池底，向上跳起。

（5）徒手跳跃：在水中站立，两臂平放在水中，然后向下压水，同时两脚蹬池底，向上跳起。

（6）单独进行各方向的行走、跳跃练习。

【注意事项】在水中行走、跳跃时，身体应保持直立，以防向侧、向后倾倒；练习时，水深齐腰、齐胸均可，但不宜过深。

2. 水中呼吸

【练习目的】掌握正确的游泳呼吸技术，防止呛水现象的出现，克服怕水心理。

【练习方法】

（1）闭气练习：手扶池槽（池边）或拉同伴的手，在水面用口深吸气后，闭气下蹲，将头没入水中（图15-2-1），停留片刻（3～5秒）后，头出水，在水面上先呼气再深吸气，再将头没入水中，逐渐延长水中闭气时间。

（2）呼气练习：同上练习，头没入水中稍闭气后，用口、鼻同时缓慢、均匀地呼气。呼气的后段，边呼边抬头。当口将出水面时，应用力将气呼完。但在水中不要急于呼气，在面部离开水面后再将气呼完（图15-2-2）。可先与同伴配合练习，再单独练习。

（3）连续呼吸练习：同上练习，练习次数逐渐增加，直至连续做15～20次。在水中停留的时间不要太长。吸气要快而深，呼气要慢而均匀，并逐渐加大呼气量。口将出水面时快速用力将气呼完，紧接着在水面上进行快而深的吸气。练习时，可按"快吸—稍闭—慢呼—猛呼"的要领进行。（图15-2-3）

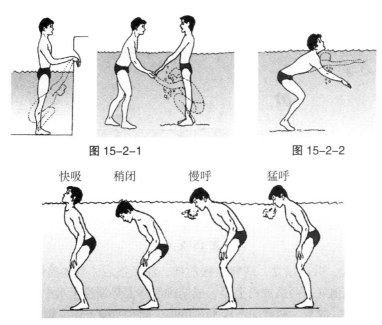

图 15-2-1　　　　　　　　　　图 15-2-2

图 15-2-3

【注意事项】游泳时的呼吸方法是用口吸气，用口和鼻呼气。进行慢而均匀的呼气与快而深的吸气，是游泳呼吸练习的关键。

3. 水中睁眼

【练习目的】克服怕水心理，纠正在水中闭眼的错误动作，充分发挥眼睛在水中的视觉功能，更好地掌握游泳技术。

【练习方法】

（1）闭气睁眼：手扶池边（池槽）或拉同伴的手，在水面用口深吸气后，将头没入水中做闭气练习，同时睁开眼睛，看清池壁或同伴的手后，头出水，用口吸气。

（2）睁眼呼气：手扶池边（池槽）或拉同伴的手，在水面用口深吸气后，睁开眼睛入水，头没入水中闭气后，用口、鼻缓慢呼气，眼看水泡上冒，呼气完毕后头出水，用口吸气。

（3）睁眼沉体：睁眼在水中做抱膝浮体练习。缓慢呼气，身体逐渐下沉，眼睛始终睁开，看清水面到水底的景物变化。脚触池底后放手、伸膝，两臂向下压水，抬头，站立于水中。

（4）睁眼滑行：睁眼在水中做蹬池底或池蹬边的滑行，看清滑行过程中水中景物的变化。

【注意事项】水中睁眼是消除怕水心理和感知动作技术、技能的重要手段。练习结束后应及时清洗眼睛，做好护眼工作。游泳镜是游泳教学的重要辅助器材，但练习者在初学期不宜经常使用，以免造成对游泳镜的过度依赖。

4. 浮体与站立

【练习目的】体会水的浮力，初步掌握在水中浮起、保持身体平衡及由浮体至站立的方法，增强信心，进一步消除怕水心理。

【练习方法】

（1）抱膝浮体：并腿站立，深吸气后低头含胸，同时两脚轻蹬池底，两腿向上提膝，收腹，团身，抱腿，成抱膝姿势漂浮于水中。起身站立时，两手松开，两臂前伸，手掌向下压水并抬头，同时两腿下伸，脚触池底后站立，两臂在体侧拨水，保持身体平衡。（图 15-2-4）

图 15-2-4

（2）展体浮体：并腿站立，两臂放松前伸，深吸气后，身体前倾并低头，两腿屈膝下蹲，两脚轻蹬池底，两腿放松上浮，成俯卧展体姿势漂浮于水中（图 15-2-5）。站立时，收腹，屈膝，收腿，两臂向下压水并抬头，同时两腿下伸，脚触池底后站立，两臂在体侧拨水，保持身体平衡。

（3）展体仰浮：并腿站立，深吸气后，头和上体后仰，并慢慢后倒于水中，同时两脚轻蹬池底，两腿放松上浮，两手前伸或平放于体侧，也可在体侧轻轻拨水，成展体仰卧姿势仰浮于水中（图 15-2-6）。站立时，抬头，收腹，屈膝，收腿，两臂向下压水并抬头，同时两腿下伸，脚触池底后站立，两臂在体侧拨水，保持身体平衡。

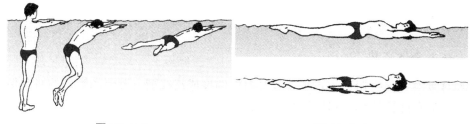

图 15-2-5　　　　　　　　　　　　　图 15-2-6

5. 滑行

【练习目的】体会并掌握游泳时身体的水平位置与流线型姿势，为学习各种泳姿的腿部动作奠定基础。

【练习方法】

（1）蹬池底滑行：两脚前后开立，两臂前伸，两手并拢。深吸气后，上体前倾，两腿屈膝，当头没入水中时，前脚掌向后下方用力蹬离池底，随后两腿并拢，使身体成俯卧、流线型姿势在水面下向前滑行。（图 15-2-7）

（2）蹬池壁滑行：背对池壁，一臂拉池槽（或扶池边），另一臂前伸，同时一脚站立支撑，另一脚紧贴池壁。深吸气后，低头，上体前倾，提臀，向上收支撑腿，两脚贴紧池壁，臀部后移。随即两臂前伸、并拢，头夹于两臂之间，两脚用力蹬离池壁，使身体成俯卧、流线型姿势在水面下向前滑行。（图 15-2-8）

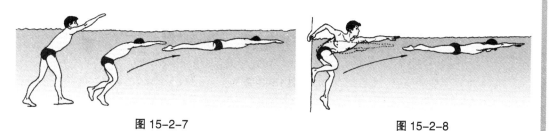

图 15-2-7　　　　　　　　　　　　　图 15-2-8

【注意事项】练习滑行时，应注意身体的水平位置与流线型姿势；滑行时，身体应保持适度紧张，并在水面下滑行。

第三节　游泳基本技术

一、自由泳

自由泳又称爬泳，是身体俯卧在水中，两腿交替上下打水，两臂轮流向后划水的一种泳姿。其动作结构比较合理，推进力均匀，阻力小，既省力又能产生最大速度，是游泳竞赛中游得最快的一种姿势。自由泳项目与自由泳泳姿不能完全等同。在游泳竞赛中，自由泳项目运动员可以选择任何泳姿进行比赛。

自由泳项目在奥运会游泳比赛中占有很重要的地位。常见的自由泳项目有 50 米、

100 米、200 米、400 米、800 米、1500 米、4×100 米接力、4×200 米接力等。自由泳项目水平常被看作衡量一个国家游泳水平的标志。

（一）身体姿势

身体要尽量保持俯卧的水平姿势，自然伸展成流线型，背部和臀部的肌肉保持适当紧张。头应自然稍抬，两眼注视前下方，头的 1/3 露出水面，发际接近水平面，两腿处于最低点，身体纵轴与水面成 3°～5°（图 15-3-1）。以自由泳泳姿游进过程中，身体可以围绕纵轴做有节奏的转动，转动的角度一般为 35°～45°。如果速度加快，转动角度会相对减小。

图 15-3-1

（二）腿部动作

腿部动作要产生一定的推进力，并能起到平衡作用，以保持身体的稳定并协调两臂有力地划水。游进中，两腿自然并拢，脚稍内旋，踝关节放松，以髋关节为轴，由大腿带动小腿和脚掌，两腿交替做鞭打动作。两脚脚尖上下打水幅度为 30～40 厘米，膝关节弯曲角度约为 160°。（图 15-3-2）

图 15-3-2

（三）臂部动作

臂部动作是推动身体前进的主要动力源。在自由泳的一个动作周期中，臂部动作分为入水、抱水、划水、出水和空中移臂 5 个不可分割的阶段。

1. 入水

手的入水点一般在身体纵轴和肩关节的延长线之间。入水时，手指自然伸直并拢，手臂内旋使肘关节略高于手，手掌斜向外下方，使手指首先触水，接着前臂入水，最后上臂入水。

2. 抱水

手臂入水后，在积极向下方插入的过程中，手掌从向斜外下方转向斜内后方，屈腕、屈肘，肘高于手，以便能迅速过渡到有效的划水位置。抱水结束时，手掌已经接近垂直对水，肘关节屈至 150° 左右，整个手臂像抱着一个大圆球，为划水做准备。（图 15-3-3）

图 15-3-3

3. 划水

划水是发挥最大推进作用的主要阶段，其动作过程可分为拉水和推水两个部分。抱水结束时迅速进入拉水阶段，这时要保持抬肘，并使上臂内旋，同时继续屈肘，使手的动作迅速赶上身体的前进速度，这能使拉水动作促进合理的游进方向的形成，也可使主要肌肉群在良好的工作条件下进入推水动作阶段。拉水至肩的垂直平面后，即进入推水部分，这时肘的弯曲角度为90°～120°。上臂保持内旋，带动前臂，用力向后推水；同时，肩部后移，以加长有效的划水路线。向后推水有一个从屈臂到伸臂的加速过程，手掌沿从内向上、从下向上的动作路线加速划至大腿旁。整个划水动作中，手的轨迹始于肩前，继而到腹下，最后到大腿旁，成S形。（图15-3-4）

图 15-3-4

4. 出水

划水结束时，掌心转向大腿。出水时，小指向上，手臂放松，微屈肘。由上臂带动肘部向外上方提拉，带前臂和手出面，掌心转向后上方。出水动作必须迅速、连贯，同时应柔和、放松。

5. 空中移臂

手臂出水后，不停顿地进入空中移臂阶段，移臂时，肘高于手。

在自由泳中，两臂要相互配合。两臂划水时发生的交叉位置有前交叉、中交叉和后交叉3种类型。前交叉是指一臂入水时，另一臂已前摆至肩前方，手与水面约成30°；中交叉是指一臂入水时，另一臂在向内划水阶段，手与水面约成90°；后交叉是指一臂入水时，另一臂划至腹下，手与水面约成150°。

（四）完整的动作技术配合

自由泳时，一般是在两臂各划水一次的过程中进行一次呼吸。以向右侧吸气为例，右手入水后，口和鼻开始慢慢呼气。右臂划水至肩下，开始向右侧转头和增大呼气量。右臂推水即将结束时，用力呼气。右臂出水时，张嘴吸气，至右臂前移至右侧为止，并开始转头还原。直至手臂入水结束，有一个短暂的闭气过程，头部转正。头部稳定后，右臂入水，开始下一个缓慢呼气的过程。

自由泳的打水与划臂、呼吸应相互配合。初学者一般采用 6：2：1 的方法，即 6 次打水、2 次划臂、1 次呼吸。这种配合方法易保持平衡，有助于初学者较快地掌握自由泳技术。

蛙泳教学

二、蛙泳

蛙泳是指身体俯卧在水中，两肩与水面平行，依靠两臂对称向后划水，两腿对称向后蹬夹水而向前游进的姿势。蛙泳的整个动作与青蛙游水十分相似，其也因此得名。蛙泳的特点是游时省力，容易学，游动时，四肢动作全部在水下进行，声音较小，头部可以出水面呼吸，视野开阔，容易对准目标。蛙泳实用价值大，常用于渔猎、泅渡、救护、水上搬运等。蛙泳比赛项目有男子 100 米、200 米，女子 100 米、200 米。

（一）身体姿势

滑行时，身体俯卧于水中，两臂前伸并拢，稍挺胸，腹部和下肢尽量处于水平状态，身体纵轴与水平面成 5°～10°（图 15-3-5）。在游进时，身体随划臂和呼吸动作有一定幅度的上下起伏。

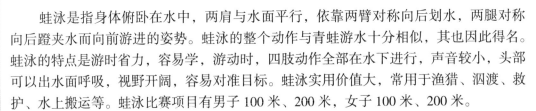

图 15-3-5

（二）腿部动作

腿部动作是蛙泳游进中产生推进力的主要动作之一。蛙泳的腿部动作分为收腿和翻脚、蹬夹水、滑行 3 个不可分割的阶段。

1. 收腿和翻脚

在两腿完全伸直并稍下沉时，屈髋、屈膝，同时两小腿向大腿折叠，两脚向臀部靠拢，边收边分，两膝距离与肩同宽。当脚跟接近臀部时，两膝稍向里扣，脚尖向两侧外翻做翻脚动作。（图 15-3-6）

图 15-3-6

2. 蹬夹水

两腿后蹬时，边后蹬边内夹，以蹬为主。做蹬夹动作时，先伸髋，使髋关节、膝关节和踝关节相继伸展。（图 15-3-7）

图 15-3-7

3.滑行

蹬夹水结束后，由于身体的惯性，身体有一个短暂的滑行阶段。这时两腿应尽量伸直并拢，腿部肌肉和踝关节自然放松，为下一个动作周期做好准备。

（三）臂部动作

1.抓水与划水

开始时，手臂前伸、内旋，掌心转向外斜下方，两手分开向斜下方抓水。当手感到有阻力时，开始向侧、向下、向后和向内成椭圆曲线划水。划水时，要求两臂以肩为轴，动作连贯，肘关节保持在比手高的位置。

2.收手与伸臂

划水结束，两臂内收，两手相对，当两手收至下颌前下方时，借收手惯性弧形向前伸肘，两手靠近，掌心向下。

（四）呼吸

呼吸要与臂部的动作协调配合，划水结束时，抬头用鼻和口呼气，手臂划水时用口吸气，收手时低头闭气，伸臂时徐徐呼气。

（五）完整的的动作技术配合

蛙泳一般在一个动作周期中吸 1 次气。臂部动作、腿部动作和呼吸的配合多采用 1∶1∶1 配合，即 1 次臂部动作、1 次腿部动作、1 次呼吸。臂部开始划水时，腿部伸直不动。划水即将结束时，两腿自然放松，并在收手时开始收腿。手臂开始前伸时，收腿结束并做好翻脚动作，手臂接近伸直时，开始向后蹬腿。伸臂、蹬腿结束后，身体伸直，向前滑行。（图 15-3-8）

图 15-3-8

第四节　游泳赛事欣赏与竞赛规则

一、目前主要游泳赛事

（一）国际主要游泳赛事

1. 国际泳联游泳世界杯

国际泳联游泳世界杯始于 1989 年，由国际泳联主办，是国际顶级游泳赛事，汇集了世界高水平的游泳运动员。该项赛事每年举办一届，时间为 8 ～ 11 月。

2. 世界游泳锦标赛

世界游泳锦标赛由国际泳联主办，是高级别的大型国际性游泳赛事。该项赛事创办于 1973 年，原为每两三年举办一届，后多有变化。自 2001 年起，确定为每 2 年举办一届。

3. 国际泳联冠军游泳系列赛

国际泳联冠军游泳系列赛是国际泳联于 2019 年设立的一项世界级的赛事。该项赛事为邀请参赛制，受邀选手包括奥运冠军、世界冠军、世界纪录保持者、各项目世界排名第一的游泳运动员等。

4. 奥运会游泳比赛

奥运会游泳比赛是全世界规模最大、水平最高、影响最广的游泳比赛。1896 年雅典奥运会，游泳被列为竞赛项目，不分泳姿。1900 年巴黎奥运会，仰泳被分列出来。1904 年圣路易斯奥运会，蛙泳被分列出来。1912 年斯德哥尔摩奥运会，女子游泳被列为比赛项目。1956 年墨尔本奥运会，增加了蝶泳，并自此确定了奥运会游泳比赛的 4 种泳姿。

奥运会游泳比赛每 4 年举办一届，吸引着各地优秀的游泳运动员参加比赛。

5. 亚运会游泳比赛

亚运会游泳比赛是衡量亚洲各国运动员游泳水平的重大赛事之一，每 4 年举办一届。

（二）中国主要游泳赛事

1. 全国游泳锦标赛

全国游泳锦标赛是我国高水平的游泳赛事之一，各地的优秀游泳运动员都会积极参加。该项赛事由国家体育总局游泳运动管理中心主办，每年举办一届。

2. 中国大学生游泳锦标赛

中国大学生游泳锦标赛由中国大学生体育协会主办，中国大学生体育协会游泳分会执行。该项赛事展现了各高校运动员团结一致、努力拼搏、奋勇争先的体育精神。

3. 全运会游泳比赛

全运会游泳比赛是我国规模最大、影响最广的游泳赛事，每 4 年举办一届，一般在奥运会年前后举行。

二、游泳比赛的欣赏角度

（一）了解游泳运动文化

人们通过欣赏高水平的游泳赛事，以及参与赛事信息的传播和互动，不仅可以了解到更多与游泳相关的历史和文化，还会对游泳运动产生浓厚兴趣。

（二）感受体育精神的魅力

人们通过欣赏游泳比赛，可以感受游泳运动员在比赛过程中所展现的顽强进取、努力竞争、团队合作等体育精神和价值观。

（三）欣赏各泳姿的技战术特点

游泳比赛主要包含自由泳、仰泳、蛙泳、蝶泳 4 种泳姿，竞赛方式有个人混合泳、游泳接力等。人们通过观看比赛，可以欣赏不同泳姿的技术特点，优秀运动员个性化的技术风格，以及运动员在比赛中技战术的运用等。

三、游泳竞赛规则简介

（一）出发

1. 出发的规定

自由泳、蛙泳、蝶泳、个人混合泳及自由泳接力的比赛必须从出发台出发。当执行总裁判发出长哨声信号后，运动员应站到出发台上。当发令员发出"各就位"的口令后，运动员应立即做好出发准备姿势，即至少有一只脚位于出发台的前端，手臂位置不限。当所有运动员都处于静止状态时，发令员发出"出发信号"。

2. 出发犯规的判罚规定

任何运动员在"出发信号"发出之前出发，应判犯规。如果"出发信号"发出后发现运动员抢跳，应继续比赛，在该组比赛结束后取消抢跳运动员的录取资格；如果在"出发信号"发出前发现运动员抢跳，则不再发"出发信号"，待取消抢跳运动员比赛资格后，执行总裁判再以长哨声（仰泳为第 2 声长哨）开始重新组织其余运动员出发。

因裁判员的失误或器材失灵而导致运动员抢跳时，发令员应将运动员召回重新组织出发，不视为抢跳犯规。

（二）计时

自动计时、半自动计时与人工计时，均为正式的计时方法。

1. 自动计时

自动计时装置必须在指定裁判员的监督下进行操作。由自动计时装置记录的成绩应当用于确定名次和各泳道的成绩。如果自动计时装置发生故障或运动员未能触停该装置，则半自动计时或人工计时的成绩将作为正式成绩。

使用自动计时装置时，该装置确定的成绩、名次和接力交接棒情况，应当优先被采用。

2. 人工计时

（1）每条泳道采用 3 块计时表计时而未设置终点裁判时，运动员的正式成绩是录取名次的根本依据。

（2）任何由 1 名裁判员操作的计时装置均应视为 1 块计时表。

（3）建议每条泳道指派 3 名计时员，所使用的计时表必须精确至百分之一秒。

（4）人工计时的正式成绩按下述方法确定：① 在 3 块计时表中，有两块计时表计取的成绩相同时，该成绩即为正式成绩。② 如果 3 块计时表计取的成绩都不相同，应以中间的成绩为正式成绩。③ 如果 3 块计时表中只有两块正常运行，应以平均成绩为正式成绩。

（5）当计时成绩和终点名次顺序不一致时（如第 2 名的成绩反比第 1 名的成绩好），应以执行总裁判的判定为准：若执行总裁判判定以终点名次为准，应将第 1 名与第 2 名的正式成绩相加后平均，作为第 1 名和第 2 名的正式成绩（平均成绩取至百分位秒数）；若执行总裁判判定以计时成绩为准，应以计时成绩顺序重新排列名次。若出现两名以上终点名次和计时成绩顺序不一致时，仍按此办法处理。

（三）比赛

1. 比赛规定

（1）比赛中，不得将不同项目的运动员（接力队）混合编组。除男女混合接力项目外，不得将不同性别的运动员（接力队）混合编组。

（2）运动员应游完全程才能获得录取资格。

（3）运动员应始终在其出发的同一泳道内比赛和抵达终点。

（4）在所有项目中，运动员转身时必须按各泳式的规定触及池壁，不允许在池底跨越或行走。

（5）在自由泳项目和混合泳项目的自由泳段比赛中，允许运动员在池底站立，但不得行走。

（6）不允许拉分道线。

（7）比赛中，运动员不得使用或穿戴任何有利于其速度、浮力、耐力的器材或泳衣（如手蹼、脚蹼、弹力绷带或粘胶材料等），但可戴游泳镜。不允许在身上使用任何胶带，除非得到组织委员会（竞赛委员会）指定的医疗机构同意。

（8）在比赛场地内，不允许速度诱导及采用任何能起速度诱导作用的装置与方法。

（9）由于某运动员犯规而影响其他运动员获得优异成绩时，执行总裁判有权允许被干扰的运动员参加下一组预赛。如在决赛或最后一组预赛中发生上述情况，可令该组重新比赛。

（10）接力项目如果有预赛，奖牌和证书应授予获名次接力队中参加了预赛或决赛的所有运动员。

（11）只有赛事组织委员会（竞赛委员会）设置的录像设备才能作为判断运动员犯规和名次的依据之一。

2. 犯规判罚规定

（1）游出本泳道阻碍其他运动员或以其他方式干扰其他运动员者，应判犯规。如属故意犯规，执行总裁判应将犯规情况报告主办单位和犯规运动员所在单位。

（2）在一项比赛进行过程中，当所有比赛的运动员还未游玩全程前，未参加比赛的运动员如果下水，应取消其原定的下一次的比赛资格。

（3）接力比赛中，如本队的前一名运动员尚未触及池壁，后一名运动员的脚已蹬离出发台，应判犯规。

（4）接力比赛中，在各队的所有运动员还未游完之前，除了应游该棒的运动员之外，任何其他接力队员如果进入水中，应判犯规。

（5）运动员抵达终点后或在接力比赛中游完自己的距离后，应尽快离池，如妨碍其他游进中的运动员，应判该运动员（接力队）犯规。

课后实践

1. 欣赏一场游泳比赛，并向其他人进行介绍，分享感想。

2. 不会游泳的学生，在专业教师指导下，进行基本动作练习。

3. 会游泳的学生，在专业教师指导下，了解并学习溺水急救知识。

课程思政

　　学习游泳的第一步就是要克服怕水的心理，随着教学活动的进行，大学生还要克服怕苦、怕冷、怕累的心理。随着不良心理被克服，大学生的自制能力会得到提高，自信、坚毅、勇敢的良好品质会得到培养。这些都会对大学生的良好思想品质的培养起到积极的作用。游泳是国际比赛中一个非常重要的项目，大学生学习游泳并努力取得优异成绩，可为国争光，推动我国游泳运动的发展。

第十六章 形体塑身运动

 内容提要

※ 健美操。
※ 体育舞蹈。
※ 器械健美。

 学习目标

※ 了解健美操的基本知识，并掌握健美操的基本步法。
※ 了解体育舞蹈的基本知识，并掌握华尔兹、恰恰恰的基本舞步。
※ 了解器械健美的基本知识，并掌握各部位肌肉的锻炼的方法。

第一节　健美操

一、健美操运动概述

（一）健美操运动的起源与发展

现代健美操起源于 20 世纪 60 年代初期，最早是为宇航员设计的体能训练项目。健美操成为一项独立的体育运动项目是在 20 世纪 80 年代，其标志是《简·方达健美术》一书的出版。简·方达是现代健美操运动的发起人之一。她对健美操运动在世界范围内的流行和发展起了巨大的推动作用。她编写的《简·方达健美术》在美国出版后，一直畅销不衰，并被译成 20 多种语言在 30 多个国家销售。其后她还创编出踏板健美操，使得健美操更具有多样性。

随着健美操在世界范围内广泛开展，人们在健身俱乐部、健身中心、校园等场所可以看到不同形式的健美操。健美操是一项简单易学、健身效果明显的运动，越来越多的人喜爱健美操运动并积极地加入健美操锻炼的队伍中，形成了世界范围的健美操热。

现代健美操运动于 20 世纪 80 年代初传入中国。1980 年，中国体育报业总社的

《健与美》创刊。1984 年，北京体育学院（现为北京体育大学）成立了健美操研究组。1987 年，我国第一家健美操健身中心在北京成立，并全面对外开放。1992 年，中国健美操协会在北京正式成立，标志着我国健美操运动进入一个崭新的发展阶段。

（二）健美操的分类与锻炼价值

1.健美操的分类

健美操可分为健身健美操、竞技健美操和表演健美操 3 类。

2.健美操的锻炼价值

（1）丰富体育文化和全民健身活动。

自从全民健身计划实施以来，无论是在学校的体育课堂，还是在街头巷尾的锻炼活动中，人们都能看到健美操项目。健美操凭借其群众基础深厚、趣味性强、健身内容丰富等特点，已逐渐深入群众的日常生活之中，为全民健身活动的开展注入了活力。

（2）增进健康和塑造体型。

健美操运动可以很好地提高身体素质，增强身体抵抗力，延缓衰老，提高心肺功能，增强肌肉力量和肌肉耐力，提高身体平衡性、协调性、灵活性、节奏感、柔韧性等。此外，以有氧练习为基础的健美操可以有效减掉体内多余脂肪，使身体强健有力，塑造健美体型。

（3）缓解压力，娱乐身心。

随着社会的发展，人们在享受科学技术进步带来的快捷和舒适的同时，工作和生活的压力也渐渐增大，久而久之，人们多会出现情绪化、不愿交流、失眠等问题。这就需要人们及时缓解压力，释放自己。健身是缓解压力的有效途径之一，健美操则是备受大家喜欢的健身项目之一。

二、健美操基本动作

（一）基本手型

健美操的基本手型包括并掌、开掌、花掌、拳。（图 16-1-1）

并掌　　　　　　　开掌　　　　　　　花掌　　　　　　　拳

图 16-1-1

（二）基本步法

1.无冲击步法

无冲击步法包括弹动、半蹲、弓步、提踵等。（图 16-1-2）

| 弹动 | 半蹲 | 弓步 | 提踵 |

图 16-1-2

2. 低冲击步法

（1）踏步类低冲击步法，包括踏步、一字步、走步、V字步、A字步等。（图 16-1-3）

| 踏步 | 一字步 |

| 走步 | V 字步 |

A 字步

图 16-1-3

（2）点地类低冲击步法，包括脚尖前点地、脚跟前点地、脚尖侧点地、脚尖后点地等。（图 16-1-4）

| 脚尖前点地 | 脚跟前点地 | 脚尖侧点地 | 脚尖后点地 |

图 16-1-4

（3）迈步类低冲击步法，包括迈步后点地、迈步后屈腿、迈步吸腿、侧交叉步等。（图16-1-5）

迈步后点地 　　　　 迈步后屈腿

迈步吸腿 　　　　 侧交叉步

图 16-1-5

（4）单脚抬腿类低冲击步法，包括吸腿、踢腿、弹踢腿、后屈腿等。（图16-1-6）

吸腿 　　　　 踢腿

弹踢腿 　　　　 后屈腿

图 16-1-6

3. 高冲击步法

（1）迈步跳起类高冲击步法，包括并步跳、迈步吸腿跳、迈步后屈腿跳等。（图16-1-7）

并步跳 　　　　　 迈步吸腿跳 　　　　　 迈步后屈腿跳

图 16-1-7

（2）双脚起跳类高冲击步法，包括并腿纵跳、分腿半蹲跳、开合跳、弓步跳等。（图 16-1-8）

并腿纵跳 　　　　　 分腿半蹲跳 　　　　　 开合跳

弓步跳

图 16-1-8

（3）单脚起跳类高冲击步法，包括吸腿跳、后屈腿跳、弹踢腿跳、侧摆腿跳等。（图 16-1-9）

吸腿跳 　　　　　 后屈腿跳 　　　　　 弹踢腿跳

图 16-1-9

侧摆腿跳

图 16-1-9（续）

三、大众健美操基础套路

《全国健美操大众锻炼标准》第三套二级规定动作教学提示与动作图解如下。

（1）难度：中级。

（2）动作节拍：成套动作共 32 拍（4×8 拍）。前奏 2×8 拍。

（3）重点：注意保持身体核心部位（腰、腹）的稳定，健美操下肢步法与上肢动作要协调一致。

（4）难点：跳操时的表现力与脚步动作的弹动性。

第一组合

动作		1　　　　2　　　　3　　　　4　　　　5　　　　6　　　　7　　　　8	
节拍		下肢步法	上肢动作
一	1～4	从右脚开始，做十字步	1 右臂侧平举，2 左臂侧平举，3 两臂上举，4 两臂下摆至体侧
	5～8	从右脚开始，向后走 4 步	两臂随下肢动作自然摆动
二	1～8	动作同第一个 8 拍，但 5～8 向前走 4 步	
动作		1～2　　　3　　　4～5　　　6　　　7～8	

节拍		下肢步法	上肢动作
三	1~6	从右脚开始，做6拍漫步	1~2向左转体，右手前平举；3两手叉腰；4~5向右转体，左手前平举；6两手胸前交叉
	7~8	右脚向后1/2后漫步	两臂侧后下伸
动作		1~2　　3~4　　5~6　7~8	

节拍		下肢步法	上肢动作
四	1~2	向右做并步跳	屈左臂，右臂自然摆动
	3~8	3~4左脚向右前方做漫步，5~6左脚撤回与右脚平行做漫步，7~8右脚向左前方做漫步	3~4两臂前平举并弹动2次，5~6两臂侧平举，7~8两臂下摆至身体侧后方

第五至第八个8拍动作同第一至第四个8拍动作，但方向相反

第二组合

动作
1~2　　3~4　　5　　6　　7　　8

节拍		下肢步法	上肢动作
一	1~2	向右侧滑步	右臂侧上举，左臂侧平举
	3~4	左脚向后方做1/2后漫步	两臂屈肘后摆
	5~8	从左脚迈步开始，做侧并步2次	5~6击掌3次，7~8两手叉腰

动作
1　　2　　3　　4　　5~6　　7~8

节拍		下肢步法	上肢动作
二	1～4	从左脚迈步开始，做侧并步2次，最后并步时，身体回正	1～2击掌3次，3～4两手叉腰
	5～6	向左侧滑步	左臂侧上举，右臂侧平举
	7～8	右脚向后方做1/2后漫步	两臂屈肘后摆
动作			

节拍		下肢步法	上肢动作
三	1～4	右转90°，左腿吸腿2次	两臂向前冲拳、向后下冲拳各2次
	5～8	V字步左转90°	5～7两臂由右向左水平摆动，8还原
动作			

节拍		下肢步法	上肢动作
四	1～4	1～3左腿吸腿2次，侧点地1次；4还原	1两臂胸前平屈，2左臂斜上举，3同1，4还原
	5～8	5～8同1～4，但方向相反	5～8同1～4，但方向相反
第五至第八个8拍动作同第一至第四个8拍动作，但方向相反			

第三组合

动作	

节拍		下肢步法	上肢动作
一	1～4	向右侧并步跳，4 右转 90°	1 两手握拳于腰两侧，2 两臂上举，3～4 两臂屈肘下拉
	5～8	从左脚开始，做侧交叉步	5～7 两臂屈臂自然摆动；8 两臂下摆至身体侧后方，上体向左扭转 90°，面朝正前方
动作		1　2　3　4　5　6　7　8	

节拍		下肢步法	上肢动作
二	1～4	向右侧并步跳，4 左转 90°	1 两手握拳于腰两侧，2 两臂上举，3～4 两臂屈肘下拉
	5～8	从左脚开始，做侧并步 2 次	5 右臂前下伸；6 两臂屈肘，两手置于体后；7 左臂前下伸；8 两臂垂于体侧
动作		1　2　3　4　5～6　7～8	

节拍		下肢步法	上肢动作
三	1～4	从左脚开始，向前做一字步	1 两臂肩侧屈，2 两臂垂于体侧，3～4 两臂胸前屈
	5～8	依次分并腿	5～6 两臂上举，掌心朝前；7～8 两手放膝上
动作		1　2　3　4　5　6　7　8	

节拍		下肢步法	上肢动作
四	1～4	从左脚开始，向后做一字步	1～2两臂下摆至身体两侧，3～4两臂胸前交叉
	5～8	依次分并腿2次	5两臂侧上举，6两臂胸前交叉，7两臂下摆至身体两侧，8两臂垂于体侧
第五至第八个8拍动作同第一至第四个8拍动作，但方向相反			

第四组合

动作	
	1　　　　2　　　3～4　　　5　　　　6　　　7～8

节拍		下肢步法	上肢动作
一	1～8	从右脚开始，做小马跳4次	1～2右臂体侧向内绕环，3～4换左臂，5～8同1～4

动作	
	1　　　2　　　3　　　4　　5～6　　7　　　8

节拍		下肢步法	上肢动作
二	1～4	向右后弧形跑4步，右转180°	两臂屈肘自然摆动
	5～8	开合跳1次	5～6两手放大腿上，7额前击掌，8两臂垂于体侧

动作	
	1　　2　　3　　4　　5　　6　　7　　8

节拍		下肢步法	上肢动作
三	1～4	1 右脚向右前上步，2 左腿屈，3 左脚向左后落地，4 右腿并左腿	1 两臂胸前交叉；2 右臂侧平举，左臂上举；3 同 1；4 两手叉腰
	5～8	5 左脚向左前上步，6 右腿屈，7 右脚向右后落地，8 左腿并右腿	5～8 同 1～4，但方向相反

	动作
动作	

节拍		下肢步法	上肢动作
四	1～4	右、左各侧点地 1 次	1 右臂左前下举；2 两手叉腰；3 同 1，但方向相反；4 同 2
	5～8	右脚上步转髋，还原	5 两臂胸前平屈，6 两臂前推，7 同 5，8 两臂垂于体侧

第五至第八个 8 拍动作同第一至第四个 8 拍动作，但方向相反

第二节　体育舞蹈

一、体育舞蹈概述

体育舞蹈有狭义和广义之分。狭义的体育舞蹈专指具有竞技性的国际标准交谊舞。国际标准交谊舞来源于民间舞蹈，是一种以人体为载体，集体育、音乐、舞蹈等于一体的体育运动项目。它是一种男女组合的步行式双人舞，既具有健身、娱乐等功能，又具有竞技性。广义的体育舞蹈除了包括竞技性的国际标准交谊舞以外，还包括用于健身、健美的舞蹈。

（一）体育舞蹈的起源和发展

最早的交谊舞出现在欧洲的农民舞蹈中。16 世纪，被称为乡村舞的队列舞在英国盛行。17 世纪，小步舞在法国受到广泛欢迎。到了 18 世纪末，华尔兹逐渐被上流社会接受。同时，华尔兹在法国非常流行。19 世纪初，华尔兹出现近距离的握抱形式。这种男女舞伴近距离握抱的舞蹈猛烈地冲击了传统的交谊舞观念，使交谊舞发生了革命性的变化。此后，同是近距离握抱形式的波尔卡开始传播，并成了交谊舞。进入 20 世纪后，狐步舞、探戈等交谊舞又相继出现。

1768 年，法国巴黎出现了第一家交谊舞舞厅。由此，交谊舞开始在欧美各国流行，

成为一种普遍的社交方式。经历多年的发展，交谊舞形成了一些风格鲜明、舞步规范的技巧体系。为了普及交谊舞，进一步提高大众的参与意识，舞蹈教师将交谊舞规范化、职业化，并通过比赛将其竞技化。1924 年，英国皇家舞蹈教师协会对当时的交谊舞进行了整理，将各种舞蹈的舞步、舞姿、跳法加以系统化和规范化，相继制定、规范了布鲁斯、慢华尔兹、慢狐步舞、快华尔兹、快步舞、伦巴、探戈等交谊舞的动作要求。1950 年，首届世界性的舞蹈大赛——黑池舞蹈节举办。随后每年的 5 月下旬，在英国的黑池都会举行一届世界性的大赛。通过比赛，国际标准交谊舞在世界各地不断被推广，其自身也得到了发展。第二次世界大战以后，英国皇家舞蹈教师协会又整理了拉丁舞的各个舞种，并将它纳入国际标准交谊舞的范畴。1960 年，拉丁舞成为世界标准交谊舞锦标赛的比赛项目之一。从此，国际上就形成了具有统一舞步的两大项群（标准舞、拉丁舞）、10 个舞种的国际标准交谊舞。

（二）体育舞蹈部分舞种简介

1. 华尔兹

华尔兹是体育舞蹈中历史悠久、生命力强的一种舞蹈。它起源于德国和奥地利地区的一种农民舞蹈——土风舞。12 世纪，$\frac{3}{4}$ 拍的华尔兹在德国的巴伐利亚地区和奥地利的维也纳地区的农民中流行。华尔兹于 16 世纪传入法国，17 世纪进入维也纳宫廷，18 世纪正式出现在英国舞厅，被誉为"欧洲宫廷舞之王"。19 世纪末 20 世纪初，华尔兹流行于美国波士顿。华尔兹有两种变形：一种为波士顿舞，其舞步绵长而柔美，动作徐缓且少旋转，是比较慢的华尔兹；另一种为蹒跚舞，每 3 拍跳一步，是现代维也纳华尔兹的重要舞步之一。后来，华尔兹又以新的形式流行于欧洲许多国家，并得到了发展。在英国皇家舞蹈教师协会的整理规范下，华尔兹舞姿、舞步、跳法得以系统化，形成了现代意义上的慢华尔兹，又被称作"英国的华尔兹"，即当代体育舞蹈中的华尔兹。

华尔兹的风格特点是庄重典雅、华丽多彩，舞蹈动作流畅、旋转性强，热烈奔放、身体重心起伏明显。接连不断地潇洒转体，配以华丽的服装、优美的音乐，使其更为完美。

华尔兹舞曲节奏为 $\frac{3}{4}$ 拍，28～30 小节/分，基本上一拍跳一步，每小节跳三步；在舞步中也有不同的变化，如前进并合步（追步）、前进锁步、后退锁步中每小节跳四步。华尔兹是英国皇家舞蹈教师协会较早规范的标准舞之一，能够体现舞伴间的情感交流，有身体的起伏，摆、荡、倾斜和反身动作，是一种表现爱情的舞蹈。跳舞时，男舞伴气宇轩昂，女舞伴温文尔雅、雍容大方，舞姿飘逸优美、文静柔和。

2. 伦巴

伦巴是拉丁舞中具有独特魅力的舞蹈，其形成与西班牙的波莱罗舞蹈及非洲的民间舞蹈有关。男女跳舞时互不接触，身体活动幅度较大的部位是髋部和肩部。20 世纪 30 年代，伦巴开始盛行于欧洲。

伦巴的音乐风格缠绵、浪漫，舞蹈风格柔美，是一种表现爱情的舞蹈。由于音乐的基调不同，伦巴舞曲表现的情感也不尽相同，有的是表现欢快的，有的是表现深沉柔情的，也有的是表现忧虑伤感的。在抑扬顿挫的韵律节奏中，伦巴具有文静、含蓄、柔媚的风格，更加展示了女性的婀娜多姿；男性亦能感受到伦巴舞曲的魅力，体验舞蹈过程中内含的活力。伦巴在拉丁舞中历史悠久，舞型成熟，具有独特的吸引力，被称为"拉丁舞的灵魂"。

伦巴舞曲节奏为 $\frac{4}{4}$ 拍，28～31 小节/分，舞蹈动作特点是臀部收紧，膝关节绷直，髋部向后扭摆，动作不能太突然。跳伦巴时，髋部不是单一的左右扭摆，而是提髋、转髋、绕髋、沉髋的一个组合动作；支撑身体重心的脚踏降时，脚跟用力踏地，脚掌有一个由伸直到超直过程，舞者需经专门训练才能做到。

3. 恰恰恰

恰恰恰起源于非洲，传入美洲后，在古巴获得了很大的发展。它是由人体模仿企鹅的动作创编而成的舞蹈，借以表现青年男女之间追逐嬉戏的情景。其舞蹈风格风趣诙谐，感情热烈又俏皮。髋部的扭摆别有一番风韵，尤为年轻人所喜爱。恰恰恰名称动听，节奏欢快易记，配以邦戈鼓和沙锤的"咚咚""沙沙"声，成为拉丁舞中较受欢迎的舞蹈之一。

恰恰恰的音乐曲调欢快，舞曲节奏为 $\frac{4}{4}$ 拍，29～32 小节/分，4 拍跳 5 步。跳舞时，舞者应用前脚掌施力，当身体重心移至脚上时，脚跟要放低，膝关节应伸直，用稍离地面的踏步来表达欢快的心情；后退步时，脚跟下落要比前进步晚，避免身体重心突然"掉"至后面。正确的舞姿、稳定的腿部动作和足部动作对舞者跳好恰恰恰是非常重要的。

二、华尔兹

（一）基本舞步

（1）前进后退步，如图 16-2-1 所示。

图 16-2-1

（2）左转90°，如图16-2-2所示。

图 16-2-2

（3）左转180°，如图16-2-3所示。

图 16-2-3

（4）Z字步，如图16-2-4所示。

图 16-2-4

（5）开位步，如图16-2-5所示。

图 16-2-5

（二）组合动作

以下是华尔兹组合动作的两个示例。

（1）转身—开位步—Z字步—还原，如图 16-2-6 所示。

图 16-2-6

图 16-2-6（续）

（2）开位步—Z字步—女伴内转—还原，如图 16-2-7 所示。

图 16-2-7

图 16-2-7（续）

三、恰恰恰

（一）基本舞步

1. 方步
方步的动作如图 16-2-8 所示。

图 16-2-8

2. 前进后退步

前进后退步的动作如图 16-2-9 所示。

图 16-2-9

3. 纽约步

纽约步的动作如图 16-2-10 所示。

图 16-2-10

4. 定点转

定点转的动作如图 16-2-11 所示。

图 16-2-11

5. 肩下转

肩下转的动作如图 16-2-12 所示。

图 16-2-12

6. 手对手

手对手的动作如图 16-2-13 所示。

图 16-2-13

7. 前进转

前进转的动作如图 16-2-14 所示。

图 16-2-14

（二）组合动作

单手牵女伴前进转 180° —还原的动作如图 16-2-15 所示。

图 16-2-15

第三节　器械健美

一、健美运动概述

（一）健美运动的起源和发展

在 2000 多年前的古代奥运会上，古希腊人在全身涂抹橄榄油，进行各种竞技运动的角逐，以展示身体的健美。近代健美运动是于 19 世纪末在欧洲兴起的，由尤金·山道首创。尤金·山道于 1901 年 9 月在英国举办了世界上第一次健美比赛。他对健美运动的发展起到了很大的推动作用，被公认为国际健美运动的创始人。从 20 世纪 30 年代起，在欧美一些国家，健美表演逐渐发展为健美比赛，并传播到世界各地。

现代健美运动于 20 世纪 30 年代由欧美传入中国。1924 年，沪江大学（今上海理工大学）学生赵竹光开始进行健美锻炼。这种锻炼因效果卓著，吸引了大量爱好者。1940 年，赵竹光创办了上海健身学院。1985 年，中国加入国际健美联合会。1992 年，中国健美协会正式成立。随着运动健身理念的深入人心，健美运动近年来在我国受到越来越多的关注。

（二）健美运动的锻炼价值

健美运动的一个突出作用是可以有效地使全身肌肉发达，增长力量。健美运动中要经常使用各种各样的负重器具，如杠铃、哑铃等，负重训练可使肌肉受到强烈的刺激，从而使肌纤维增粗、肌肉中的毛细血管网增多、肌肉的生理横断面增大，最终使肌肉变得丰满、结实、发达。

　　健美运动可对心血管系统、呼吸系统和消化系统的功能产生良好的影响；可改善体型、体态，使全身各部位的肌肉比例匀称、协调，具有优美的线条；有助于调节情绪，陶冶情操，培养顽强的意志品质。

二、器械健美运动基本技术

（一）腿部肌肉锻炼法

1.股四头肌、臀大肌的锻炼方法

（1）负重深蹲。

【预备姿势】将杠铃置于颈后肩上，两手轻握横杠、抬头、挺胸、紧腰。

【动作过程】屈膝缓慢下蹲至膝关节角度略小于90°，稍停，再伸膝起立至预备姿势。（图16-3-1）

（2）跨举。

【预备姿势】将杠铃置于两腿之间，两脚分开，间距与肩同宽。屈膝下蹲，一手在身前握杠，另一手在身后握杠。（图16-3-2）

【动作过程】上体正直，目视前方，保持挺胸、紧腰姿势，股四头肌、臀大肌用力使两腿伸直。（图16-3-3）

股四头肌训练
负重深蹲

图16-3-1　　　　　图16-3-2　　　　　图16-3-3

2.股二头肌的锻炼方法

（1）俯卧腿弯举。

【预备姿势】俯卧在伸腿架上，上体和大腿紧贴凳面。

【动作过程】以股二头肌收缩的力量，将小腿弯起，至股二头肌极力收缩绷紧，稍停，小腿缓缓下落至完全伸直。（图16-3-4）

（2）立姿腿弯举。

【预备姿势】站立，上体略前倾。

【动作过程】将小腿尽量弯起，使其靠近臀部。（图16-3-5）

小腿腓肠肌
负重提踵

图 16-3-4　　　　　　图 16-3-5

3. 小腿肌群的锻炼方法

（1）立姿提踵。

【预备姿势】将杠铃置于颈后肩上，保持腰、背、腿挺直，两手扶住杠铃。两脚分开约 20 厘米。（图 16-3-6）

【动作过程】收缩小腿，使脚跟尽量提起，稍停，脚跟回落。

（2）坐姿提踵。

【预备姿势】坐在凳上，脚掌踏在垫物上，脚跟须在垫物外，将杠铃置于腿上。（图 16-3-7）

【动作过程】尽量提踵至脚跟不能再高为止，小腿极力收缩绷紧，稍停，脚跟回落。

图 16-3-6　　　　　　图 16-3-7

（二）胸部肌肉锻炼法

1. 杠铃平卧推举

【预备姿势】仰卧于卧推凳上，两手握距稍宽于肩，将杠铃横杠置于胸部上方部位，两脚平踏于地面上。（图 16-3-8）

【动作过程】将杠铃垂直上举至两臂完全伸直（图 16-3-9），稍停，缓缓将杠铃还原至预备姿势（也可用哑铃做）。

平卧：长凳与地面平行，主要锻炼整个胸部。

上斜：长凳与地面成 25°～30°，主要锻炼上胸部。

下斜：长凳与地面成 15°～20°，主要锻炼胸部下缘和外侧缘的下部。

2. 仰卧飞鸟

仰卧飞鸟

【预备姿势】仰卧在长凳上，两脚平踏于地面上，躯干成桥形，上背部和臀部触及凳面，胸部和躯干用力向上挺起；两臂自然伸直，两手对握哑铃于肩关节的正上方，两手握距小于肩宽。

【动作过程】两手持哑铃向体侧缓缓屈肘落下，伴随着哑铃下降，肘关节角度逐渐变小。当哑铃下降到最低点时，肘关节成100°～120°。依靠胸大肌主动收缩的力量将哑铃沿原路线升起，上升路线成弧形，肘关节角度逐渐加大，最后还原成预备姿势，肘关节成170°左右。（图16-3-10）

图16-3-8　　　　　图16-3-9　　　　　　　图16-3-10

（三）背部肌肉锻炼法

1. 直立耸肩

【预备姿势】直立，两脚自然分开，两手与肩同宽握杠铃，掌心向后，两臂自然下垂于体前。[图16-3-11(a)]

【动作过程】肩部尽量前倾下垂，两臂伸直不动，然后以斜方肌的收缩力量，使两肩耸起，尽量接近两耳[图16-3-11(b)]，稍停，缓缓还原成预备姿势。

2. 单杠引体向上

【预备姿势】两手正握单杠，握距与肩同宽或略宽于肩，两脚成交叉状，身体成悬垂状。[图16-3-12(a)]

【动作过程】用背阔肌收缩的力量，将身体拉起，直至下颌超过杠面[图16-3-12(b)]，稍停，然后身体缓缓下降至两臂完全伸直。

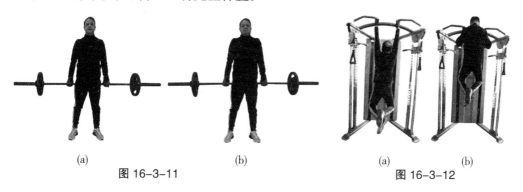

(a)　　　　　　　　(b)　　　　　　　(a)　　　(b)
图16-3-11　　　　　　　　　图16-3-12

（四）肩部三角肌锻炼法

1. 颈前推举

【预备姿势】直立或正坐于凳上，两手采用自然握杠，握距略宽于肩，杠铃停于锁骨处。[图16-3-13(a)]

【动作过程】以三角肌的收缩力量，垂直向上推起杠铃，直至手臂完全伸直[图16-3-13(b)]，停留1～2秒，然后沿原路线放下，还原成预备姿势。

颈前推举

2. 颈后推举

【预备姿势】直立或正坐于凳上，两手采用自然握杠，握距略宽于肩，杠铃停于颈后肩上。[图 16-3-14(a)]

【动作过程】以三角肌的收缩力量，将杠铃垂直地向上推起，直至两臂完全伸直 [图 16-3-14(b)]，停留 1 ～ 2 秒，然后沿原路线放下，还原成预备姿势。

(a)　　　　　(b)　　　　　(a)　　　　　(b)

图 16-3-13　　　　　　　　　图 16-3-14

（五）臂部肌肉锻炼法

1. 上臂肌群锻炼法

（1）杠铃弯举。

【预备姿势】两脚自然开立，两臂反握杠铃下垂于体前，握距与肩同宽。[图 16-3-15(a)]

【动作过程】上臂保持固定不动，以肘关节为轴，屈前臂至杠铃几乎触及胸部为止 [图 16-3-15(b)]，停留 1 ～ 2 秒，再还原成预备姿势。

（2）反握引体向上。

【预备姿势】两手反握单杠，握距与肩同宽，两拇指向外，两脚成交叉状，身体成悬垂状。[图 16-3-16(a)]

【动作过程】以肱二头肌收缩的力量，拉引身体至横杠与胸部靠近[图 16-3-16(b)]，停留 1 ～ 2 秒，再沿原路线下落，还原成预备姿势。

(a)　　　　　(b)　　　　　(a)　　　　　(b)

图 16-3-15　　　　　　　　　图 16-3-16

2. 前臂肌群锻炼法

反握腕弯举。

【预备姿势】坐在凳上，大腿与小腿约成 90°，两手掌心向上反握杠铃，前臂放于大腿上，腕部下垂于膝外。（图 16-3-17）

【动作过程】以前臂肌收缩的力量，使手腕向上弯曲，直至不能再屈为止（图16-3-18），停留1～2秒，再沿原路线返回，还原成预备姿势。

图16-3-17　　　　　　　　图16-3-18

（六）腹部肌肉锻炼法

1.单杠悬垂举腿

【预备姿势】两手正握单杠，握距与肩同宽，身体下垂至与地面垂直。[图16-3-19(a)]

【动作过程】以腹直肌收缩的力量，屈膝或直腿上举，超过水平面[图16-3-19(b)]，停留1～2秒，再还原成预备姿势。

2.仰卧起坐

【预备姿势】仰卧于下斜的卧推凳，两手扶于两耳侧。[图16-3-20(a)]

【动作过程】以腹直肌收缩的力量，使上体前屈，直至两肘触及腿部[图16-3-20(b)]，停留1～2秒，再沿原路线返回，还原成预备姿势。

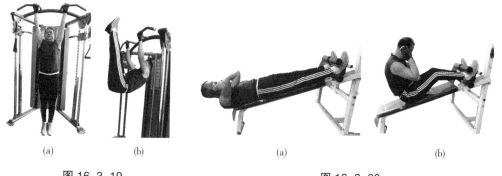

(a)　　　　　　(b)　　　　　　　　　(a)　　　　　　　　　(b)

图16-3-19　　　　　　　　　　　　图16-3-20

课后实践

1. 结成小组，尝试创编一套8个8拍的健美操，呈现大学生的活力，主题积极向上。创编后，各小组可相互交流，提出修改意见，并互相学习。

2. 与同学结成舞伴，选择一个双方都喜欢的国际标准交谊舞舞种进行学习。组织一场展演，展示自己的学习成果。

3. 结合自身情况，制订一份器械健身计划，并付诸实践。在练习过程中，务必注意安全。

课 程 思 政

　　健美操集团结协作、自信热情、奋发向上于一身，具有张扬热烈、朝气蓬勃的精神力量。通过练习健美操，大学生可以培养团队精神，增强担当意识，不断增长个人本领，从而牢固树立远大的理想。另外，练习健美操还有助于大学生控制体重，改善体型，提升个人气质；有利于大学生陶冶情操、美化心灵，从而提高个人的艺术修养和培养良好的思想品德。

　　体育舞蹈融音乐、表演、体能活动于一体，充满艺术魅力和乐趣。优美的音乐，优雅的环境能消除人体疲劳，给大学生带来了美好的情绪和良好的精神享受，从而有利于促进大学生的心理健康；能使大学生放松身心，增进沟通和交流，既丰富了大学生的精神文化生活，又提高了其人际交往能力。

　　器械健美能使人的肌肉变得发达、结实、健壮、匀称、有力。健壮的身材有助于提升大学生的自信心。大学生长期坚持练习器械健美，可以磨炼意志，培养持之以恒的精神。

第十七章　休闲体育

内容提要

※ 定向越野。
※ 花样跳绳。
※ 轮滑。
※ 攀岩。

学习目标

※ 了解定向越野，并掌握定向越野的基本技术。
※ 了解花样跳绳，并熟练掌握花样跳绳的基本技术。
※ 了解轮滑，并掌握轮滑的基本技术。
※ 了解攀岩，并尝试进行室内攀岩。

第一节　定向越野

一、定向越野概述

（一）定向越野的起源和发展

定向越野起源于瑞典，最初只是一项军事体育活动。"定向"这个词在 1886 年首次出现于瑞典斯德哥尔摩和挪威奥斯陆的军校课程说明中，意思是在地图和指北针的帮助下，越过不为人所知的地带。第一次真正的定向比赛于 1895 年在瑞典斯德哥尔摩和挪威奥斯陆的军营区举行，这标志着定向越野成为一种体育比赛项目。

20 世纪初，定向越野作为一种体育项目在北欧开展起来。1961 年，国际定向越野联合会（简称"国际定联"）在丹麦哥本哈根成立。

我国自 1985 年起开展定向越野。1992 年，中国定向运动委员会加入国际定联，成为正式会员。1995 年，中国定向运动委员会正式更名为中国定向运动协会（简称"中国定协"）。中国定协积极推动定向越野在国内的发展，每年在全国范围内组织全国定向锦标赛和全国旅游城市定向系列赛。赛事的组织工作与国际惯例接轨，裁判规则与技术标准完全按照国际定联颁布的规范实施。2018年，中国定协与中国无线电运动协会合并，成立中国无线电和定向运动协会。目前，定向越野在我国初具规模，并且呈现出强劲的发展势头。

（二）特点和锻炼价值

1.特点

定向越野因参与者的不同而呈现出不同的特点。定向越野作为一项传统的军事训练项目，表现出团队性、限时性、负重性；定向越野作为一项群众性体育运动，具有广泛性、健身性、娱乐休闲性；定向越野作为一项新兴的竞技体育项目，表现出专业性、综合性、竞争性。

2.锻炼价值

（1）定向越野可根据不同性别、不同年龄编组，赛程可远可近，难度可大可小，因此它是一项适合广大青少年的体育运动。

（2）定向越野具有浓厚的趣味性、娱乐性。参与者根据地图标明的运动方向，对照地图与实地，选择运动路线，寻找检查点，这要比单纯的赛跑更能提高参与者的兴趣。

（3）定向越野与其他比赛一样，具有激烈的竞争性。参与者不仅要在体力方面进行竞争，还要在智力和技能方面进行竞争。

（4）定向越野具有一定的知识性和军事意义，对向全民普及识图和用图的知识，加强国防建设等大有好处。在青少年群体中开展这一项目，对调节其情绪，增强其体质，丰富其地理知识，尤其对培养其自我生存能力、开发智力有独特的作用。

二、定向越野基本技术

（一）识图和用图技能

在定向越野中，必须首先标定地图，即保持地图的方位与实际地形的方位一致，也就是给地图定向。标定地图是定向越野技术中最重要的技能。标定地图应边走边对照，随时确定自己在地图上的位置，做到"人在地上跑，心在图中移"。

1.概略标定地图

在定向越野中，地图的方位是上北下南，左西右东。只要使地图的上方与现地的北方同向，地图即被标定。

2.指北针标定地图

指北针是定向越野中最重要的仪器，它既是找到正确方向最有用的工具，也是定向越野中可使用的合法工具。指北针的红色指针永远指向北方。

使用指北针给地图定向的步骤如下。

（1）将地图与指北针都水平放置。

（2）指北针水平放置不动，转动地图直到地图上的指北线与指北针红色的指针平行，此时地图即被标定。具体方法：①把指北针套在左手拇指上并水平放置在地图上，接着将指北针上右侧的蓝色箭头从自己所在的位置指向要行进的方向；②水平转动地图（自己的身体也随之转动），直到指北针上红色的指针与地图上表示南北线的指北箭头同方向；③ 此时，指北针上蓝色箭头所指的方向就是行进的正确方向。

3.利用直长地物标定地图

利用直长地物（如道路、土垣、沟渠、高压线等）标定地图，首先应在地图上找到这段直长地物；概略标定地图后，使地图上的直长地物符号与现地直长地物方向一致，地图即被标定。

4.利用明显地形点标定地图

在明显地形点上使用地图时，可确定站立点在地图上的位置。方法是选择一个地图上和现地都有的远方明显地形点作为目标点，并转动地图，使地图上的站立点至目标点的连线与现地的站立点至目标点的连线相重合，地图即被标定。

5.确定站立点

标定地图后，参与者应立即确定站立点在地图上的位置，这是在现地使用地图的关键。具体方法有直接确定法、目估法、交会法等。

（1）直接确定法：当自己所站的位置在明显地形点上时，参与者只要从地图上找出该地形点，站立点即可确定。现地中可称得上明显地形点的地物包括房屋、塔、桥梁、围栏、输电线等；可称得上明显地形点的地貌包括山地、谷地、洼地、鞍部、冲沟、陡崖、山脊、陡坡等。

（2）目估法：利用明显地形点，参与者采用大致估计的方法确定站立点在地图上的位置。

（3）交会法：常用的方法有 90° 法、连线法和后方交会法。

① 90° 法：当待测点位于线状地形（如道路、沟渠、山背线、谷地、陡坡交换线等）上时，如果在与运动方向相垂直的方向上能够找到一个明显地形点，则线状地形符号与垂直方向线的交会点即为站立点。

② 连线法：当待测点在线状地形上，且待测的位置恰好是在某两个明显地形点的连线上时，运动员可以利用连线法确定站立点的位置。观察待测点附近是否有明显地形点，将两个明显地形点与待测点连成一条线，该线与线状地形的交点即为待测点在地图上的位置。

③ 后方交会法：在地图上找到选定的方位物之后，标定地图；然后按照连线法的步骤分别向各个方位物瞄准并画方向线，地图上方向线的交点就是站立点。当待测点上无线状地形可利用，且地图与现地都有两个以上的明显地形点时可采用此法。运用此方法时，通常要求地形较开阔，视野良好。

（二）选择路线的技能

最佳行进路线简单来说就是安全、省时间、省体力，且便于发挥自己的运动技能和体能优势的路线。路线选择应遵循的原则如下。

（1）有路不越野原则：运动员更容易确定站立点，且路面易奔跑，更能增强运动员的信心。

（2）走高不走低原则：运动员站得高、看得远，有利于确定站立点和保持行进速度。

（3）提前绕行法原则：在定向越野比赛中，运动员必须提前读图，提前思考，明确下一个目标点，通观全局，在遇到难行地段或危险地段时，提前选择最佳的迂回行进线路。

（三）保持正确行进方向的技能

选择最佳路线后，运动员必须采取相应的方法，才能确保行进方向正确，并安全到达目的地。常采取的方法有记忆法、拇指辅行法、"扶手"法、简化法等。

1.记忆法

采用记忆法时，一般是要按照路线行进的顺序，分段记住路线的方向、距离、要经过的地形点、周围的参照（辅助）物。运用记忆法时，运动员应做到"人在地上跑，心在图中移"。这样可以缩短读图时间，提高成绩。

2.拇指辅行法

在定向越野中，运动员常把拿图手的拇指想象为自己（即缩小到地图中的自己）。当运动员向前运动时，其拇指也在地图上做相应的移动，这种方法称为拇指辅行法。拇指辅行法可以随时帮助运动员确定自己在地图上的位置。

3."扶手"法

在定向越野中，"扶手"是指运动员把现地中的线状地形（如各种道路、溪流、输电线、地类界线等）比喻为人们上下楼梯时的安全扶手，作为其行进的引导。利用"扶手"法，运动员能较为容易和安全地到达目的地，也能增强比赛的信心。

4.简化法

运动员在读图时要学会概括地形和简化地图。尤其是在穿越一些零碎而杂乱的区域时，运动员更要注意概括该区域的地形结构，抓住其主要的地形特征，从而把复杂的地图在脑海中简化。

（四）正确寻找检查点的技能

运动员到达检查点附近后，正确捕捉检查点是十分关键的。掌握以下方法有助于运动员迅速捕捉检查点。

1.偏向法

当运动员要穿越一块没有明显特征的区域且需要寻找一个交叉口、一条路的尽头或面状地物的侧顶点时，不能正对着这一检查点直接去找，而应稍微偏离检查点方向，先选择一个线状地物作为临时目标点，再顺着线状地物找到检查点。（图17-1-1）

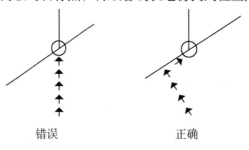

错误　　　　　　　　　正确

图 17-1-1

2.放大法

放大法要求运动员在寻找检查点时尽可能地扩大视野，并从检查点附近大的、明显的地形点找起，再找检查点。如果检查点所在地较小，而运动员只是看很小的一部分地形，是很难找到的。（图17-1-2）

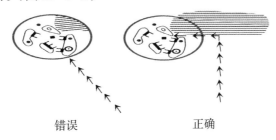

错误　　　　　　　　正确

图 17-1-2

3.借点法

如果检查点周围有高大的、明显的地形点或地物，则可采用借点法。运动员在行进之前，必须先将地图中的目标点（如地形或地物）辨认清楚，在行进中先找到这些目标点，再利用它们来判断检查点的具体位置。（图17-1-3）

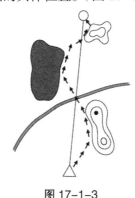

图 17-1-3

三、定向越野装备

（一）运动服装和鞋

在进行定向越野时，运动员多选择便于奔跑，且轻盈、舒适、透气的服装，所选的裤装应在脚踝和小腿部分有收紧装置或者绑带。在鞋的选择上，以具有防滑、透气、防水等功能的户外跑鞋为宜。

（二）运动器材

1.指北针

辨别方向最佳的工具是指北针，它是定向越野中可以使用的合规工具。目前，国际上的定向越野比赛常使用由透明有机玻璃材料制成的指北针。

2.定向地图

定向地图是定向越野的重要器材之一，其质量好坏直接关系到比赛过程是否安全、结果是否公正。因此，国际定联专门为定向越野比赛制定了《国际定向运动图制图规范》，规定定向地图的比例尺通常为 1∶15000 或 1∶10000，等高距为 5 米。

3.号码布

号码布的尺寸不应大于 25 厘米×25 厘米，数字高度不应低于 10 厘米。号码应清晰可见。运动员应将号码布分别佩戴在前胸和后背的显著位置。

4.点标旗

点标旗标志由三面标志旗组成。每面标志旗的尺寸是 30 厘米×30 厘米，从对角线分开，左上为白色，右下为橙色。点标旗通常要编上代码（国际上曾使用数字作为代码，现已规定使用英文字母作为代码），目的是方便运动员在比赛中根据点标旗上的代码来判断自己是否找到了正确的检查点。点标旗的悬挂方法有两种，即桩式和无桩式。点标旗悬挂的高度一般是从其上方计算，距离地面 80 ～ 120 厘米。

5.打卡器

打卡器是提供证明运动员通过比赛各个检查点凭据的器材。在到达每一个检查点时，运动员必须使用打卡器在检查卡片上打卡或使用电子打卡系统打卡，以证明自己到达此检查点。

6.检查卡片

检查卡片常用于判定运动员的比赛成绩，通常由厚纸片制成，分为主卡和副卡两个部分。运动员在比赛中携带主卡，并按顺序把到访的每个检查点打卡图案打印在卡片的空格中，回到终点时再交给裁判员验证；副卡由运动员在出发前交工作人员留底，在公布比赛成绩时使用。

第二节　花样跳绳

一、跳绳概述

跳绳是我国民间流行的一项体育活动。据历史文献记载，早在唐代，民间就有这一娱乐活动，那时称跳绳为"透索"。宋代称跳绳为"跳索"。明代的《帝京景物略》一书中称跳绳为"跳白索"，并生动地描述了当时的跳绳活动："二童子引索略地，如白光轮，一童子跳光中，曰跳白索。"清代的《有益游戏图说》一书也有关于跳绳活动的记载。

跳绳在我国有着深厚、广泛的群众基础。20 世纪 90 年代以后，在全民健身计划的推动下，跳绳运动在全国各地形成一股热潮，跳绳技术在继承传统方式和花样的基础上不断创新发展，这一运动领域也涌现出不少跳绳高手和名家。

跳绳是特别适宜大众的健身运动，对女性尤为适宜。从运动量来说，持续跳绳 10 分钟，与慢跑 30 分钟或跳健美操 20 分钟相差无几，跳绳可谓耗时少、耗能大的有氧运动。另外，跳绳花样繁多，可简可繁，简单易学，可随时随地进行，因此成为在全世界流行的健身方法。

跳绳活动只需一条绳索、一块空地（如门庭、院中或街心花园）就能进行，十分简便易行。跳绳不受季节、场地的限制，儿童、青年人和老年人都可以因地制宜地开展此运动。人们可以根据个人的身体情况，把握适宜的节奏和运动量，以便获得良好的健身效果。在我国的群众性体育健身活动中，跳绳可以说是开展得较为广泛的运动项目之一。

跳绳可增强四肢的肌肉力量，提高身体的协调性、灵敏性，也能全面提高身体素质，对青少年的骨骼生长和身体发育具有良好的作用。大学生坚持跳绳锻炼，不仅能增加肺活量，明显改善呼吸系统和神经系统的机能，还能有效地消除身体的多余脂肪，提高健康水平。

二、花样跳绳基本技术

（一）个人花样

1. 直摇

在基本摇绳姿势的基础上，两手持手柄逆时针画圈摇动。当绳体接触地面时，两脚并拢跳跃过绳，绳子绕过身体一周，一摇一跳的动作即直摇。（图 17-2-1）

图 17-2-1

【动作要领】

（1）手臂保持基本摇绳的姿势，手臂摇绳节奏须控制好。

（2）两脚并拢向上跳，前脚掌着地。

（3）绳打地一次的同时就向上跳一次。

【学习提示】

（1）固定手型：摇空绳，两手各握一根短绳摇动，并脚向上跳。

（2）徒手跳：站在原地徒手模仿整个动作过程。

（3）单个动作练习：每次只跳一个动作就停下来，再重新开始。

（4）连续动作练习：初学者可以连续跳，1～2 个 8 拍为一组，间歇练习。

【重点和难点】

把握并脚跳过绳的时机和节奏。

【易犯错误及纠正方法】

易犯错误：摇绳节奏与跳动的节奏不一致。

纠正方法：① 徒手摇绳练习，在摇动过程中，膝关节随着节奏弹动；② 原地直腿跳动练习。

【动作价值】

直摇是跳绳练习的基础，大量的练习能够培养学生良好的绳感。

2. 单脚交换跳

在基本摇绳姿势的基础上，绳过脚的同时，两脚抬起，绳落地后，一脚先落地，再次摇绳后，另一脚再落地，两脚交替，即单脚交换跳。（图 17-2-2）

图 17-2-2

【动作要领】

（1）手臂保持基本摇绳的姿势，手臂摇绳节奏须控制好。

（2）抬脚时，脚尖下压并且脚尖与地面的距离不得超过 10 厘米；着地时，以前脚掌着地。

（3）单脚跳时，绳过左脚再抬右脚交替跳，以右脚落地算一个。

【学习提示】

（1）固定手型：摇空绳，两手各握一根短绳摇动，两脚交替跳。

（2）徒手跳：站在原地徒手模仿整个动作过程。

（3）单个动作练习：每次只跳一个动作就停 2 秒，再重新开始。

（4）连续动作练习：初学者可以连续跳，1～2 个 8 拍为一组，间歇练习。

【重点和难点】

把握单脚交换跳过绳的时机和节奏。

【易犯错误及纠正方法】

易犯错误：两脚交替落地与过绳时机把握不准；掌握不好摇绳的节奏；左右脚交替不协调。

纠正方法：绳过一脚后再抬起另一脚。

【动作价值】

培养学生良好的动作感觉，为以后的速度练习打下基础。

3. 开合跳

在基本摇绳姿势的基础上，两手持绳向前摇。当绳置于空中时，两脚分开与肩同宽，以此姿势跳过绳；待绳再次落地时，两脚并拢跳过绳（图 17-2-3）。一拍一动，完成开合跳。

开合跳

图 17-2-3

【动作要领】

（1）手臂保持基本摇绳的姿势，手臂摇绳节奏须控制好。

（2）两脚分开时，两脚间距与肩同宽。

（3）两脚的开合变换是在空中完成的。

【学习提示】

（1）徒手跳：站在原地徒手模仿整个动作过程。

（2）单个动作练习：每次只跳一个动作就停下来，再重新开始。

（3）连续动作练习：初学者可以连续跳，1～2个8拍为一组，间歇练习。

【重点和难点】

两脚的开合是在空中完成的；把握两脚开合与过绳的时机、节奏。

【易犯错误及纠正方法】

易犯错误：脚的开合与过绳的时机把握不准；摇绳的节奏掌握不好；开与合的时间差把握不好。

纠正方法：先练习徒手开合跳，一拍一跳，再配合摇绳。

【动作价值】

培养学生的时间判断能力和手脚协调能力。

4. 弓步跳

在基本摇绳姿势的基础上，两手持绳向前摇。当绳置于空中时，两脚前后分开，两腿成弓步（图17-2-4）；当绳落地且快过脚时，两脚并拢跳过绳，在空中完成前后脚交换动作。一拍一动，完成弓步跳。

图 17-2-4

【动作要领】

（1）手臂保持基本摇绳的姿势，手臂摇绳节奏须控制好。

（2）两脚打开时，前脚落地，膝关节弯曲角度在30°～60°，后腿必须伸直并且后脚脚跟不能着地；两脚间距在20厘米左右。

（3）两腿成弓步时，绳先过脚，两脚再分开；由弓步到两脚合并时，两脚先合并再过绳。

【学习提示】

（1）徒手跳：站在原地徒手模仿整个动作过程。

（2）单个动作练习：每次只跳一个动作就停下来，再重新开始。

（3）连续动作练习：初学者可以连续跳，1～2个8拍为一组，间歇练习。

【重点和难点】

两脚交换动作在空中完成；把握弓步跳过绳的时机和节奏。

【易犯错误及纠正方法】

易犯错误：弓步跳与过绳的时机把握不住；摇绳的节奏掌握不好；弓步分脚与并脚的时间差把握不好。

纠正方法：由两脚合并到弓步时，绳先过脚，再做弓步；由弓步到两脚合并时，两脚先合并再过绳。

【动作价值】

培养学生的时间判断能力和手脚协调能力。

5. 并脚左右跳

在基本摇绳姿势的基础上，当绳置于空中时，两脚并拢向左、右两侧跳（图17-2-5）。

一拍一动，左、右两侧各跳 4 次。

图 17-2-5

【动作要领】

（1）手臂保持基本摇绳的姿势，步伐节奏必须控制好。

（2）向左和向右跳的时间间隔不宜过长。左右跳时一直保持并脚。

（3）并脚左右跳时，绳先过脚，再落地。

【学习提示】

（1）先徒手练习，再分手摇绳，两脚左右跳；接着单手摇绳，两脚左右跳动。

（2）左右跳时，两手手腕放松，自然柔和地摇绳；手与脚的节奏为一摇一跳，一次左一次右。

（3）左右跳时，注意放松踝关节与膝关节，控制好节奏和时机；落地时，以前脚掌着地，富有弹性；身体成直立姿态，目视前方。

【重点和难点】

把握左右脚的落地位置，控制节奏，保持稳定性。

【易犯错误及纠正方法】

易犯错误：左右跳时，身体随脚步动作的摆动幅度过大。

纠正方法：在地面上标示两个圈，两脚交替在圈内左右跳，同时控制身体的摆动幅度。

【动作价值】

培养学生的手脚协调能力。

6. 左右钟摆跳

两手持绳向前摇，当绳过脚置于空中时，一腿向异侧摆动，另一腿伸直跳跃过绳（图 17-2-6）。一拍一动，左、右两侧各 4 次，完成左右钟摆跳。

左右钟摆跳

图 17-2-6

【动作要领】

（1）手臂保持基本摇绳的姿势，手臂摇绳节奏须控制好。

（2）两脚分开时，一脚落地并跳过绳，另一脚置于空中。一拍一动。

（3）脚步成钟摆状时，绳先过脚，两脚再打开。

【学习提示】

（1）先做徒手动作练习，再分手摇绳，左右钟摆跳，再接着手脚一起配合。

（2）左右钟摆跳时，两手手腕放松，自然柔和地摇绳，手与脚的节奏为一摇一跳，一次左一次右。

（3）左右钟摆跳时，注意绷直踝关节与膝关节摆动，控制好节奏和时机；落地时，以前脚掌着地，富有弹性；身体成直立姿态，目视前方。

【重点和难点】

把握左右脚摆动与过绳时机的配合。

【易犯错误及纠正方法】

易犯错误：脚摆动与过绳的时机配合不好；摇绳的节奏掌握不好；左右钟摆跳的时间差把握不好。

纠正方法：左右钟摆跳时，绳先过脚，再做钟摆跳。

【动作价值】

培养学生的手脚协调能力。

7. 前后打绳

两手持绳，身体直立。当身体转向一侧时，手腕发力，随身体摆动侧向摇绳，绳向前打地。当身体转向另一侧时，手腕发力，绳随身体摆动向后打地（图17-2-7）。一拍一动，完成前后打绳动作。

图 17-2-7

【动作要领】

（1）手控制绳由前向后或由后向前摆动。

（2）绳随身体的转动而摆动。

【学习提示】

（1）徒手跳：原地徒手模仿整个动作过程。

（2）单个动作练习：每次只做向前打绳或向后打绳动作就停下来，再重新开始。

（3）连续动作练习：把前后打绳动作连接起来，两手手腕放松，自然柔和地摇绳，控制节奏。

【重点和难点】

把握绳由后向前打地的时机和节奏。

【易犯错误及纠正方法】

易犯错误：绳挑不过身体；掌握不好摇绳的节奏；向后打绳时，绳缠在脚上。

纠正方法：手腕发力挑绳；绳打地的同时身体转动。

【动作价值】

培养学生的时间判断能力和手脚协调能力。

8. 前后打绳左右并步

两手持绳，身体直立。当身体转向一侧时，手腕发力，随身体摆动侧向摇绳，绳向前打地，同时左脚迈出一步，两脚间距与肩同宽。当身体转向另一侧时，手腕发力，绳随身体摆动向后打地，同时右脚并左脚（图17-2-8）。一拍一动，完成前后打绳动作。

图 17-2-8

【动作要领】

（1）手控制绳由前向后或由后向前摆动。

（2）绳随身体的转动而摆动。

【学习提示】

（1）徒手跳：原地徒手模仿整个动作过程。

（2）单个动作练习：每次只做向前打绳或向后打绳动作就停下来，再重新开始。

（3）连续动作练习：把前后打绳动作连接起来，两手手腕放松，自然柔和地摇绳，控制好节奏。

【重点和难点】

把握绳由后向前打时并脚的时机和节奏。

【易犯错误及纠正方法】

易犯错误：绳挑不过身体；掌握不好摇绳的节奏；向后打绳时，绳缠在脚上。

纠正方法：手腕发力挑绳；绳打地的同时身体转动。

【动作价值】

培养学生的时间判断能力和手脚协调能力。

9. 前后打绳交叉步

两手持绳，身体直立。当身体转向一侧时，手腕发力，随身体摆动侧向摇绳，绳向前打地，同时右脚向左跨一步与左脚交叉（图17-2-9）。当身体转向另外一侧时，手腕发力，绳随身体摆动向后打地，左脚向左跨，两脚间距与肩同宽。一拍一动，完成前后打绳动作。

图 17-2-9

【动作要领】

（1）手控制绳由前向后或由后向前摆动。

（2）绳随身体的转动而摆动。

【学习提示】

（1）徒手跳：原地徒手模仿整个动作过程。

（2）单个动作练习：每次只做向前打绳或者向后打绳动作就停下来，再重新开始。

（3）连续动作练习：把前后打绳动作连接起来，两手手腕放松，自然柔和地摇绳，控制节奏。

【重点和难点】

把握绳由后向前打的时机和节奏。

【易犯错误及纠正方法】

易犯错误：绳挑不过身体；掌握不好摇绳节奏；向后打绳时，绳缠在脚上。

纠正方法：手腕发力挑绳；绳打地的同时身体转动。

【动作价值】

培养学生的时间判断能力和手脚协调能力。

（二）双人花样

双人花样是指两名跳绳者利用一根绳，在绳的摇动中，跳绳者在绳中或绳外完成各个转体、跳跃等动作，以此展现个人良好的身体素质和高超的绳技。

1. 朋友跳

带人者持绳，两人既可面对面站立，也可同向站立，协调配合。绳同时过带人者、跳绳者两人身体即为完成一次动作。跳绳者可位于带人者的体前或体后（图17-2-10），可延伸出跳绳者原地转身等花样。

朋友跳

图 17-2-10

【动作要领】

带人者和跳绳者节奏一致，相互配合。

【学习提示】

（1）徒手跳：带人者与跳绳者原地徒手有节奏地跳跃，建立良好的节奏感。

（2）带绳练习：初学者开始采用两弹一跳，即带人者与跳绳者并脚跳跃两次，绳过脚一次；熟练掌握以后，采用一弹一跳，即带人者与跳绳者并脚跳跃一次，绳过脚一次。

【重点和难点】

跳绳者进绳的时机和跳跃的时机。

【易犯错误及纠正方法】

易犯错误：跳绳者进绳的时机不对；带人者摇绳过快；跳绳者跳跃的时机不对。

纠正方法：绳被摇至最高点下落前，跳绳者就进绳；绳打地时，跳绳者起跳，带人者放慢摇绳速度。

【动作价值】

培养学生的团结协作精神和默契。

2. 双人和谐跳（简称"V"）

两名跳绳者各握绳子一端，并排站立，右边的人右手握绳，左边的人左手握绳。将绳置于两人身后，两人同时摇绳，同时过绳。

【动作要领】

两人摇绳节奏一致，相互配合，起跳一致。

【学习提示】

（1）原地并排各握一根短绳有节奏地练习。

（2）两名跳绳者各握绳子一端，慢速练习同摇跳。可从两弹一跳并脚跳开始练习，过渡至一弹一跳并脚跳，熟练后，可以加快摇绳速度。

【重点和难点】

两人同时起跳的时机及同时摇绳的节奏。

【易犯错误及纠正方法】

易犯错误：起跳时，上体前倾，导致动作不美观；两人摇绳节奏不一致。

纠正方法：两人身体直立，原地徒手有节奏地跳跃；多进行摇绳练习，摇绳与起跳一致。

【动作价值】

培养学生良好的节奏感和默契配合的能力。

3. 一人内转360°（简称"O+内360"）

两名跳绳者各握绳子一端，并排站立。右侧跳绳者进绳跳一次，然后原地向左转体1周（图17-2-11），回到进绳之前的位置跳跃过绳；接着左侧的同伴重复此动作，两人轮流进行练习。

图 17-2-11

【动作要领】

跳绳者在向下送绳给同伴跳时开始转身，转到 180° 时手臂上举，回到原位后摇绳给自己跳。转体时，摇绳节奏保持不变。

【学习提示】

（1）单人练习：两人分别握一根短绳，做内转 360° 练习。

（2）对转身动作熟练后，再练习依次跳，目的是建立良好的节奏感，之后尝试内转 360° 的练习。

【重点和难点】

送绳和起跳节奏的掌握及转身时节奏的变化。

【易犯错误及纠正方法】

易犯错误：转身时，摇绳节奏过快，导致跳绳者失误；转身后，手没有上举。

纠正方法：转身速度慢一点，手臂同身体一同转动。

【动作价值】

培养学生的身体协调性和相互配合的能力。

4. 两人内转 360° （简称"360"）

两名跳绳者各握绳子一端，并排站立。两人把绳由后向前摇动，同时两人向内转体一周，回到初始位置跳跃过绳。转身时，绳子在中间打空。（图 17-2-12）

图 17-2-12

【动作要领】

（1）两个人动作要同步，特别是转身和摇绳动作。

（2）转体后，两臂随绳转动的惯性打开至初始位置。

（3）转体与摇绳节奏一致，不要因为转体而忘记摇绳。

【学习提示】

两人先做徒手转身练习，要求转身的节奏一致，之后各握绳的一端慢速练习。

【重点和难点】

转身与摇绳同步进行。转回之前，手臂要上举。

【易犯错误及纠正方法】

易犯错误：同伴转体过快，导致摇绳速度加快，节奏不一致。

纠正方法：多进行徒手转体练习。

【动作价值】

培养学生的团结协作精神。

5. 直摇（简称"O"）

两人双手持绳并排站立，假设左边的人为A，右边的人为B。A、B将内侧手（A的左手与B的右手）持的手柄相互交换。听到指令后，两人同时用同侧手（A、B同时出左手或者右手）将置于最后面的绳向上摇起。当绳到达最高点时，两人再用另一只同侧手将绳向上摇起（图17-2-13），并且两人依次跳过各自一方的绳子。

图 17-2-13

【动作要领】

（1）两前臂在体侧依次做圆周运动，并且贴近身体。

（2）在跳的过程中，两人同侧手的动作要一致。

【学习提示】

（1）徒手练习：原地徒手模仿整个动作过程。

（2）摇绳练习：两手各握一根短绳，由后向前依次摇绳，要求两人摇绳的节奏一致。

（3）跳空绳练习：掌握摇绳的节奏后，试着绳打地一次就跳动一次，速度尽量慢。

（4）踩绳练习：找到摇绳和跳绳的感觉后试着将摇起的绳左右依次踩住。

【重点和难点】

重点：掌握摇绳和跳绳的节奏。

难点：在跳的过程中学会运用手腕发力。

【易犯错误及纠正方法】

易犯错误：容易将两条绳摇成同步。

纠正方法：多进行摇绳的练习，在摇绳的过程中体会绳打地的节奏是否一致。

【动作价值】

培养学生的时间判断能力，提高学生手腕的灵活性。

6. 交叉（简称"C"）

在直摇的基础上，当绳摇过头顶后，两人同时将两手交叉于体前贴于腹部摇绳。（图 17-2-14）

图 17-2-14

【动作要领】

（1）两前臂在体前做交叉时要贴近身体。

（2）摇绳前，手腕要充分活动。在跳绳过程中，手腕发力。

（3）在跳绳过程中始终保持好节奏。

（4）跳的时候要连续跳两次。

【学习提示】

（1）徒手练习：原地徒手模仿整个动作过程。

（2）摇绳练习：两手各握一根短绳，在体前做交叉摇绳练习，要求两绳打地的节奏一致。

（3）跳空绳练习：掌握摇绳的节奏后，试着绳打地一次就跳动一次，速度尽量慢。

（4）踩绳练习：找到摇绳和跳绳的感觉后，试着将摇起的绳左右依次踩住。

【重点和难点】

重点：掌握摇绳和跳绳的节奏。

难点：在跳的过程中运用手腕发力。

【易犯错误及纠正方法】

易犯错误：在做交叉动作时找不到摇绳的感觉。

纠正方法：多进行摇绳和固定交叉摇绳的练习。

【动作价值】

培养学生的时间判断能力，提高学生手腕的灵活性。

（三）长绳

1. 进出绳

两名摇绳者拉开适当的距离相对站立，然后顺（逆）时针摇绳。跳绳者既可面对绳，也可斜对绳。当绳被摇到最高点时，跳绳者小碎步向前并找准时机进绳；当绳即将打地时起跳，绳摇过即完成一次动作。跳绳者落在正中央，以相同的节奏在绳里完成相应的动作。动作完成后，绳被再次摇起。在绳打地前，跳绳者往前跳出并离开绳，即完成出绳。（图 17-2-15）

图 17-2-15

【动作要领】

跳绳的节奏与摇绳的节奏要一致，进出绳是跳进和跳出。

【学习提示】

（1）徒手跳：摇绳者正常地摇动绳，跳绳者原地徒手有节奏地跳跃，建立良好的节奏感。

（2）跳荡绳练习：摇绳者左右荡绳，跳绳者进绳后，以相应的节奏起跳，使绳在自己脚下荡过；主要练习跳绳的节奏和起跳的时机。

【重点和难点】

重点：进出绳的时机。

难点：动作熟练和进出绳自如。

【易犯错误及纠正方法】

易犯错误：进绳时机不对，跳绳者碎步进绳后再起跳；出绳时，跳绳者在最后一跳落地后再跑出去。

纠正方法：当绳子正常摇起时，跳绳者跳进绳中完成动作后再跳出。

【动作价值】

培养学生掌握正确的进出绳方法，为以后练习进出绳的难度动作打下基础。

2. 绳中绳

跳绳者手持绳正对摇绳方向做好准备。两名摇绳者相对而立，拉开适当的距离后顺（逆）时针摇绳。当绳被有节奏地摇起后，绳打地再次起摇时，跳绳者摇动短绳，节奏、方向与长绳一致。绳被摇到最高时，跳绳者往前走，调整时机；绳往下摇时，跳绳者看准时机起跳，让长短绳同时过脚，即完成一次绳中绳动作。（图 17-2-16）

图 17-2-16

【动作要领】

摇短绳的节奏要与摇长绳的节奏一致。

【学习提示】

初学者的节奏应适当放慢。当绳往上摇时，跳绳者两手举高可降低摇绳速度。

【重点和难点】

重点：跳绳者摇绳的时机要恰当。摇动短绳的节奏与长绳的节奏要一致。

难点：动作熟练，运用自如。

【易犯错误及纠正方法】

易犯错误：短绳摇动的节奏偏快或者偏慢。

纠正方法：绳中绳分开练习，跳绳者可以在准备的位置上尝试跟长绳的节奏跳短绳，熟悉之后再组合进行绳中绳练习。

【动作价值】

培养学生的节奏感，为下一步练习绳中绳多摇花样打下基础；具有一定的观赏价值。

3. 绳网

3组或3组以上的绳一一对应，绳与人相互交错，每条绳相交于中点，绳统一向外起摇。待绳稳定后，跳绳者找准时机跳进绳中完成相应的动作（图17-2-17）然后停绳，抓取长绳交结处向上举高。与此同时，摇绳者迅速移动到跳绳者的四周，下蹲把绳子拉直，即形成绳网。

图 17-2-17

【动作要领】

摇绳者摇绳的节奏要一致。

【学习提示】

（1）绳网的绳应稍长，长度为 6 ~ 9 米。

（2）长绳要交于一点。

【重点和难点】

重点：摇绳者摇绳的节奏要一致。

难点：能熟练摇绳。

【易犯错误及纠正方法】

易犯错误：摇绳的节奏混乱。

纠正方法：增加摇绳次数，增强摇绳的节奏感。

【动作价值】

培养学生的团结协作精神和默契；具有一定的观赏价值。

4. 交互正摇绳

两名摇绳者相对站立，左、右手各持一条绳（绳长相等），两人依次向内交替摇绳。（图17-2-18）

图 17-2-18

【动作要领】

两名摇绳者相对站立，距离小于绳长。两臂于胸前屈肘，两手分别持绳柄的两端，手心相对，手柄上翘大约45°，以肘关节为轴心，前臂带动手腕，依次交替向内摇绳。绳弧度饱满，一上一下，节奏一致。

【学习提示】

（1）徒手模拟摇绳，再做两人单手摇一条绳的练习。

（2）匀速、定数摇绳练习。

【重点和难点】

摇绳节奏匀速。

【易犯错误及纠正方法】

易犯错误：摇绳节奏混乱。

纠正方法：摇绳者喊口号进行练习。

【动作价值】

培养学生的团结协作精神和默契度。

5. 转身交叉摇绳

一人正常摇绳，另一人做转身（向左或向右转身）交叉摇绳。（图17-2-19）

图 17-2-19

【动作要领】

以向右转身交叉摇绳为例。转身者在左手绳子接触地面时向上摇，左手由左向右，右手不变，同时身体向右转180°，完成转身交叉摇绳。向左转身交叉摇绳动作同向右转身交叉摇绳，只是左右相反。

【学习提示】

徒手模拟练习：一人模拟摇绳转身，另一人配合转身者完成转身摇绳。

【重点和难点】

把握转身的时机。

【易犯错误及纠正方法】

易犯错误：背向摇绳的摇绳者，节奏混乱，动作不标准，使绳不易摇起。

纠正方法：先练习背向摇绳，再练习转身，最后两名摇绳者喊口号进行配合练习。

【动作价值】

培养学生的不怕困难、奋勇拼搏、团结协作的精神和默契度；具有一定的观赏价值。

第三节　轮　滑

一、轮滑概述

（一）轮滑的特点与健身价值

轮滑是一项集健身、竞技、趣味、娱乐、技巧、休闲、惊险于一体的全身性运动。轮滑在20世纪80年代开始风靡世界。

轮滑要求练习者在运动过程中灵活变换身体重心，以保持动态平衡。由于轮滑靠腿部侧蹬用力获得前进的动力，练习者在学习过程中必须改变在陆地上走或跑时后蹬用力的习惯，建立向侧用力的概念，掌握正确的用力方法。

经常练习轮滑，能提高心肺功能，改善和增强代谢系统功能，能有效增强臂部、腿部、腰部的肌肉力量，提高各关节的灵活性，有利于练习者表现自我，挑战自我，增强自信心，培养审美情趣。

（二）轮滑的装备

1. 轮滑鞋

轮滑鞋根据形式的不同，分为双排轮滑鞋和直排轮滑鞋两种。双排轮滑鞋主要应用于花式表演和轮滑球运动；直排轮滑鞋主要应用于速度比赛、轮滑球运动和室内外休闲运动，是目前轮滑鞋的主流。（图17-3-1）

双排轮滑鞋　　　　　　　　　　直排轮滑鞋

图 17-3-1

2. 护具

护具是容易被忽视但又很重要的一项装备，包括头盔、护肘、护腕和护膝。佩戴护具不仅能保护练习者，还有助于练习者保持良好的练习心态。

二、轮滑基本技术练习

（一）站立、平衡和移动

1. 站立姿势

（1）丁字形站立。右脚脚跟紧靠在左脚的内侧（或左脚脚跟紧靠在右脚的内侧），使两脚形成丁字形，两膝微屈。身体重心稍偏于后脚上，上体略前倾，抬头，平视前方，两臂在体侧自然打开，以保持身体平衡。（图 17-3-2）

（2）八字形站立。两脚成八字形自然分开，两脚脚跟靠近，两膝微屈。上体微前倾，身体重心在两腿之间，保持身体平衡。（图 17-3-3）

（3）平行站立。两脚分开，间距与肩同宽。两脚脚尖稍内扣，上体微前倾，两膝微屈。身体重心在两腿之间，保持身体平衡。（图 17-3-4）

图 17-3-2　　　　　图 17-3-3　　　　　图 17-3-4

2. 原地左右移动身体重心练习

【方法要点】在两脚平行站立的基础上，上体向一侧移动，并逐步将身体重心完全移至该侧支撑腿上；待平稳后，上体再向另一侧移动，并将身体重心完全移到该侧腿上。反复练习。

【易犯错误】在练习时，两脚易变成八字形站立，这样在身体重心移动时，会造成身体重心不能完全移到支撑腿上。

【纠正方法】保持两脚平行站立。

3. 原地踏步练习

【方法要点】在八字形站立的基础上，身体重心移到一条腿上，另一条腿微屈上抬，使脚离开地面 5～10 厘米再落下。两腿交替练习。

【易犯错误】抬腿过高，身体重心不稳。

【纠正方法】抬腿要低，速度要慢。当身体重心完全移到一条腿上时，另一条腿再抬起。

4. 原地蹲起练习

【方法要点】在两脚平行站立或八字形站立的基础上，做下蹲、起立动作，身体重心在两腿之间，两臂自然打开。

【易犯错误】在起立时，身体向前微屈，再直立，只做腿的蹲、伸动作。

【纠正方法】在开始时，可以先半蹲，速度稍微慢些，再逐渐过渡到深蹲，快速完成，保持身体的垂直升降，注意动作的协调性。

原地蹲起

5. 两脚原地前后滑动练习

【方法要点】在平行站立的基础上，做一脚向前、另一脚向后的来回滑动练习，两臂前后摆动，像走路一样配合两腿运动。

【易犯错误】在滑动过程中，身体重心落在一条腿上，两脚不能保持平衡。

【纠正方法】保持身体平衡，两腿伸直，大腿发力做前后滑动练习，或手扶栏杆、同伴进行练习。

6. 向前八字走练习

【方法要点】在丁字形站立或八字形站立的基础上，一脚向前迈出一小步，脚尖向外侧，与另一脚成八字形落地，同时身体重心迅速跟上。当身体重心完全落到前脚上时，后脚再抬起向前迈，两脚交替进行，身体重心随之移动。（图 17-3-5）

【易犯错误】先迈脚，后移身体重心，前脚会被移动身体重心的惯性推动向前滑走，使身体重心无法落在前脚上。

【纠正方法】做小步幅、慢节奏的练习。身体重心随迈出的脚前移；脚落地，身体重心跟上。

图 17-3-5

7. 横向迈步移动练习

【方法要点】在平行站立的基础上，一腿向侧迈出一步，身体重心随之迅速跟上；另一腿跟上，向支撑脚内侧靠拢着地，并承接身体重心，然后换腿练习。

【易犯错误】滑行时，脚尖向外，身体重心在两腿之间。

【纠正方法】开始练习时，步子要小。在向右移动时，左脚适当加大蹬地的力量；在向左移动时，右脚适当加大蹬地的力量。练习者可在同伴的帮助下完成，同伴也可以通过语言对练习者进行提示。

（二）滑行

1. 双滑行练习

在八字走的基础上，连续走几步，然后两脚迅速并拢，两脚由八字形变为平行，借助惯性向前滑行。双滑行动作的关键是保持身体重心在两腿之间。

图 17-3-6

2. 低姿势交替蹬地滑行

【方法要点】两脚成八字形站立，膝关节微屈，两脚同时向外侧蹬地，并开始向前滑行，身体重心随之落在右脚上，右腿成支撑腿。左脚在稍加蹬地后迅速收回，向右脚靠拢，脚尖向外侧，落地自然成外八字步，同时身体重心移向左腿，右脚开始蹬地，如此交替进行。（图17-3-6）

【易犯错误】身体重心处于两腿之间，滑行的步子较小，收腿较快。

【纠正方法】做横向迈步移动练习，逐渐提高单腿支撑能力。

3. 高姿势交替蹬地滑行

【方法要点】在低姿势交替蹬地的基础上，右脚侧蹬地，身体重心随之移向左腿，成左腿支撑滑行。右脚蹬地结束后放松收腿。当右脚靠近左脚时，身体重心开始回移，左脚开始蹬地。右脚落地后成右腿支撑滑行，然后收左腿，两脚交替蹬地，交替滑行。

【易犯错误】蹬地后，收腿困难。

【纠正方法】尽量在短促的蹬地动作结束后，马上将腿收回，膝关节、踝关节全屈，身体重心落在前脚掌处。

4. 向前直线滑行

【方法要点】两脚原地成丁字形站立，左脚在前，右脚在后，两腿稍弯曲，右脚内侧蹬地，身体重心慢慢移至左脚。右腿蹬直后，右脚蹬离地面，成左脚向前滑行；右脚在左脚的侧面落地后，左脚重复上述动作，成右脚向前滑行。两脚交替向前直线滑行。在整个滑行过程中，两手自然向两侧分开，帮助保持身体平衡。

【易犯错误】身体重心在两脚之间，不能形成单脚支撑。

【纠正方法】在两脚曲线滑行的基础上，身体重心逐渐移至单脚上，成单脚滑行，另一脚在滑行脚后抬起。

5. 蛇形向后滑行

【方法要点】由平行站立开始，两脚分开（约一脚距离），两腿弯曲。右脚内侧蹬地，身体重心移向左侧，成左脚向后滑行；右腿在体前伸直，随即右脚放在左脚侧面，恢复成开始姿势，然后左脚蹬地，重复上面的动作。做蛇形向后滑行时，上体始终保持前倾姿势，两腿保持弯曲，两手侧举。

【易犯错误】在滑行的过程中，身体直立或后仰。

【纠正方法】在获得一定速度后，蛇形向后滑行。两脚各蹬地滑行一次，依靠滑行的惯性，两脚平行站立滑行一次，身体保持正确的滑行姿势，反复练习。

（三）滑行停止法

1. 内八字停止法

【方法要点】在获得一定的向前滑行速度后，两脚平行分开站立，随后脚尖内转，两脚以内侧轮柔和地压紧地面。两腿弯曲，上体稍前倾，下蹲，两臂前伸以保持身体平衡。

【练习方法】

（1）在向前滑行时，两脚左右开立，先使右脚脚尖内转，以内侧轮柔和地压紧地面，身体重心稍向左移，反复练习。

内八字停止法

（2）在能够完成前面动作的基础上，再按照内八字停止法进行练习。速度可由慢到快，循序渐进。

2.T形停止法

【方法要点】右脚向前滑行，左脚在右脚脚跟处成T形放好后缓慢放在地面上，以内侧轮柔和地压紧地面，减缓向前滑行的速度，直到停下来为止。（图17-3-7）

【练习方法】

（1）原地左脚在前，右脚在后成T形站立，右脚以内侧轮蹬地，左脚向前滑行，随后右脚在左脚后做T形停止动作，速度可放慢，以便体会动作。

（2）在完成上个动作的基础上，加快向前滑行的速度，按照T形停止法进行练习。

图 17-3-7

3.双脚急停法

【方法要点】在向前滑行时，两脚同时向顺时针（或逆时针）方向急转，左脚以内侧轮、右脚以外侧轮与滑行方向成90°压紧地面，同时身体向右急转，身体重心移至右腿，两膝弯曲，两臂前侧伸，滑行即可停止。

【练习方法】

（1）原地两脚平行分开，按动作要领，在低速向前滑行中完成动作。

（2）保持一定的向前滑行速度，两脚平行向前滑行，做双脚急停练习，直至熟练掌握。

4.倒滑停止法

【方法要点】在倒滑的过程中，两脚变为前后开立，身体重心移到前脚的前方，同时抬起两脚脚跟，使后轮离地，制动脚着地与地面摩擦从而停止。停止时，身体稍前倾，两臂侧举以保持身体平衡。

【练习方法】

（1）手扶栏杆或同伴，原地抬起脚跟，身体稍前倾，以制动脚支撑站立。

（2）两脚平行站立向后慢速滑行，随后抬起脚跟，以制动脚压紧地面至停止。

（四）弯道滑行

弯道滑行技术与直道滑行技术有很大的区别。弯道滑行技术的特点在于练习者用交叉步滑行。由于向心力的作用，上体不仅要前倾，还要向内侧倾。（图17-3-8）

图 17-3-8

1.走步转弯

在向前做八字走或半走半滑时，若向左转弯，在每一次脚落地时，脚尖都向左转动一点，身体也随之向左转动一点，逐渐形成弧形的走滑路线。若向右转，则动作方向相反。

2.惯性转弯

在滑行获得了一定的速度后，两脚平行稍靠近些。若向左转，则左脚略靠前，右脚靠后，身体重心落在两脚之间1/3处，前腿略屈，后腿蹬直，利用惯性向左侧滑一个较大的弧线。若向右转，则动作方向相反。

3. 短步转弯

若向左转，在学会转弯技术的基础上，身体放低，身体重心完全落在左腿上，甚至超出左腿的支点，右脚向右侧蹬后迅速收回，靠近左脚落地做非常短暂的支撑；此时左脚脚尖迅速向左稍转，右脚再迅速向侧蹬出，连续做此动作就可以加速转弯。若向右转，则动作方向相反。

4. 左脚支撑，右脚连续蹬地滑行

从站立姿势开始，左脚外侧蹬地后，左脚迅速与右脚并拢，接着右脚再做一次蹬地动作，左脚继续做前外侧曲线滑行。

5. 在圆弧上做不连贯的交叉步滑行

在圆弧上用直线滑行的方法，中间插入弯道交叉步。当左脚稳定平衡时，右脚向左脚左前方迈一小步。右脚短暂滑行后，左脚迅速从右腿后方收回，同时右脚蹬地，左脚沿直线滑行，反复练习。

第四节　攀　岩

一、攀岩概述

（一）起源和发展

为了躲避野兽或者敌人，远古人类在危急时刻奋力攀登。人类的攀爬技能由此发展而来。人类最早的攀登记录是 1492 年。当时的攀岩者带着简单的钩子和梯子，凭着经验和技巧成功登顶。那次攀登成为历史上第一个有记录并使用装备的攀岩事件。然而，之后长达几百年的时间里，人类历史上没有再出现新的攀登记录。

17 世纪中期，人们攀登高山的活动开始有了新的记载。冰河地形和雪山成为早期登山者主动迎接的挑战。19 世纪中期，登山者已经设计和制造出一些简单的攀登工具，以帮助他们通过岩壁和一些冰河地形，如附有爪状物的鞋子、改良过的斧头，这些工具便是现在冰爪和冰斧的前身。此外，还有一些人尝试不过多依赖工具，单纯地运用自身的技能来攀登高山。这种攀登方式被称为徒手攀岩。

随着人们对攀岩的深入研究和认识，在 20 世纪 80 年代，一位法国人发明了仿真人工岩壁，人工岩壁的攀登运动由此而诞生。如今，攀岩已经成为一项时尚的休闲运动，拥有自己的专业术语、装备和安全保护技术，其发展速度迅猛、潜力巨大。

攀岩在我国经过多年的发展，已初具规模，并吸引了越来越多的青年人，发展前景十分可喜。每年都有高水平的攀岩赛事在我国举行。虽然目前攀岩还没有在全国范围内得到普及，但是通过近几年的大力宣传，攀岩在我国东南沿海、西南、西北等地区都有广泛开展。

（二）特点和功能

1.特点

（1）挑战性。攀岩作为一项极限运动，对人的身体素质、意志力和毅力都具有较高的挑战性。

（2）危险性。开展攀岩的场地和环境决定了攀岩具有一定的危险性，因此在攀爬中要严格按照要求进行攀登保护。

（3）场地和运动形式的特殊性。攀岩的场地和运动形式不同于其他体育运动项目。攀岩场地包括但不限于悬崖、峭壁、裂缝、岩壁等，并且岩面大部分具有一定的仰角或俯角，岩壁的造型及岩点的形状千变万化，从而形成了攀岩运动形式的多样性、高空作业的非常规性、技术操作的复杂性等特点。

（4）创造性。攀登线路大多在自然岩壁或人工岩壁上，其线路变化、支点的设置具有极强的创造性。

2.功能

（1）娱乐功能。攀岩作为一项体育运动，具有体育本身独特的魅力。人们通过参加攀岩活动，可以体验其中的乐趣，开阔心境，享受自然，感受生命的活力。

（2）健身功能。攀岩需要攀岩者集耐力素质、力量素质、柔韧素质，平衡能力、协调能力等于一身。攀岩能加强上肢、下肢的力量，提高整体的平衡能力和关节的柔韧度。因此，在攀岩中，人们的综合运动能力能得到全面发展。

（3）教育功能。攀岩需要攀岩者具有勇攀高峰的勇气、征服自然的决心和挑战自我的毅力，不断向困难发起挑战，从而有助于培养攀岩者自身的品质。

二、攀岩基本技术

（一）绳结技术

人们把利用打结使绳索与绳索之间、绳索与其他装备之间相互连接的方法称为结绳技术。在攀登过程中，绳子要与其他保护装备、固定点和绳子自身进行连接，以满足实际需要。绳结有各种不同的打法，各种打法有不同的用途。

1.基本结

基本结（图 17-4-1）：又称单结、保护结。一般在固定绳头时打此类结较牢固。

图 17-4-1

2.常用绳结

（1）双 8 字结（图 17-4-2）：简单易学，拉紧后不易松开。

图 17-4-2

（2）布林结（图17-4-3）：又称系船结，易结易解。其优点是方便快捷，缺点是不受力时容易松动。

图 17-4-3

（3）蝴蝶结（图17-4-4）：又称中间结。人们结组攀登时，用蝴蝶结直接套在中间队员的安全带上，可起到保护作用。

图 17-4-4

（4）双套结（图17-4-5）：又称丁香结，可用于固定，也可用于攀登和下降。

图 17-4-5

3.绳子间的连接用结

（1）平结（图17-4-6）：又称方结，用于粗细相同的绳索之间的连接。

（2）8字结（图17-4-7）：用于粗细相同的绳索之间的连接。

（3）渔人结：用于连接两条质地、粗细相同的绳索或扁带。

（4）水结（图17-4-8）：又称防脱结，用于连接扁带。此结易松，必须用力打紧并经常检查。

图 17-4-6   图 17-4-7   图 17-4-8

（5）混合结（图17-4-9）：用于粗细不同的绳索之间的连接。

图 17-4-9

（6）交织结（图17-4-10）：又称渔翁结、紧密结或天蚕结，用于粗细不同的绳索之间的连接。

图 17-4-10

4.特殊用途的连接用结

（1）抓结（图17-4-11）：又称普鲁士抓结、法式抓结、克式抓结，用于行进、上升中的自我保护。抓结不受力时可沿主绳滑动，受力时在主绳上卡住不动。

（2）意大利半扣（图17-4-12）：用于沿主绳快速下降，可控制速度。意大利半扣主要用于8字环遗失时代替8字环。

图 17-4-11　　　　　　　　　　　　图 17-4-12

（二）攀岩技术

1.攀岩的手法

在攀岩过程中，攀岩者主要利用臂部发力使身体贴近岩壁并向上运动。岩壁上的支点形状很多。攀岩者对这些支点的形状要熟悉，知道面对不同支点时，手应抓握何处及如何用力；并能根据支点上凸出（凹陷）的位置和方向，合理运用抠、捏、拉、攥、握、推等方法。同一支点可以有多种抓握方法。例如，有一种支点是一个圆形凸起上面有个小平台，一般情况下是攀岩者把手指搭在上面并垂直下拉，但为了使身体贴近岩壁，可以将其整个捏住、平拉。再如，需要两手抓同一支点时，位于前面的手可先放弃最佳抓握处，将此位置让给后面的手，以免换手的麻烦。抓握支点时，尤其是水平用力时，手臂位置要低，利用向下的拉力加大水平摩擦力；要充分使用拇指的力量，尽量把拇指搭在支点上；对于常见的水平浅槽的支点，手臂外旋，使拇指在上，将拇指扣进平槽以增加力量。休息地段要选择在没有仰角或仰角较小且手可有较大支点处。休息时，两脚踩稳支点，手臂拉直（手臂弯曲时很难放松），上体后仰，腹部一定要向前顶出，使下身贴近岩壁，将身体重心移到脚上，以减轻手臂的负担，做活动手指、抖手的动作进行放松。攀岩前，手上可擦些镁粉，以免手打滑。

2.三点固定法

三点固定法是基本的攀登方法，即一次只移动一只手或一只脚，其他三点不动。

3.控制身体重心

在攀登中，攀岩者应明确自己身体重心的位置，灵活地控制身体重心。移动身体重心的主要目的是在动作中减轻手臂负荷，保持身体平衡。初学者最好不要急于爬高，应先做一段时间的平移练习，即水平地从岩壁一侧移到另一侧，体会身体重心、平衡、手脚运用等。熟练使用最基本的三点固定法，单手换点时，一般是将身体重心向对侧移动，使手在没离开原支点之前就已经没有负荷，可以轻松地出手。横向移动时，要使身体重心下沉、两手吊在支点上，而不是费力地抠拉支点。

一般情况下，两脚应踩实支点，再伸手抓握下一个支点，而不要脚下虚踩，只靠手臂的上拉使身体上移。一定要注意体会用腿的力量使身体重心上移，手臂只是在身体重心上移时帮助保持平衡。

4.掌握侧拉技术

侧拉技术是一项很重要的攀岩技术动作。它能极大地节省上肢力量，使一些原本难以通过的支点可以轻易通过，尤其在过仰角地段时经常被使用。其基本技术要点是身体侧向岩壁，以对侧手脚接触岩壁，另一条腿伸直以调节身体平衡，靠单腿力量将身体顶起，以便抓握上方支点。以左手抓握支点不动为例。此时身体朝左，右腿弯曲踩在支点上，左腿用来保持平衡，右腿蹬支点发力，右手伸出抓握上方支点。由于人的身体条件限制，膝关节弯曲时会前凸。当人面对岩壁时，向前屈膝必然会使身体远离岩壁，易发生掉落，改为向侧方屈膝就可以很好地解决这一问题。侧拉技术不但易使身体更靠近岩壁，把身体重心转移到脚上，而且可充分利用展臂、展腿的长度，接触到更高的支点。

5.手脚同点技术

手脚同点技术是指当手的支点在腰部附近时，同侧脚也踩在此点上，身体应向前压，把身体重心移到脚上，然后脚蹬支点发力，手伸出抓握下一个支点，期间用另一只手来保持平衡的一种技术动作。手脚同点需要的岩壁支点较少，且身体上升幅度大。做此动作时需要注意：若支点较高，应使身体稍侧转，面向支点，腰髋贴岩壁向一侧压身体重心，腾出空间抬腿，不要面向岩壁直接抬腿。移动脚踩实支点后，另一脚和两手发力，使身体重心前移并压到前脚上，单腿发力顶起身体，同点手放开原支点并从体侧上举去抓握下一个支点，另一手暂时固定，以调节身体平衡。手脚同点技术主要用于支点比较稀少的线路。

6.注意节奏

攀岩讲究节奏，注重动作的快慢和衔接。每个动作做完后都有一定的惯性，如果上一个动作正确到位，就可以利用上一个动作的惯性直接向下一个支点移动，两个动作间不做停顿，如此可轻松通过困难支点。如果过分求稳，做完一个动作停顿一下，在做每个动作前都要先移动身体重心、调节平衡，再重新发力，那么必然导致体力消耗过大。另外，动作要连贯且到位，各个细节都要注意，上升时要由脚发力，不能依赖手的拉力。手主要用于保持平衡，并把身体拉向岩壁。一般做一两个连贯动作后要稍停顿，以调整身体重心，并观察所选路线，困难地段应快速通过，容易地段可稳步通过，注意调整身体重心，按连贯—停顿—连贯—停顿的节奏间歇进行。做连贯动作时，手脚和身体重心的调整一定要到位，冲击到支点后要尽快恢复身体平衡。必要时选择好的地段稍事休息，放松两手。练习时，攀岩者可以把各个动作分解成多个步骤，逐个分析各处细节，找到节省体力的方法。熟练之后，实际攀登时就不用过多考虑，直接做出正确动作。

7.线路规划

一面岩壁安装了众多的支点，选择不同支点进行组合可以形成多条攀登线路。各人身体条件不同，也就有各自不同的最优路线。练习时，攀岩者可以先观察别人的攀登路线，再根据自己的身体条件选择一条最优路线，锻炼自己的观察力，逐渐提高自己发现、规划新线路的能力，最终达到不观察其他人的路线也能自己规划线路的水平。这就要求攀岩者对自己的身高、臂长、抬腿高度、手指力量等有全面的了解。在练习中，攀岩者可以通过规划不同的线路来增加难度，如放弃某几个大的支点，或故意绕开原线路上的某个关键点，或只使用岩壁一侧或中间的支点，或从一条线路过渡到另一条线路。

（三）保护技术

保护技术是攀岩得以安全进行的基本要素，是指保护者运用攀岩绳索来防止攀岩者坠落的一套技术系统，又称保护系统。良好的保护可以减小攀岩者坠落时的巨大冲击力，确保攀岩者发生坠落时的安全。保护者必须勤练保护技术，以便在危机时刻熟练操作。

攀岩时，攀岩者和保护者连接在攀岩绳的两端。当攀岩者向上攀爬时，保护者则在某固定点处确保稳固。固定点是指牢靠地连接地面的安全保护点，可在岩石、树木等上面进行架设。当攀岩者突然坠落时，保护者要及时地牵拉连接绳，控制攀岩者的坠落速度，保证其安全。

固定点要具备3个特点：第一，可架设保护设施；第二，稳固、安全；第三，有一定的活动空间，便于发力。

保护方法按照固定点的相对位置可以分为上方保护法和下方保护法两种。

1.上方保护法

上方保护法是指把固定点架设在攀登线路顶部（即攀岩者上方）的保护方法，与之相对应的攀登方式为顶绳攀登。在攀岩者上攀的过程中，保护者既要不断地收绳，使攀岩者胸前不留多余的绳子，又不可把绳子收得过紧，以免影响攀岩者的攀爬动作。保护者一般应两脚前后开立，身体重心落在后脚上，前脚抵住一个突出物。当攀岩者发生意外时，保护者两手迅速握紧绳索，下蹲，身体重心下降。上方保护法对攀岩者没有过多特殊的要求，并且攀岩者坠落时受到的冲击力较小，因此较安全。

操作程序：① 攀岩者和保护者各自穿戴好攀登保护装备；② 互相进行安全检查；③ 攀岩者向保护者发出"开始"信号；④ 保护者向攀岩者发出"可以开始"信号；⑤ 开始攀登与保护；⑥ 攀岩者登顶后，发出"准备下降"的信号；⑦ 保护者发出"可以下降"的信号，并开始降下攀岩者；⑧ 攀岩者返回地面。

保护者的注意事项：① 在攀登起步时，应将绳子稍微收紧，以防止攀岩者一开始就发生坠落；② 要集中精神，密切关注攀岩者的行动，力求有预见性；③ 必须始终有一只手握住绳子的制动端；④ 要尽可能地选择最佳保护位置或姿势；⑤ 收绳时，两手要协调配合；⑥ 降下攀岩者时，要匀速、缓慢。

2.下方保护法

下方保护法是指固定点位于攀岩者下方的保护方式，与之相对应的攀登方式为先锋攀登。这种保护法要求攀岩者在攀爬过程中不断地把保护绳索扣入中间保护支点的钩环内（即快挂扣内）。中间的固定点可预先设置好，也可在攀爬过程中临时架设。下方保护法是先锋攀登唯一可行的安全保护方法，也是国际比赛中规定的保护方法。下方保护法要求保护者将绳索保持适当的松紧度，随着攀岩者的上升迅速送绳，并且不能影响攀岩者的攀岩和抽绳动作。在攀岩者发生意外时，保护者要在攀岩者冲坠到接近最低点、绳索将要被拉紧时，迅速跳起以缓冲攀岩者下坠的冲击力，防止其腰部受伤。

保护者的动作要领：① 应处在固定点与拉力方向所形成的直线上；② 制动手绝不可离开绳子的制动端；③ 保持绳索松紧适度，以确保攀岩者用绳顺畅；④ 在攀岩者停止活动后，可以做出制动动作。

保护者的注意事项：① 攀登开始前，与攀岩者互相仔细检查；② 起步时，要站在攀岩者下方，张开双手予以保护，防止一开始就发生坠落；③ 要集中精神，密切关注攀岩者的行动，力求有预见性；④ 在保护过程中，制动手始终握住绳子的制动端；⑤ 选择最佳的保护位置和姿势；⑥ 两手协调配合，根据需要及时给绳、收绳，并保持绳索松紧适度、顺畅；⑦ 当攀岩者突然发生坠落时，要注意帮助攀岩者缓冲；⑧ 当攀岩者处于或可能处于危险状态时，要及时给予提醒。

三、攀岩装备选择

（一）运动服装和运动鞋

1.运动服装

攀岩运动没有特定的服饰要求，普通运动服装即可。

2.运动鞋

在初级攀岩过程中，重要且必备的运动装备就是攀岩鞋。攀岩鞋是专门为攀岩运动设计制作的鞋子，一般用轻便、柔软、粘贴性强的橡胶为底，以便于攀岩者在岩壁上更好地使用蹬、踏等技术动作；边缘的设计应让脚可以踩稳很小的支点；用橡胶包裹的踝部便于攀岩者在岩壁尤其是负角度岩壁上用脚跟做出勾的动作。

一般攀岩鞋会将脚趾往拇趾的方向挤压，以便让力量集中到拇趾上，使攀岩者在岩壁上踩稳很小的支点。攀岩者为了可以更好地在岩壁上用力，往往会选择能紧紧包覆足部的鞋子。人的足部形状不一，以紧紧包裹足部为设计目的的攀岩鞋，往往一个型号不能适应所有人的脚型。攀岩者应该遵循让脚趾稍微弯曲，但是丝毫不会产生痛感的标准去选择攀岩鞋，不宜选择太紧的鞋子，以免影响健康。

（二）运动器材

攀岩是一项在高空进行的运动，在开展运动时需要有专门的装备进行保护。攀岩常用的技术装备有主绳和辅助绳、安全带、保护器、主锁、头盔、扁带、快挂、镁粉和攀岩镁粉袋等。

1.主绳和辅助绳

主绳（图17-4-13）是连接攀岩者、保护点和保护器的结合线，是攀岩保护中不可或缺的"生命线"。主绳直径为9～11毫米，长度在45米以上，常用长度为45米、50米、60米、70米，承受力在1500千克以上。主绳内部是缠绕在一起的多股尼龙绳，外部包有外皮，起到固定和防磨的作用（图17-4-14）。攀冰、登雪山时，最好使用不吸水的干绳，不使用年限不明的主绳。

图 17-4-13

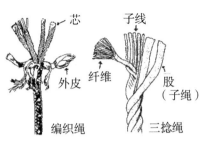

图 17-4-14

使用主绳的注意事项：绝对避免在锐利的岩角上横向切割；不可踩踏或在地上拖拽，以防岩屑、细沙进入纤维造成内部磨损；避免接触油类、乙醇、油漆和酸碱性化学药品；每次使用前后进行检查，定期淘汰；不用时，存放于阴凉、干燥处。

2.安全带

安全带（图17-4-15）是穿在攀岩者身上，承载因攀岩者脱落或下降而产生的重量和冲力的工具。安全带的腰带为主受力部分，其余腿带等则是为了舒适、便利而设计的。

图17-4-15

穿安全带时一定要将腰带从腰带扣反穿回去，否则受力时有拉开的危险；反穿后的带头长度须在10厘米以上，短于10厘米则需换更大型号的安全带。

攀登之前，攀岩者和保护者要互相检查安全带是否穿戴正确。只有腰带和保护环是承重的，其他部分不可承载人体重量；装备环的承重在5千克以下。

腰带、腿带上带有宽厚海绵垫的安全带，舒适但笨重，适用于室内攀登、攀岩定线工作；竞技攀登时需要轻巧型安全带；在传统攀登或器械攀登时，要考虑装备环的数量和位置是否合适。

3.保护器

（1）8字环类保护器（图17-4-16）是使用最普遍的保护器。它的特点是没有复杂的机械机关，在使用的时候不会出现机械性的故障。8字环类保护器的使用方法相对简单，它本身是左右对称的封闭金属环，没有制动端和攀爬端之分，在装绳时只要按照常用的方法操作即可。其不同的造型是为了调节绳子的形变角度和改变摩擦力而设计的，如C型和D型。

图17-4-16

8字环类保护器对所使用绳子的直径要求不是特别高，适用范围相对比较大。例如，A型的8字环的大环适合直径8.3毫米以上的绳子，A型的小环适合直径8.3毫米以下的绳子。

（2）ATC类保护器（图17-4-17）是近年来使用较为广泛的一类保护器。相对机械性保护器的结构来说，它本身要简单许多，其操作和8字环类保护器一样简单。与8字环类保护器相比，ATC类保护器最大的优点是绳索过锁后不容易发生卷曲、缠绕。另外，ATC类保护器是靠制动端下压产生绳索形变而增大摩擦力的，因此，ATC类保护器一般分制动端和攀爬端。在装绳时，攀岩者要注意保护器上图例要求的绳索走向。

图 17-4-17

ATC类保护器对所使用绳子的直径要求比8字环类保护器严格，一般为8.3～12毫米，如E型、F型、H型。如果ATC类保护器需要与直径小的绳索相匹配，就要选择小直径的ATC类保护器，如G型和H型。

（3）机械性制动类保护器相较于8字环类保护器和ATC类保护器，操作要复杂得多，特别是在安装绳上有非常严格的规定，一旦操作错误会直接发生致命的危险。

机械性制动类保护器在使用方面与8字环类保护器、ATC类保护器相比也存在很大的差异，后者一般只用于下降（单绳）和顶绳保护（单绳）。

4.主锁

主锁（图17-4-18）作为户外运动的一种安全装备，有力地保障了相关人员的生命安全，其在攀岩、登山、探洞、速降等户外运动项目中必不可少。人体能够承受的最大冲击力为12千牛。当冲击力传到主锁上时，最大冲击力为18千牛，因此，主锁的纵向关门拉力必须大于18千牛。

图 17-4-18

当发生以下情况时，攀岩者应及时更换主锁：① 当磨损处的凹槽超出主锁直径的1/4时；② 当主锁的锁门不能正常开关时；③ 当锁门的螺丝扣不能正常关闭及扭开时；④当主锁与化学药品接触后；⑤ 当主锁自高处摔落到坚硬地面后；⑥ 当主锁受到强烈冲击后；⑦ 当不确定主锁是否能继续使用时。

5.头盔

在攀岩中，头盔（图17-4-19）能够有效防止落石及非正常脱落姿态对头部造成的伤害。头盔要正确佩戴才能护住前额、后脑及侧面。当出现落石时，攀岩者千万不要仰头观望或以手抱头，应充分发挥头盔的作用。

图 17-4-19

6.扁带

扁带（图 17-4-20）在保护系统中作为软性连接，主要有机械缝制的扁带和手工打结的扁带两种。一般机械缝制的扁带可抗拉力达 22 千牛，手工打结的扁带绳套的可抗拉力则很难达到 20 千牛。

图 17-4-20

7.快挂

扁带的两端分别连接的铁锁称为快挂（图 17-4-21），使用时一端扣入保护点，另一端连接人体安全带或主绳。快挂两端的铁锁都不带丝扣，存在不慎打开或受力被压开的危险。因此，当只有一个快挂时，不能将快挂作为保护点使用。先锋攀登或传统攀登通常在路线中使用快挂作为临时保护点，此时主绳的扣入方式和快挂的开口方向就非常重要。其要求主绳从快挂与岩壁之间穿入，从外侧穿出，也就是说攀岩者这一端的绳头在外侧；若路线存在横向走向，则快挂扣入端的铁锁门要朝向路线走向的反方向，若路线是从左至右，则铁锁开口须朝左，这样可防止绳子压开铁锁门。

图 17-4-21

8.镁粉和攀岩镁粉袋

镁粉的学名叫碳酸镁，是一种白色、无味的粉末，其作用是吸收手上的汗液，保持手掌的干燥，这有助于保证手与岩壁的摩擦力。镁粉可分为粉状镁粉、块状镁粉和液体镁粉。其中，粉状镁粉比较普及，在体操、举重等运动项目中较为常用；块状镁粉是把粉状镁粉压缩成 10 厘米见方的小块，便于储藏和运输，使用时可以将其掰成小块或

粉末状；液体镁粉是由碳酸镁、乙醇等物质混合而成，用时将液体镁粉挤在手上，均匀地涂满整个手掌，由于遇到空气后乙醇会迅速挥发，镁粉便均匀地附着在整个手上，通常竞技攀岩选手在比赛前会使用这种镁粉。

镁粉与攀岩鞋一样，是攀岩不可缺少的装备。攀岩者可以把镁粉装在一个小袋子里，在攀爬的过程中不时粘取一些。装镁粉的小袋子叫作镁粉袋，可以买到，自己动手做也很方便。制作的时候要注意袋子的尺寸，试着将一只手放到里面，如果刚好可以放进去，则袋子的尺寸就合适。

四、攀岩竞赛规则简介

（一）比赛项目

国际竞技攀岩比赛包括难度赛、攀石赛和速度赛。

（1）难度赛：运动员在攀爬时（先锋攀登）须将保护绳依次挂入保护点的一种比赛形式。以运动员沿路线攀登的距离确定名次。

（2）攀石赛：不用绳子，而是用保护垫提供防护的短线路攀登比赛。以运动员完成线路的数量决定名次。

（3）速度赛：线路以顶绳攀登方式保护的一种比赛。以运动员完成线路的时间决定名次。

（二）比赛区域

比赛区域包括所有隔离区/热身区、所有转换区、所有过渡区，以及一个或多个比赛区。其中，比赛区包括岩壁、岩壁前面及旁边的区域，以及任何关系到比赛安全及比赛公平性的其他区域，如摄像区或视频回放区。没有裁判长的特许，任何运动员或随队官员都不得携带任何电子通信设备进入比赛区域。

只有下列人员允许进入比赛区域：国际攀联官员、组委会官员、有资格参加本轮比赛的运动员、授权的随队官员（仅限于隔离区和热身区）、裁判长特许的其他人员。这些人员在比赛区域停留期间须由指定的官员护送、监督，并须确保比赛区域的秩序安全，不得干扰和妨碍运动员的活动自由。禁止将宠物带入比赛区域，除非经裁判长特许。

（三）罚则

1. 黄牌警告

（1）当运动员发生以下违反规则的行为时，可出示黄牌警告：① 不遵守裁判长和国际攀联裁判的指令；② 未遵守国际攀联有关装备和服装的规定；③ 未佩戴主办方提供的号码簿；④ 未参加开幕式；⑤ 奖牌获得者未参加颁奖仪式；⑥ 使用带有污秽和辱骂性质的语言或轻度失控的行为；⑦ 轻度违反体育道德的行为。

（2）如果同一名运动员在一场比赛里被出示两张黄牌，将取消该运动员本次比赛的资格。

2. 取消参赛资格

（1）只有裁判长有权出示红牌取消运动员的参赛资格。

（2）发生以下违规情况将出示红牌，并立即取消参赛资格，但不追加处罚：① 在隔离期间在规定的观察区域外观察线路；② 使用不符合规定的装备；③ 在隔离区或其他限制区域未经许可使用任何通信工具。

（3）发生以下违规情况将出示红牌，立即取消参赛资格，并呈交给国际攀联纪律委员会：① 参赛队伍成员在比赛区域内有违规行为；② 参赛队伍成员虽不在比赛区域，但在公共场所、比赛场所或与比赛有关的住地及其他场所有违反规定行为。

（4）在比赛中拒绝服从裁判长指令，裁判长将出示红牌立即取消参赛资格，并呈交给国际攀联纪律委员会。

（四）岩壁结构

1.难度赛

（1）难度赛应预先设计好线路，在高度不低于 12 米的人工岩壁上进行。

（2）岩壁表面应允许每条线路设计长度不低于 15 米，宽度不少于 3 米。经裁判长许可，可以使用最窄部分少于 3 米的岩壁。

2.攀石赛

（1）攀石赛在人工搭建的岩壁上、特定设计的线路上进行，比赛不需要绳子保护，线路很短。

（2）岩壁结构通常应允许至少设计 10 条独立的攀石线路，以适应每轮线路同时进行的需要。

（3）所有的攀石线路都应搭建在一个直线型的升高平台上，以便在观众区的任何位置都能够观看到比赛。每条攀石线路都包含一个能够让运动员看到的明显标识的区域，并包含安全保护垫子。

3.速度赛

（1）速度赛在标定长度 15 米（"15 米赛"）的人工搭建的岩壁上、特定设计的线路上进行。

（2）岩壁表面应至少有两条平行的线路，每条线路的设计（包括计时装置的位置）应符合标准速度赛岩壁规则。攀登线路可以是毗连的或独立的，如果是后者，则两条独立线路之间的距离不超过 1 米，并且在所有情况下两条线路都应是水平均衡的。

（3）岩壁结构应包括两个保护点，保护绳穿过其中，即悬挂的主保护点（"顶端保护点"）和第二保护点（"侧保护点"）辅助控制保护绳。

课后实践

1. 欣赏一场定向越野比赛。

2. 组织开展一次花样跳绳比赛。

3. 在专业教师指导下，尝试学习轮滑和攀岩的基本技术。

（课）（程）（思）（政）

　　定向越野不仅能强健体魄，还能培养大学生独立思考、分析解决问题的能力和良好的逻辑思维能力，不断提升大学生的综合素养。

　　花样跳绳是具有悠久的历史的传统民俗娱乐活动。开展花样跳绳有助于传承中华优秀传统文化。花样跳绳可一人跳，也可多人跳，还可以自主创编，这有利于培养跳绳者的团队精神和创新精神。

　　在学习轮滑的过程中，大学生难免会经历跌倒和爬起、成功和失败，这有利于其以更加积极的心态去迎接各种挑战。大学生经常参加轮滑运动，有利于培养不断进取、积极向上、勇于拼搏、不畏艰难的精神。

　　攀岩是一项极限运动。攀岩者在攀岩过程中需要不断地挑战自我，战胜自我。大学生参与攀岩，不仅可以发展身体素质，增强意志品质，还能培养不畏艰险、勇攀高峰的精神。

第十八章　民族民间传统体育

内容提要

※ 花炮。

※ 射弩。

※ 高脚竞速。

※ 板鞋竞速。

※ 秋千。

※ 吹枪。

※ 陀螺。

※ 民族健身操。

学习目标

※ 了解我国民族民间传统体育的内涵及其在我国体育运动和传统文化中的重要性。

※ 了解多项我国民族民间传统体育项目及其开展方式。

※ 熟练掌握一两项我国民族民间传统体育项目的技术。

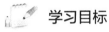

第一节　花　炮

一、花炮概述

花炮（又称"抢花炮"）流行于广西、贵州、云南、湖南等地区的壮族、侗族、仫佬族等民族，是一项具有浓郁民族特色的传统体育活动。花炮有着强烈的对抗性、娱乐性和独特的民族风格，数百年来长盛不衰。

（一）花炮的起源与发展

花炮是我国少数民族传统体育项目之一，相传起源于现在的广东，后传至现在的广西、贵州、云南、湖南等地区，已有几百年的历史。

最初的花炮是直径为 5 厘米的铁制圆环，外用红布或红绸缠绕，质量为 40 ～ 50 克，置于内装火药的铁铳中，火药燃放后即可将花炮轰上天空。待花炮落下时，参加者蜂拥入场，奋力夺取。后来，人们在保留花炮的民族特点的基础上，对其进行了适应比赛的改革：规定了比赛时间、场地、参赛队和人数，并增设炮台区，在规定的时间内以抢到花炮数的多少分胜负。经国家体育运动委员会（现国家体育总局）批准，在 1986 年第 3 届全国少数民族传统体育运动会上，花炮首次被列为正式比赛项目。抢花炮时，队员可采用挤、钻、护、传、拦等动作及各种假动作，但不准踢、打、咬或故意伤人。随着科学技术的进步、花炮的发展，第 5 届、第 6 届全国少数民族传统体育运动会对花炮项目的竞赛规则做了修改。其中，对器材的规定改动较大：送炮器改为能使花炮冲上 10 米以上高度并落在接炮区域内且能发出响声的发射器；花炮改为用不会伤及队员的橡胶做成的、直径为 14 厘米的彩色圆饼状物体，这些变动使花炮比赛更具竞争性和观赏性。经过技术的不断革新，花炮已经成为满足现代竞技要求的新兴民族传统体育项目。

（二）花炮的锻炼价值

花炮技术由跑、跳、抢截、传递、掩护、集体配合等技术动作组成，它要求队员在训练和比赛中跑得快、跳得高、力量强、抢截积极、突破能力强等。因此，花炮能促进速度素质、力量素质、耐力素质、灵敏素质、柔韧素质等的全面发展。

花炮比赛不仅要求队员掌握精湛的技术，适应激烈的争夺，还要求他们在错综复杂的情况下具备随机应变的能力。因此，参加花炮这一运动项目，能提高人体各器官、系统的机能，培养顽强的意志品质和团结协作的精神，以及提高个体广泛分配和集中注意力的能力。

二、花炮基本技术

花炮的基本技术包括脚步移动，持炮，传炮，接炮，抢空中炮、发任意炮、发界外炮，罚点炮，倒地，搂抱，突破等。

（一）脚步移动

脚步移动技术有起动、迂回跑、变速跑、变向跑、侧身跑等。

1. 起动

起动是在基本站立姿势的基础上，上体迅速前倾或侧转，手臂积极摆动，两腿交替蹬地摆送，使身体迅速向起动方向移动，在最短的距离内达到最快的速度。

2. 迂回跑

迂回跑是队员在持花炮或空手跑动的过程中，当对方从正面接近时，眼睛看右侧（面部也转向右侧更好），以吸引对方的注意力；右脚内侧用力蹬地，向左转身，右脚交叉于左脚前，成弧线跑开的跑动方法。

3. 变速跑

场上队员的跑动速度不是一成不变的，要根据攻防的需要不断地改变跑速。加速时，上体前倾，身体重心明显下降，缩小蹬地角度，后脚充分利用前脚掌快速有力地蹬地，增加蹬地的反作用力，加速身体重心前移，开始几步的步幅要小、速度要快；减速时，步幅略大，上体稍直起，以减缓向前的压力，从而降低跑速。

4. 变向跑

变向跑是队员在快速跑动中，为了抢占有利的攻防位置，突然改变跑动方向的一种跑动方法。变向跑时，同侧脚前脚掌积极地向异侧蹬地，脚尖稍内扣，前脚掌内侧用力蹬地，同时，髋关节向另一侧转动，带动上体转动并前倾；另一脚向所变动方向迈出一小步，蹬地脚随之迅速跨一大步，继续加速跑动。

5. 侧身跑

侧身跑是在紧张激烈的比赛中，队员为了既不降低跑速，又能及时观察场上情况和完成各种技术动作而采用的一种跑动方法。侧身跑时，队员的头部和躯干转向持炮队员，脚尖和髋关节仍朝向跑动的方向。

（二）持炮

持炮是传炮和接炮技术的基础，可分为单手持炮和双手持炮两种技术。

1. 单手持炮

单手持炮技术动作因持炮手势不同，可分为单手抓炮式和单手捏炮式两种。（图18-1-1）

（1）单手抓炮式：五指自然张开，环扣花炮的外沿，将花炮贴于掌心，持炮于体侧。此方法的优点是持炮稳，在跑动中不易掉炮；缺点是影响跑动速度，不利于快速交手和传接炮。

（2）单手捏炮式：将花炮置于手的虎口处，拇指与其余四指合力将炮捏住，持炮于体侧。此方法的优点是便于快速交手和传接炮；缺点是跑动中手臂摆动的幅度快、幅度大，容易掉炮。

2. 双手持炮

双手持炮技术动作因持炮手势不同，可分为双手抓炮式和双手捏炮式两种。（图18-1-2）

（1）双手抓炮式：一手在上，另一手在下，两手交错抓住花炮的两端，持炮于胸前。

（2）双手捏炮式：两手五指自然张开，虎口向前，拇指在上，与其余四指形成合力，捏住花炮的两面，持炮于腹前。

双手持炮相对于单手持炮更稳固，不易脱落，但影响跑动速度。

单手抓炮式　　　单手捏炮式　　　双手抓炮式　　　双手捏炮式

图 18-1-1　　　　　　　　　　图 18-1-2

（三）传炮

传炮是花炮比赛中运用较多的技术动作之一。根据传炮方式的不同，传炮技术主要有直接传炮、单手旋转式传炮（图 18-1-3）、单手体侧投掷式传炮（图 18-1-4）、单手肩上滚动式传炮（图 18-1-5）和体前低手传炮。以下介绍前四种。

图 18-1-3   图 18-1-4

图 18-1-5

1. 直接传炮

持炮队员单手或双手持炮。传递花炮时，持炮队员根据当时的情况将持炮手伸至接炮队员的适当位置，接炮队员单手或双手接炮，原持炮队员同时松手。

2. 单手旋转式传炮

以右手传炮为例，持炮队员两脚前后开立（左脚在前），右肩朝向传炮方向，右手以捏炮式持炮于体侧。准备传炮时，右手持炮引至左腹，上体向左后扭转。传炮时，左脚用力蹬地，带髋引肩，身体重心前移，随之挥臂、甩腕，将炮平旋传出。

3. 单手体侧投掷式传炮

以右手传炮为例，持炮队员两脚前后开立（左脚在前），右手以抓炮式持炮，并向身体右后方引炮。传炮时，右脚用力蹬地，向左侧转髋引肩，身体重心前移，挥臂、甩腕、扣指，将炮传出。

4. 单手肩上滚动式传炮

以右手传炮为例，持炮队员两脚前后开立（左脚在前），或两脚左右开立，右手以抓炮式持炮于肩上，拇指与其余四指扣紧花炮，掌心紧贴花炮背面。传炮时，右脚稍用力蹬地，然后带髋引肩，身体重心前移，向传炮目标压腕、扣指，将炮滚动传出。在传炮的过程中，持炮队员的头部始终要保持正直，目视目标。传出的炮的飞行弧线的高度不要太高，落点以在接炮队员的胸部高度为宜。此方法主要用于长距离传炮，具有传有力、准确的特点，是比赛中被运用较多的传炮方法之一。

（四）接炮

根据接炮方式的不同，接炮技术分为单手接炮和双手接炮两种。

1. 单手接炮

单手接炮技术动作因接炮手势的不同，可分为单手抓炮式和单手捏炮式两种。（图 18-1-6）

（1）单手抓炮式：以右手接炮为例，接炮队员五指自然分开，向来炮方向伸出；当炮接近手时，五指迅速内扣抓住炮，手臂顺势收回至腰腹部。

（2）单手捏炮式：以右手接炮为例，接炮队员五指自然分开，成勺形，向来炮方向伸出；当炮触及虎口时，拇指与其余四指合力将炮捏住，顺势屈臂缓冲收回至腰腹部。

2. 双手接炮

双手接炮技术动作因接炮手势不同，可分为双手抓炮式和双手捏炮式两种。（图 18-1-7）

（1）双手抓炮式：当花炮到达身体前方时，两掌成一上一下或一左一右，掌心相对，两手合掌将花炮抓住，两臂迅速屈肘收回至腹前。

（2）双手捏炮式：首先要准确判断炮的落点，然后快速移动至炮的落点处；两手五指自然张开，手掌向前成半球状，两手拇指相对，成八字形。当来炮较高时，掌心向前，拇指在下，与其余四指形成合力，捏住花炮，持炮于腹前；当来炮较低时，虎口向前接炮，拇指在上，与其余四指形成合力，捏住花炮，持炮于腹前。

　　　　单手抓炮式　　　　　　　　　　　　　　　单手捏炮式

图 18-1-6

　　　　双手抓炮式　　　　　　　　　　　　　　　双手捏炮式

图 18-1-7

（五）抢空中炮

抢空中炮是接炮队员在花炮被抛上天空后进行抢截或防守队员截获对方传炮的方法，是花炮运动中一项重要的技术。

抢空中炮被运用于以下两种情况：① 在比赛开始时，由司炮员点燃送炮器，花炮冲上 10 米以上的高度并落在接炮区域内；② 进攻方在传花炮时，防守方准确判断，抢断空中炮。抢空中炮者预判花炮的运行轨迹和落点后，降低身体重心并前移，快速地起动，单脚或双脚起跳，全身展开，以单手或双手在起跳至最高点时将花炮接住。

（六）发任意炮、发界外炮

发任意炮、发界外炮是指发炮队员在犯规及违例处或在界外，利用各种传炮手法将花炮从空中发出，接炮队员在 3 米外将炮接住的技术。

（七）罚点炮

罚点炮队员面对花篮，两脚左右开立，间距略宽于肩，站在罚炮线后，两膝微屈，右手持炮于体前。罚点炮时，上体前倾，利用单只手臂的小幅度摆动将花炮抛进花篮。

（八）倒地

1. 抢截花炮倒地

比赛开始时，花炮由送炮器送上天空，下落时由双方队员积极争抢。由于双方队员的相互抢截，花炮常常不易在空中被抢到，而是在下落至地面后被抢到，因此，负责地面抢炮的队员应快速移动、眼疾手快，积极抢截。此时，双方队员拥挤在一起，要传出花炮或个人持炮突破都较为困难。队员应根据场上情况，在抢截花炮后，主动倒地，将花炮保护好，待裁判鸣哨后，由本方发任意炮。

2. 保护花炮倒地

在比赛中，为了防止对方抢截，持炮队员根据场上情况可采取主动倒地的方式保护花炮。

3. 炮台区进炮倒地

《花炮竞赛规则》规定："攻方队员手持花炮触及炮台区线或炮台区内地面，但无法攻进炮台，判由攻方罚点炮。"持炮队员应充分理解并运用该条规则，在防守密集的情况下，主动倒地，尽量将手置于炮台区端线，以获得罚点炮的机会。

4. 自我保护倒地

抢花炮时，双方争抢激烈、对抗性强，队员要增强自我保护意识，利用倒地、滚动、手脚缓冲等，尽量减少受伤或避免受伤。

（九）搂抱

搂抱是队员在比赛中合理地利用脚步移动，积极地抢占有利位置，借助身体的力量，以阻挠或破坏持炮队员进攻的防守动作。搂抱一般有侧搂抱、正搂抱、后搂抱、腰搂抱等方法。

1. 侧搂抱

侧搂抱时，搂抱者从侧方接近持炮队员，以持炮队员的腰部、两臂或胸部为目标，单脚向前跨出，头部靠紧其后背，注意低头、含胸，两手用力抱紧。

2. 正搂抱

正搂抱时，搂抱者两脚左右开立，上体稍前倾，身体重心降低，以低姿搂抱，用肩和手臂按住持炮队员，使其无法移动。

3. 后搂抱

后搂抱时，搂抱者用身体顶住对方，将对方的上体迅速、有力地抱紧，以免对方挣脱。

4. 腰搂抱

腰搂抱是专门针对腰部的搂抱技术。当持炮队员进攻时，防守队员要降低身体重心，两手迅速搂抱住持炮队员的腰部，以拦截或破坏持炮队员的进攻。

（十）突破

突破是持炮队员运用合理的脚步移动动作，超越防守队员，以达到进攻目的的一项个人进攻技术。

1. 同侧突破

持炮队员两脚平行（或前后）站立，间距略宽于肩，两膝微屈，身体重心落在两脚前脚掌之间，单手持花炮于体侧或双手持花炮于腹前。突破时，左脚前脚掌积极蹬地，使身体重心向右前方移动，同时左脚向右前方迈出第一步。为了保持一定的前冲力，第一步的步幅不宜过大，以达到初步错位的目的。随后，借助第一步的惯性，右脚前脚掌蹬地，再向右前方迈出第二步，其步幅可稍大，以起到一定的制动作用；然后，右脚掌内侧用力蹬地，并向右转体，向前探左肩，左脚快速向前迈进，以摆脱防守向前跑进。

2. 异侧突破

持炮队员两脚平行（或前后）站立，间距略宽于肩，两膝微屈，身体重心落在两脚前脚掌之间，单手持花炮于体侧或双手持花炮于腹前。突破时，右脚前脚掌内侧蹬地，左脚向左前方迈出第一步，以起到初步错位的作用，右脚利用蹬地的力量向前迈出第二步；同时上体向左转，右肩前探，将花炮置于远离防守队员身体的左侧；随后，左脚继续向前迈出。

3. 转身突破

持炮队员两脚平行（或前后）站立，间距略宽于肩，两膝微屈，身体重心落在两脚前脚掌之间，单手持花炮于体侧或双手持花炮于腹前。突破时，左脚向右前方（防守队员的两脚之间）迈出第一步，身体重心移至左脚，右脚用力蹬地，以左脚为轴向右转髋转体，做后转身动作，右脚快速向突破方向后撤，脚尖尽量朝前。

4. 跳步突破

持炮队员两脚平行站立，两膝微屈，身体重心落在两脚前脚掌之间，单手持花炮于体侧或双手持花炮于腹前。跳步时，用同侧脚的外侧与异侧脚的内侧蹬地，使两脚向防守队员一侧平行跳动。在获得错位时机并对准空当时，右脚随即向前迈出第二步，再迈左脚向前跑动，以摆脱防守。

第二节 射 艺

一、射艺概述

（一）射艺的起源

射艺即中国古代的射箭运动。弓箭是人类伟大的文明成果之一，产生于旧石器时代晚期。在我国，弓箭文化历史悠久。据考古发现，约两万八千年前，中华先民就已经开始使用石箭镞了。弓箭是冷兵器时代最具杀伤力的武器，"李广射虎""一箭双雕"等典故的经久流传便是关于弓箭威力的有效证明。

在中华民族漫长的历史岁月中，射箭这项古老的人类活动见证了中华文明的发展和演变。在古代，射箭不仅是一种狩猎手段，还是众多仪式中的一种。这种射箭仪式作为一种集体仪式，也是后来射艺赛会的雏形。

（二）射艺运动的锻炼价值

射艺运动是锻炼身体的有效手段，经常且科学地进行射艺运动，不仅可以增强肩、臂、腰、腿等部位肌肉的力量，还可以锻炼目力，提高注意力。经常参加射艺运动可以促进运动器官的发展和新陈代谢，改善骨骼的血液供应，使骨骼变得更加粗壮坚固，同时还可以提高骨骼的抗阻和支撑能力，使骨骼的结构和性能都得到增强。由于血液供应增加，肌肉对蛋白质等营养物质的吸收与储存能力增强。进行射艺训练，锻炼者大脑皮质的兴奋和抑制过程可更加集中，神经系统对肌肉的控制能力将得到提高，包括肌肉的反应速度、准确性，动作的协调性等都将得到提高。此外，射艺运动还可以锻炼人的意志力，培养顽强、果敢等优良品质。

（三）射艺的礼仪

射艺形式与内容并重，"志于道，据于德，依于仁，游于艺"（《论语·述而》），以德为本，以礼约束，强调"射以观德"，既讲求"命中致远"的实用性，又重德尚礼，旨在培养"文质彬彬"的君子。先秦射艺有严格的礼仪和演习程序，射者一举一动都要"合节中拍"，从而达到"射以观德"的教育目的。因此，礼仪是射艺不可或缺的内容。

射艺礼仪采用中国传统礼节，空手时行拱手礼，带弓箭时行弓箭礼。行礼均从肃立姿势（立正）开始，受礼者须回礼。

（1）拱手礼：从立正姿势开始。两掌齐胸相叠，掌心对胸，左掌在外，右掌在内（女性右掌在外，左掌在内），五指并拢，目视对方；两手自胸前向外水平推出，伸腰展身，目视前下方，口中唱喏（如上课称"老师好"，课间休息称"谢谢老师"，下课称"老师再见"）；立正，礼成。

（2）弓箭礼：从立正姿势开始。右手垂于体侧，左手握弓弣，弓弦挨左腋；上弰在前，下弰在后，前低后高；左手将弓向内合于身前，右掌平展，指根按护弦绳，躬身唱喏；立正，礼成。

二、射艺的分类与器材规格

（一）射艺的分类

射艺内容丰富，形式多样。

（1）按发射姿势的不同，射艺可分为步射、骑射和车射3类。其中，步射又有立射和跪射之分。

（2）按适用领域的不同，射艺可分为猎射、武射、礼射3类。

（3）按使用器械的不同，射艺可分为弓射、弋射、弩射、弹射、投壶五类。弓射是射艺的主体内容，"挽弓当挽强，用箭当用长"。中华弓箭文化体系的主体就是弓射。在古代汉语中，以"弓"作为偏旁的大量的专门称谓反映了古代弓箭文化的发达。弋射是一种古老的射猎方式，在先秦时期极为盛行。简单地说，就是用系着绳子的箭射猎飞鸟，通过箭矢的牵引把绳子抛射到空中，用绳子束缚飞鸟的脖颈、羽翼，获得猎物。弩射是由弓箭发展而来的。战国时期，各诸侯国普遍装备了比弓箭威力更大的强弩，不仅有用臂张弩的"臂张"，还有用脚踏张弩的"蹶张"。《吴越春秋·勾践阴谋外传》深入细致地记载了弩射理论。弹射是用弓和弹丸射击远方目标的传统射艺。弹射起源于上古时期，甲骨文中"弹"的字形就是一张弓，弦的中部有个用以盛放弹丸的小囊，表达人用弓将丸弹射出去的意思，是典型的象形文字。在《吴越春秋·勾践阴谋外传》中同样也有关于弹弓起源的记载。传统弹弓术在民间长期流传。2005年，弹弓术被列为民族传统体育教学内容。投壶是富有娱乐性的射艺内容，《礼记·投壶》详细记载了投壶的礼仪和方法。在宴饮时，宾主在鼓乐声中将矢投向壶内，投中为胜，投不中为输，对输者进行罚酒，由旁边的司射裁判。

（二）射艺的器材规格

射艺所用器材以尊重传统、保护工艺为原则，弓和箭的制造遵循外观传统、材质天然的原则。

（1）射艺所用的弓在保持传统外观前的提下，可使用改良材料，但鼓励使用传统复合材料——角弓。

（2）箭靶材质不加限定，当前以草靶、EVA靶和XPE靶为主。靶的外形为正方形，有多种规格，可以根据练习距离选择不同规格的箭靶。

（3）射艺扳指以坡形为宜（也可使用清朝的筒形扳指），材质为角质或其他天然材料。

（4）射艺所用的箭多为天然材质制成，箭竿为竹质或木质，箭羽为天然羽，箭镞为金属材质（特殊箭镞或鸣镝可用天然或人工材质）。箭与弓相配，弓与人相配。

三、射艺的距离和场所

（一）射艺的距离

射艺所用的度量衡宜采用传统度量衡，以明清为准。两脚之距为"跬"，两"跬"为一"步"，一"步"约相当于现代的150厘米。射艺练习的初学者从两步（约3米）距离开始，以练习动作规范、掌握动作要领为目的，既要保证箭能上靶（避免箭到处飞落而浪费时间捡箭），又要避免箭从靶上反弹伤人。熟练掌握要领、动作规范后，射艺距离可依次增加到五步、十步、十五步……直到一百步（约150米）。每个距离都做到百发百中后，才可以练习下一个距离。

（二）射艺的场所

建设规范的射艺场所是推动射艺发展的重要举措。射艺场所要因地制宜，充分利用空间，以安全第一为前提，且一切规划、设施和使用均须遵循这一前提。

射艺场所场区以10米边长为最小规格，为上、下、左、右4个面。上方为起射线（射位间距1.5米，可容3～6人同时练习），下方设靶子，右边为人员入口处，左边为观礼区（观礼区范围一般不超过箭道的一半距离）。箭道两步处为学习靶位，箭道五步处为练习靶位。

场地尊卑：以射者左侧对靶为基准，左为下首，右为上首；前为上首，后为下首。

四、现代射艺步骤

结合古代礼射程式和现代学校课堂教学实际，射艺教学可按照以下步骤进行。

（一）就位

全体学生整队上射位，面向靶子，向教师行礼，称"老师好"。右脚后退半步，蹲下，左手从弓架上或地上取弓；起立，执弓行礼；向右转，行礼。

（二）形端

左手握弓在体侧，右手垂于体侧；两脚分开，略比肩宽，脚尖外摆，成"不丁不八"步；挺膝，提臀，收腹，含胸，平额。

（三）志正

闭目，调息，凝神。

（四）审固

头向左转，下颌略收，头上顶，目视箭靶。身体略前倾，"身前竦为猛虎方腾，额前临为封兕欲斗，出弓弰为怀中吐月，平箭阔为弦上悬衡"（《射经·身法》）。从此刻直到"验法"，目光均不离靶。对于初学者，可略放宽要求。

（五）持弓

左手持弓，将弓向前伸出，弓弦向上；左臂内旋，将弦翻转向下；左臂外旋至左侧伸平，上弰指靶。

（六）取箭

右手从箭壶（腰间或背后）取箭后，右臂伸平，箭镞向后；两臂自然平直。

（七）架箭

左手执弓至胸前，右手执箭至胸前，左手以食指和中指夹住箭竿，箭竿成水平状。

（八）抹羽

右手虚握，顺箭竿右抹至箭筈；拇指、食指捏住箭筈，辨别方向后使其竖直，再用拇指分辨确认副羽方向，使主羽朝外。

（九）入筈

右手捏箭筈将箭水平向左推，将箭筈"认"入弓弦；然后将箭筈在弦上向右轻拉，使弦略张，压住箭筈，左手夹紧箭竿，使箭固定。

（十）勾弦

右手扳指紧挨箭尾，垂直并"勾"住弦，箭筈处于虎口中；右手食指压拇指第一指节，向内略靠箭尾，两指成"凤眼"状，其余三指虚握；右手手背、手腕和右臂前臂自然伸展。

（十一）准备

两手动作不变，将弓箭置于身体左下侧，弓在上、箭在下，箭镞指向左脚脚尖的左前方。

注意：传统射艺中无此步骤，在现代射艺课堂教学和集体训练中可增加这一步骤，以整肃秩序，减少混乱。

（十二）预备

两手举起弓箭，镞不离靶（初学者在进行集体练习时，箭镞统一举至左上方，以减少箭的意外脱弦），左臂伸直，右肘抬平，同时吸气蓄力。

（十三）引弓

左手食指松开，指尖轻触箭竿；呼气发力，两肩、两臂一起发力，同时左肘内旋，左肩下沉；左推弓，右挽箭，至箭镞触及左手食指指尖，右手持箭羽至右嘴角，弓弦至右耳后。

注意："怒气开弓"，即呼气时发力，用力要均匀；胸要打开，背要收紧。

（十四）入彀

弓箭拉到满处，箭镞底部触及左手食指指尖，即"知镞"。要求达到"五平三靠"，"五平"即两肘、两肩和天庭五处均处于水平状态，"三靠"是弓弦靠身、翎花靠嘴和右耳靠弦。

（十五）撒放

屏住呼吸，全身稳固，右手抬食指（撒）、伸拇指（放），将箭射向箭靶。古法曰"后手撒放，前手不知"，即要求撒放动作轻微自然。

（十六）验法

撒放之后，左手向前如"凤点头"，右手向后如"龙摆尾"，两手极力遣箭。两臂自然平伸，肩沉气按，溜臂合腕。

（十七）释弓

射完全部箭后，收弓立正，敬礼；向左转，立正，将弓置于左脚外侧；立正，敬礼。

（十八）验靶

走到靶前，行礼；左手按靶，箭在虎口内；右手靠近左手，紧握箭竿，用力将箭拔出，检查有无破损（剔除破损箭），收于箭壶。

（十九）下饮

离开射位，解除弓箭；行礼后入列，休息。

五、射艺的热身运动和拉伸训练

射箭前拉伸肌肉的热身运动和射箭后舒展肌肉的整理运动，不但可以避免肌肉、肌腱和关节的损伤，而且能够增强身体的灵活性。

（1）舒展上臂肌肉。两手十指相扣，掌心朝外，两臂伸展，举到头顶，保持十指相扣。两臂向上伸展，保持10秒。

（2）舒展背部肌肉。两臂在胸前交叉，两手分别放到两肩上，慢慢地向背的中心伸展，尽力伸远，保持10秒。

（3）舒展胸部、肩部和前臂肌肉。一臂上举并向背后屈肘，另一臂向后屈肘，伸向后背。两手在背后相扣，保持10秒；然后换手臂和方向做，再保持10秒。注意保持背部挺直。

（4）舒展肩部和背部肌肉。两手相扣，两臂伸直，慢慢地尽力向左转，保持10秒；再慢慢地尽力向右转，再保持10秒。注意不要转太快，以免损伤脊柱。

（5）舒展颈部和肩部肌肉。两脚自然站立，两臂自然地放在身体两侧，向上耸肩，越高越好，然后向前送肩，再向后送肩，每个方向坚持10秒。

（6）舒展背部和肩部肌肉。两手抓住一节橡皮筋或橡胶管的两端，两臂抬至与肩同高，然后张开至伸直，再向后拉动，使两肩胛靠近。保持10秒，重复做6次。

（7）舒展肩部肌肉。两手抓住一节橡皮筋或橡胶管的两端，一臂伸直上举，另一臂侧平举。侧平举的手臂向下拉橡皮筋并保持10秒，重复做6次。两臂交换位置并重复该动作。

（8）舒展胸部和肩部肌肉。将一节橡皮筋或橡胶管绕过背后，两手抓住两端。

两臂侧平举，与肩同高，然后两手同时向前拉动橡皮筋，保持 10 秒，重复做 6 次。

（9）模仿射箭动作。将一节橡皮筋或橡胶管绑成一个圆环，右手拉动橡皮筋模仿射箭的动作，保持 10 秒，重复做 6 次；然后换左手继续做。

第三节　高脚竞速

一、高脚竞速概述

（一）高脚竞速的起源与发展

高脚竞速又称高脚马或骑竹马。高脚马原是土家族人、苗族人雨季代步，涉水过浅河的工具，也是京族用来在海边涉水捞虾的工具。后来，人们将竞速这一形式融入其中，发展出了此项运动，使之成为一个民族传统体育项目。

改革开放以来，高脚竞速运动初步实现了由民族民间娱乐项目向体育竞赛项目的转变，并在第 5 届、第 6 届全国少数民族传统体育运动会上被列为表演项目。2003 年，在宁夏举行的第 7 届全国少数民族传统体育运动会上，高脚竞速被列为正式比赛项目，共设男子 200 米、女子 200 米、男子 2×200 米、女子 2×200 米、男女 4×100 米混合接力 5 个项目。

（二）高脚竞速的锻炼价值

高脚竞速所需的器材较简单，不受场地的限制，运动强度适中，娱乐性强，特别符合目前正在开展的全民健身运动的特点。高脚竞速不仅具有很高的健身价值，还具有很高的艺术价值，对丰富人们的生活具有积极作用。

二、高脚竞速基本技术

高脚竞速的基本技术包括握杆、踏镫、行走、跑动、接力等。

（一）握杆

两脚左右开立，将两杆平行立于体前，两杆间距与肩同宽。两手虎口向上，除拇指外的其余四指并拢，握紧杆的上部，两手高度低于肩部约 10 厘米。

（二）踏镫

两手分别握好杆后，两脚依次踏上踏镫。此时两臂发力，使杆向身体靠近，手脚配合，提杆抬腿，以移动的方式来维持身体平衡。

（三）行走

两手紧握杆的上端，确保杆不能旋转或晃动。在基本保持平衡的前提下，一侧手向上提杆，同侧腿提膝向前迈步，同时身体重心向对侧移动，对侧腿要保持身体平衡。迈步脚落地时，身体重心移向落地脚，另一侧腿开始提膝迈步。依次交替进行。

（四）跑动

跑动包括起跑、加速跑、途中跑、弯道跑、终点跑等。

1. 起跑

起跑包括"各就位""预备"和鸣枪 3 个部分。

（1）"各就位"。听到"各就位"口令后，运动员手持两个高脚杆立于起跑线后（杆底部不得触及或超过起跑线）。两手握杆的上部，两臂自然弯曲，身体直立，两眼平视前方。（图 18-3-1）

（2）"预备"。听到"预备"口令后，运动员一只脚踏上踏镫，踏稳后，身体重心前移，使踩在踏镫上的脚踩实，杆前倾，身体重心移到踏镫腿。另一腿屈膝，脚跟稍离地，前脚掌用力蹬地。两臂微屈，两手紧握杆。目视前下方，集中注意力听枪声。（图 18-3-2）

（3）鸣枪。听到枪声后，蹬地脚同侧手迅速将杆向前提拉一步，蹬地脚同时跟进，踏上踏镫，先踩在踏镫上的腿随之向前迈出第二步。（图 18-3-3）

图 18-3-1　　　　　图 18-3-2　　　　　图 18-3-3

2. 加速跑

运动员在加速跑阶段的任务是在较短的时间内尽快获得较快的速度，并迅速转入途中跑。起跑后，第一步的步幅不宜过大，步幅应由小到大，频率应逐渐加快；加速时，两腿交替用力后蹬与前摆，两手上提杆，两杆着地点的横向距离约与肩同宽；当加速到较快速度时即转入途中跑。

3. 途中跑

途中跑是高脚竞速全程跑中距离最长、速度最快的一段。运动员在此阶段的任务是以在加速跑阶段获得的速度为基础，保持高速度跑。

途中跑技术包括两腿动作、提摆臂动作、身体的正确姿势等。跑动时，抬腿动作与同侧臂的提摆是协调配合的。摆动腿尽量抬高，同侧臂的前臂尽量带动手提杆。支撑腿后蹬时应以强有力的动作依次蹬伸髋关节、膝关节和踝关节。此外，要注意两手抓紧杆，以防止杆旋转，并保持身体平衡。上体适当前倾，腰背挺直，不要低头，平视前方。跑动时，要用力后蹬，尽量减小杆与地面的夹角，以缩短腾空时间，减小身体的上

下起伏。同侧臂配合后蹬动作，控制好杆，前臂尽量下压。（图 18-3-4）

图 18-3-4

高脚竞速途中跑的运动强度较高，运动员后程跑段的耐力是保持高速度跑的前提条件。保持步频与增大步幅，或加快步频与保持步幅，都能提高跑速。运动员应正确理解步频与步幅之间的关系，避免后程跑段因体力不支而失去对杆的控制。

4. 弯道跑

在弯道跑时，运动员身体重心较高，跑动中离心力较大，因此要控制好杆与身体向内倾斜的角度。为了克服离心力的影响，在进入弯道跑时，身体应随弯道逐渐向左倾斜，右臂摆幅加大，并稍向内摆，左臂加大向外提杆动作的幅度。右腿前摆时，膝关节稍内收；左腿前摆时，膝关节稍外展。在弯道跑结束即将进入直道时，身体逐渐恢复到途中跑的姿势。

5. 终点跑

终点跑需要运动员用全身力量，以最快的速度冲向终点，争取有利名次。在撞线时，运动员要控制好身体姿势，以防跌倒。运动员应基本保持途中跑姿势，到达终点后，应向前减速缓冲 10 米左右再跳下杆，以保证安全。

（五）接力

接力跑的获胜，不仅取决于接力队员的跑速，还取决于接力技术。《高脚竞速竞赛规则》规定："队员必须在规定的 10 米接力区内完成接力，一个队共用一副杆。"因此，交接用时越短越好。当队员的杆踏入接力区后，该队员应当迅速减速跳下杆，并尽快将杆交给接力队员；接力队员接到杆后，必须在接力区内踏上杆，并运用起跑和加速跑技术迅速向前跑进。

第四节　板鞋竞速

一、板鞋竞速概述

板鞋竞速是少数民族一项独具特色的传统体育项目，以其健身性、竞技性、娱乐性等特征，深受广大群众的喜爱。

（一）板鞋竞速的起源与发展

相传在明代，倭寇侵扰我国沿海地区，壮族女英雄瓦氏夫人率兵赴江浙抗倭。为了提高士兵的战斗意志和集体观念，瓦氏夫人令3名士兵同穿一双长木板鞋齐跑。经过长期训练，士兵的战斗力大大提高，斗志昂扬，挫败了来犯的倭寇。后来，壮族人效仿瓦氏夫人所创的练兵方法，在田头地角、房前屋后开展以三人板鞋为主的竞速活动自娱，相袭成俗，流传至今。2007年，在第8届全国少数民族传统体育运动会上，板鞋竞速被列为正式比赛项目。

板鞋竞速对运动场地要求不高，器材制作简单，具有鲜明的民族特点，为人们的闲暇生活增添了乐趣。板鞋竞速有三人板鞋、板鞋舞蹈、板鞋拳术、龙凤板鞋等多种形式，最常见的比赛项目是三人板鞋。

（二）板鞋竞速的锻炼价值

板鞋竞速能提高锻炼者的速度素质、力量素质、耐力素质、柔韧素质、灵敏素质等身体素质；增强锻炼者的心血管系统和呼吸系统机能；培养锻炼者坚强的意志和团结协作的精神，给锻炼者带来愉快的情感体验。

二、板鞋竞速基本技术

板鞋竞速基本技术主要包括预备姿势、行走技术和跑动技术。

（一）预备姿势

两脚前后开立，间距与肩同宽，平视前方，两手扶在同伴的肩或腰上，做好踏步准备。

（二）行走技术

1.原地踏步—向前走—快速跑

当全体运动员都做好准备之后，为使步调整齐一致，由其中一名运动员或全体运动员一起喊口令"1—2—1"或"左—右—左"，并原地踏步，声音节律与步调要一致。熟练后，两手不攀扶其他人，自然摆臂向前走，再逐渐过渡到自然跑、快速跑。

2.弯道走

弯道走必须改变身体姿势及摆臂、后蹬的方向。跑进时，身体应向左倾斜，使右肩高于左肩；右臂摆动幅度大且稍向外，左臂摆动幅度小且靠近身体；右脚前抬时向内收，后蹬时用前脚掌的内侧扣紧板鞋，左脚稍向外展，脚外侧用力；右脚步幅稍大于左脚步幅；转弯后，身体逐渐过渡到正常姿势，快速向前跑。

（三）跑动技术

完整的跑动技术可分为起跑、起跑后的加速跑、途中跑和终点跑4个部分。

1.起跑

板鞋竞速的起跑信号包括"各就位"和鸣枪两部分。

当发令员发出"各就位"口令时，运动员将板鞋置于跑道起跑线后，全体运动员共同套好板鞋，两脚前后开立，间距与肩同宽，上体稍前倾，身体重心下降并稍前移，注意力集中，目平视前方。

当听到发令枪响后，全体运动员后腿迅速提膝前迈，向前跑出。

2.起跑后的加速跑

起跑后的加速跑是指由起跑到进入途中跑的一个跑段。其任务是在较短时间内尽快发挥较高跑速，迅速转入途中跑。

起跑后向前迈出的第一步不宜过大，身体重心迅速前移，两臂积极摆动，保持身体协调、平衡，步长逐渐加大，步频逐渐加快。

3.途中跑

途中跑是板鞋竞速全程跑中距离最长、速度最快的一个跑段。其任务是发挥并保持较高的跑速。途中跑是一个不断重复的周期性动作。途中跑技术包括两腿动作、摆臂动作和身体姿势。板鞋竞速由于是 3 个人同穿一对板鞋共同完成动作，要求 3 个人的动作协调一致，如果有 1 人动作不一致，就会导致全体失去平衡，甚至摔倒。

摆动腿尽量高抬，支撑腿要用力后蹬，两臂积极摆动，配合腿部动作，尽量缩短腾空时间，减小身体的上下起伏程度，保持身体平衡，上体适当前倾，平视前方。

板鞋竞速的运动强度较高，后程的耐力是保证以高速度跑完全程的重要因素；保持稳定的步频和步长，避免后程因体力不足而失去对板鞋的控制；弯道跑时，身体应向内倾斜，以获得合适的向心力，从而保持身体的稳定性和跑进速度。

4.终点跑

终点跑的任务是尽力以途中跑的高速度跑过终点，争取好成绩。撞线时，运动员要注意保持身体平衡，以防跌倒。

三、板鞋竞速的练习方法

练习者要遵循循序渐进的原则，由易到难，首先练习原地踏步，其次练习向前走、慢跑、快速跑、弯道跑、起跑及起跑后的加速跑，最后练习全程跑。

（1）3 人穿板鞋练习原地踏步，体会动作的协调性。

（2）3 人穿板鞋练习向前走，体会步法的一致性。

（3）3 人穿板鞋慢跑并逐步过渡到快速跑，体会途中跑的动作。

（4）3 人穿板鞋进行弯道跑，体会如何克服离心力，并获得合适的向心力，保持身体的稳定性和跑进速度。

（5）3 人穿板鞋练习起跑和起跑后的加速跑，体会快且稳的起跑动作，练习如何较快地获得较高的跑速。

（6）3 人穿板鞋练习终点跑和全程跑，体会如何保持较快的跑速进行终点冲刺。

四、板鞋竞速基本战术

目前，板鞋竞速的比赛距离均在 60 ～ 100 米，战术作用不像中长距离的比赛发挥得那么明显，但是板鞋竞速运动强度高，赛次较多，对运动员体力的要求高。因此，合理分配体力对运动员在各赛次中取得好成绩十分重要。

60 米比赛的战术：运动员力争在每一赛次中取得好成绩，当小组取得好成绩时，应养精蓄锐，为下一次比赛做准备；决赛时应全力以赴，跑出自己的最好成绩。在具体比赛中，当运动员水平比较接近时，应采取"以己之长，克敌之短"的战术，以取得决赛的胜利。

100米比赛的战术：运动员在预赛中要确保取得好成绩，进入决赛后，全力跑出好成绩。在具体比赛中，运动员应合理地分配自己前后段的体力，前段要用接近自己最好成绩的速度跑，后段要随惯性尽全力跑到终点。

在接力比赛中，弯道跑技术和交接棒技术非常重要，要安排弯道跑技术较好的运动员进行弯道跑。

第五节　秋　千

一、秋千概述

在春秋时期，我国北方出现了绳索悬挂于木架、下拴踏板的秋千。荡秋千是很多民族都有的游艺竞技项目。

秋千文化内容丰富多彩，其表现形式也是多种多样的。从健身、娱乐、竞赛、观赏等角度来看，秋千对人们是非常有益的。1986年，在第3届全国少数民族传统体育运动会上，秋千被列为正式比赛项目。

二、秋千基本技术

荡秋千分单人和双人两种，其技术都由起动、摆动（包括前摆和后摆）、触铃和停摆4个部分组成。

（一）单人

1. 起动

两手持绳的高度、秋千踏板的角度，以运动员"预备"时感到舒适、容易发力，起动后脚蹬离出发台和秋千踏板时能获得向前的最大初速度，并能为加速摆动创造有利条件为宜。听到"各就位"口令时，运动员平稳地走上出发台，系好安全带，在教练员的配合下两手轻握秋千绳，拇指压住食指和中指，前脚踏在秋千板上，后脚支撑在出发台上，脚部、背部、颈部自然放松，两臂、两膝微屈，调整好呼吸。运动员准备好后，把信息传递给教练员，由教练员向裁判员示意。听到出发令后，运动员深吸气，两手向后、向上拉绳，前脚吸提，拉板做吸板动作，之后两脚依次用力蹬，推出发台和秋千踏板，同时两手推绳，使身体向下方运动，以获得较大初速度。

2. 摆动

（1）前摆。

后脚离开出发台后，屈膝、拉腿做上板动作。两脚踏在秋千板上，两膝弯曲，身体重心下降，向前摆荡。快到垂直地面时，腰腹用力，脚掌用力蹬板，两腿蹬伸；过垂直面后，向前挺膝、送髋、挺腹、挺胸、抬头屈肘至最高点，使身体充分伸展，完成前摆。为了便于过垂直面后用力，在垂直面前，关节不应完全伸直。

（2）后摆。

随回摆下落的惯性，两手紧握秋千绳，伸肘、含胸、屈腹、屈髋、伸膝，臀部下坐，躯干成弓形，下坠秋千绳。下坠秋千绳不仅可减少阻力，还可获得对秋千绳向下、向后的拉力，因此身体重心的投影点应尽量低于秋千板和远离秋千绳的平面。借下坠秋千绳回摆力量，接近垂直地面时，屈膝腿脚掌向下、向后做压板动作；过垂直面后，两腿屈伸，两手用力向后、向上拉绳至最高点，完成后摆。

摆荡时，两脚对脚踏板作用力越大，加速度越大，摆弧越大，高度就越高。运动员要充分注意用脚掌调整秋千板角度。

3. 触铃

前摆至接近铃时，两手紧握秋千绳，两脚紧抓踏板，注意力高度集中，两眼看准铃，屈肘稳住上体，迅速收腹举腿，完成打铃。秋千比赛在同一高度触铃，摆动次数少者成绩列前。因此，运动员应尽量提前打铃，踢铃时注意脚踩好板，不能脱板，如未能踢到铃，脚掌要迅速前伸压住板，往下甩腿接后摆，争取下一次摆荡触铃。

4. 停摆

停摆时只需抓稳秋千绳，站立或坐在秋千板上自然随荡，直到自动停下。

（二）双人

1. 起动

技术好的队员面对铃杆，两人握绳的高度：身高较高者握上方，较矮者握下方；同等身高，力量较大、技术较好者握下方。脚的放法：以交叉为好，特殊情况下，较矮的队员脚可放中间。起动时以推绳为主，脚蹬板或出发台时尽量避免产生力隔，如果发生力隔旋转，两人两臂迅速侧平推绳。

2. 摆动

两人协调用力，分别做前摆、后摆动作，同时保持连贯、流畅，秋千绳不能产生抖动。

3. 触铃

接近铃时，下方队员或教练员给信号，两人同时迅速、猛力向上提绳，下方队员两手向上推绳蹬伸展开身体，上方队员拉绳，提上体，用背部或肩部、头部触铃。

4. 停摆

停摆时只需抓稳秋千绳，站立或坐在秋千板上自然随荡，直到自动停下。

三、秋千基本战术

（一）单人项目的基本战术

当秋千摆动高度低时，动作和发力一定要柔和，要顺着绳子的摆动做动作，切忌猛发力。尤其是在蹬板时，如果猛发力，就可能会蹬空，不仅不能把力用在板上，还会产生一种制动，适得其反。注意，起身的发力点离秋千的立杆较近。

当秋千摆动高度中等时，要开始慢慢加力，一板比一板用力，起身点尽量靠近秋千杆。到后面最高点时，推绳压板、坠绳、下蹲，两腿尽量折叠分开，低头。在即将靠近秋千杆时，两腿朝斜下方用力蹬板，同时起身，身体接近绳子。到最高点时站直，抬头，目视前方，接着继续做推绳压板、坠绳、下蹲姿势，在接近杆的瞬间，两脚往后做划船动作，过杆后起身用力引绳站立起来。

当秋千摆动高度较高时，越高越要发力，每一板都要集中精力，做好每一个细小的技术动作。在后点最高点时，下蹲前有一个向上跳动压板的动作，紧接着做推绳压板下坠动作，两腿大小腿尽可能地折叠做好准备。当靠近秋千的两根立杆时，时机一到，就要用尽全身的力气做蹬板动作，做到猛发力、快起身，切忌身体拖在后面，形成制动。到最高点时，踮起脚尖，挺胸抬头，目视前方，身体尽量往上走。紧接着做推绳压板坠绳动作，把握好时机，发力点一到，用力划板引绳、起身，准备做下一次下坠的动作。预测好高度，准确触铃。触铃时，向前的预摆技术动作，与高的预摆技术动作一样，不同之处就是在过杆后，在绳子到达最高点前的瞬间做踏板、扣绳、收腹踢腿动作。此时一定要把握好时机，如果踏板扣绳过早则会使高度下降而无法触到铃，从而影响下一板的发力；如果踏板时机判断晚了，则会造成踏板踏空，用不上力，扣绳很困难，使原本能够到达的高度无法到达，同样影响下一板的高度和发力节奏。

出发时一定要把脚尽量抬高，折叠踏板，身体尽量后仰，保护绳尽量放低，以便获得最大的势能。出发的瞬间，在出发台上的一只脚用力蹬出发台，以便获得最大的反作用力；秋千摆动高度低时要柔和发力，顺着绳子的摆动做动作，切忌猛发力；秋千摆动高度中等和高度较高时，做好推绳压板、坠绳、下蹲动作，两腿尽量折叠分开，蹬板和引绳要集中精力，找准时机；触铃前要做好心理准备，把握好触铃时机。触铃时的预摆更要集中精力，找准时机，做踏板、扣绳、收腹踢腿动作。

一定要把握好各个点位的时机，不同的点位要做与之相适应的动作；做蹲起时一定要呼气，切忌憋气；精力集中，尤其是触铃前，一定要在心中给自己一个提示——下一板准备触铃。

触铃的时机一定要找好，太晚或太早都不行，要在绳子到最高点前的瞬间做踏板、扣绳、收腹、踢腿动作；一定要有信心，相信自己可以，并且大胆做出动作。

（二）双人项目的基本战术

两人将安全绳拴好后，把安全绳调整到适合自己的位置。一切准备好后，两人站在出发台上，然后由工作人员将其推到队员能够顺利出发的位置。在出发时，首先由背对着触铃架的人先上一只脚踏好板，然后另外一人上一只脚踏板，使他们的腿能够充分折叠且呈蹲的姿势，两人都准备好时，给裁判员回应，告诉裁判员他们已经准备好了，待裁判员鸣哨后方可出发。此时，两人的支撑腿同时迅速用力蹬出发台上的板，迅速离开出发台，完成出发。在出去的一瞬间，两人充分坠绳，做好蹲的姿势，当秋千摆至接近横杆时，两人同时发力站起（发力时要缓，充分把脚上的力量应用到踏板上且脚要踏实），使秋千继续向前上方运行。

在出发到 5 米高度时，由于秋千摆荡的距离相对较短，两人不能猛发力，通常采用缓发力的方式，否则会使秋千在摆动的过程中发生偏移而导致绳子搅在一起。在秋千摆动过程中，要注意判断好点（最高点、最低点、发力点）的位置，把握好发力时机。

当秋千到达最高点时，两人充分下蹲，坠绳压板使身体重心下降，从最高点向下运行时，保持坠绳动作，使人体与秋千的重心远离秋千架的上支点。当摆动速度快接近横杆时，两脚用力蹬板迅速站起且手用力引绳，使秋千到达最低点时动能最大，从而速度最快。当从最低点到达最高点时，身体基本上要站立起来了，在这个过程中，腰腿一定要控制好，不能松弛，站起时要缓慢配合好摆动的速度，若猛然起身会使绳子闪动得厉害，从而破坏节奏。

在高度中等（5～10米）时，秋千摆荡的距离较远些，在这个时候，两人要充分发力蹬板，可在离横杆稍远的距离发力。其余动作姿势不变。

在发力时，两人的脚上用力要均衡，手上引绳或推绳时发力也要均衡，快接近最高点时要学会提身体重心，踮起脚尖，引绳或推绳，到最高点时用力拉绳，身体后仰，使自己的肩和背探到绳子以外，充分给对方让出位置（切记身体不要往后倒），在预摆过程中，要调整呼吸，使呼吸顺畅，忌憋气。

第六节　吹　枪

一、吹枪概述

吹枪是一项深受苗族人喜爱的传统体育活动。该项体育活动所使用的吹枪是苗族人民在生活中为防止鸟兽侵袭、保护庄稼、自我防身而制作出来的一种吹射类武器。吹枪在苗族人民的生活中具有很大的实用价值，并随着苗族人民劳动文化生活历史进程的逐步发展而沿袭至今。在高科技快速发展的今天，吹枪由生产工具演变成了娱乐、健身运动器械，仍然受到苗族人民的喜爱。吹枪既是一种防身武器，又可消灭害鸟；既可以保卫生产，又可以锻炼身体，活跃文化生活。

吹枪运动至今已有300多年的历史，20世纪90年代末期被云南省民族运动会列为正式比赛项目和全国少数民族传统体育运动会的表演项目。迄今为止，吹枪运动是我国独有的运动。20世纪80年代，云南省有关部门对这项深藏在民间的古老体育运动项目进行了整理挖掘，并将其推向了体育竞技赛场。

二、吹枪的特点与功能

吹枪是用空心竹子做成枪筒，用木料制成枪座，总长度为1～1.2米，枪管孔直径为1厘米，枪杆断面直径不限。吹枪使用的弹丸由用黄泥制作而成，弹丸大小以适合通过枪管为宜。比赛时，运动员把弹丸放入枪管内，以嘴对枪管用力吹出弹丸击打目标。比赛分立姿和跪姿两种形式，男子射程为15米，女子射程为10米，每人每种姿势射

20 弹，按两轮中该项成绩的总和排列名次。

随着吹枪在云南省的迅速发展和人们运动水平的不断提高，云南省各地的吹枪竞赛活动不断增多，各民族间的交流愈发频繁，人们对吹枪的认识也不断加深。吹枪能增强体质，提高身体素质，增进民族团结的成分。

三、吹枪基本技术

吹枪基本技术包括持枪技术、瞄靶技术、吹气击发时的动作技术、吹气力量技术和呼吸技术。立姿持枪技术按两脚站立位置可分为左右站立式和前后站立式；按握枪手型可分为抬式握枪、提式握枪。跪姿持枪技术按臀部位置可分为坐式和立式；按握枪手型可分为抬式握枪、提式握枪。瞄靶技术可分为单眼瞄靶技术和双眼瞄靶技术。吹气击发时的动作技术按个体习惯可分为抖动型和相对静止型。吹气力量技术按力量可分为最大力量型和适度力量型。呼吸技术按呼吸方式可分为胸式呼吸和腹式呼吸。

合理的吹枪技术是采用腹式呼吸技术，加稳定的最大吹气力量技术，再加稳定的瞄靶技术和吹气击发时稳定的动作技术。这样就能稳定地控制每颗弹丸的击打位置，这也是吹枪运动所要达到的比赛目的。

第七节　陀　螺

一、陀螺概述

在我国，宋代宫廷里就出现了一种叫"千千"的与陀螺类似的玩具。"陀螺"一词最早出现在明代，明代刘侗、于奕正合撰的《帝京景物略·春场》载："杨柳儿活，抽陀螺。杨柳儿青，放空钟……"

陀螺在我国开展得较为普遍，但玩法各异。例如，云南傣族人民称陀螺为百跌，其形状接近正规比赛用的陀螺，其打法为分队集体对抗，攻击方在 10 米开外进行攻击，击中后以旋转时间长的一方为胜，同时可用拨、赶、吹等方法延长旋转时间。佤族人民称陀螺为布冷，其头大身细，形状奇特。瑶族人民玩的陀螺像一个大盘子，重者可达 2.5 千克。打陀螺是云南推向全国的一项民族民间传统体育竞赛项目，近十几年来，云南对陀螺运动的开展作出了很大贡献。1982 年，在云南省第 2 届少数民族传统体育运动会上，陀螺首次被列为表演项目。1989 年，陀螺规则研讨会在昆明召开。1991 年，在第 4 届全国少数民族传统体育运动会上，陀螺被列为表演项目。1995 年，在第 5 届全国少数民族传统体育运动会上，陀螺首次被列为正式比赛项目。近年来，陀螺竞赛规则经过多次修改，已日趋完善。陀螺运动已经在云南、广西、贵州等地得到广泛的普及，尤其受中老年人的青睐。目前，云南、山西、北京、广西、湖北、贵州等地的陀螺竞技水平较高。

二、陀螺基本技术

陀螺基本技术可分为放陀技术和攻陀技术。

（一）放陀技术

（1）缠绳：以左手拇指、食指、中指抓紧陀螺柱体部分，无名指屈指贴附于陀螺锥体部位，陀螺底锥朝向手掌，用手将陀螺握稳。右手将鞭绳按顺时针方向从陀螺的柱体开始逐渐向中部缠绕，至鞭绳余下 20～30 厘米（具体可根据个人习惯而定）。缠绕用力要适当，缠得过紧，张力过大，易伤绳子；缠得不紧，旋放时力量传递受损，不易旋准旋快，会影响放陀效果。

（2）握陀：缠好陀后，右手拇指与食指、中指握住陀螺的柱体，无名指、中指贴于锥体部位，将陀握稳。

（3）持陀持鞭：左手握好陀后，右手握住鞭杆把端，这时由于鞭与陀连成一体，两手、两肩的活动方向与幅度要一致。左臂向左侧前方自然伸出，右臂屈肘随之左摆，将陀与鞭持于身体左前方的胸腹之间。

（4）站姿：投掷陀螺的姿势，不论是立姿还是高跪姿都很重要。立姿时，投掷动作为小弓箭步，两脚张开，间距约与肩同宽，身体稍微向前倾。跪姿时，宜采用高跪姿，使练习者看起来有精神、有活力。高跪姿时，臀部不接触脚部，身体与大腿尽量成一条直线。

（5）抛法：抛的距离由绳长加臂长的总长度决定。手臂朝着目标处摆动，陀螺离手后中指指向目标处。学生应根据积累的经验掌控力度。

（二）攻陀技术

（1）准备姿势：攻陀前，左脚站在攻击线后，右脚向右后开立，两脚间距稍宽于肩。右腿屈膝，上体侧后仰，斜侧面向守方陀螺，身体重心偏向右脚。右手持陀向右侧上方引臂，左臂屈肘持鞭于右胸前，目视守方陀螺。

（2）助跑：一般为四五步，速度不能太快，应逐渐加快，迈步放松自然，上体面向前方，瞄准目标，手臂自然摆动。到最后两步时，上体右转，向后一步超越器械。

（3）掷陀：瞄准守方陀螺后，利用右腿蹬地的力量使身体左转协调用力，带动右臂向前快速挥摆，至肘关节伸直时将陀螺掷出手，使陀螺平头朝上、椎尖朝下对准守方陀螺飞出。陀螺离手后，右臂随势向左斜下摆，腿屈膝以保持身体平衡，防止踩越攻击线。

（4）拉陀：右手将陀螺掷出后，左手随势持鞭向左摆，用力拉动鞭绳，使陀螺在快速飞行的同时，在绳鞭的带动下沿顺时针方向旋转。当缠绕的鞭绳全部拉完后，陀螺立即沿鞭绳拉力结束时的即时速度方向、角度飞向守方陀螺。拉完鞭绳后迅速将其收回，防止鞭绳触及守方陀螺和鞭杆触及比赛区。

三、陀螺基本战术

陀螺基本战术可分防守战术和进攻战术。

（一）防守战术

防守队员应将陀螺旋放在离攻击线最远的旋放区内，使陀螺远离攻击线，增加进攻方的进攻难度。用左手反旋放陀螺时，由于旋转方向与旋打陀螺的旋转方向相反，与碰撞点方向相同，陀螺在受撞击时旋转动速度不会减小。因此，在团体赛中选择用左手旋放对防守有利。

（二）进攻战术

实施战术必须以熟练的技术为前提条件。进攻的目的是击中防守者的陀螺。因此，在比赛中，第一击显得尤为重要。第一击必须击中，用力适当，力求准确，为后面的进攻队员树立信心。团体赛中的第一击也是如此，第一击击中能鼓舞队员的士气，增强队员的信心。因此，在安排进攻顺序时，进攻准确性高的队员往往被放在第一位。

四、当前体育教学中陀螺的主要玩法

（1）赶羊入圈：将学生分成人数相等的若干组进行比赛，各组将"羊"赶入指定的"圈"内。先赶进的学生可以继续帮助同组学生一起赶，以最少的时间全部赶进的组获胜。

（2）持久比赛：同类陀螺，同时掷陀，陀螺转动得最久的一方获胜。

（3）掷远比赛：先在地上画一个圆圈，然后每人的陀螺先打在圆圈内，再跳出去，跳出去的陀螺仍在旋转者才会被计算成绩。用卷尺测量，陀螺离圆圈的圆心最远者为获胜者。

（4）定点比赛：在地上、椅子上或桌子上放一个圆盘（可用圆形饼干盒盖子代替），然后在离圆盘50厘米处画一条线作为起点，每人从这条起点线向圆盘抛拉陀螺，能使陀螺进入圆盘内旋转者为获胜者。

（5）套圈比赛：套圈比赛所用的陀螺以上轴长、下轴短为佳。当陀螺旋转时，将中央有圆孔的薄形胶圈或薄铁圈快速套入上轴中心，一次套一个，直到陀螺停止为止，套入最多者获胜。

（6）抽陀螺：① 缠，即将陀螺鞭绳紧紧缠绕在陀螺柱体周围；② 放，即左手中指和食指张开托住陀螺底锥，拇指轻按在陀螺上，将陀螺平稳地置于地面；③ 拉，即右手拿鞭，腕与肘协调用力，迅速朝外拉动鞭绳，使陀螺飞速地旋转；④ 打，即按陀螺旋转的方向抽打，上下肢体协调配合，保持与陀螺的距离。

（7）斗陀螺：由两个或两个以上的学生自由组合，各组学生将自己的陀螺抽动旋转，并与其他组的陀螺相互碰撞，陀螺被撞倒即为失败，陀螺持续旋转到最后的一组为获胜者。

第八节　民族健身操

一、民族健身操简介

民族健身操是在新的社会历史发展过程中产生的一种新型的体育健身项目。它把深受人们喜爱的民族舞蹈与健身操动作合二为一，不仅继承了民族舞蹈的优秀元素，开拓了民族舞蹈的现代性，还让民族文化和体育健身融为一体。民族健身操不仅结合了现代体育健美操的编排原则、手段、运动路线等，还保留了民族舞蹈元素和民族素材的精髓。它不同于一般的健身操，其根源于民族性，除具备健美操的一般特性外，在服装、动作编排、音乐选配等方面都要求在民族特色的基础上进行创编；它也不同于民族舞蹈，因为民族健身操的主要目的是让广大人民群众强身健体和对少数民族传统文化进行传承保护，而不是纯艺术的表现形式。因此，民族健身操属于民族传统体育的范畴，是我国少数民族传统体育的衍生项目之一。

二、民族健身操的特点

（一）浓郁的民族性

一套民族健身操一般是指一个民族或一个民族区域以民族舞蹈动作为元素创编的健身操。毋庸置疑，民族健身操不同于现代的健身健美操，更不是一种世界通行的体育运动形式。其中的民族性，所反映的就是创造这类健身运动形式的民族群体性格。

（二）高度的艺术性

民族健身操是一项追求人体健与美的运动项目。因此，民族健身操属于健美体育的范畴，具有较高的艺术特性。

（三）强烈的节奏性

民族健身操的动作具有强烈的节奏性，并通过音乐充分地表现出来。因此，音乐是民族健身操不可或缺的组成部分。

（四）广泛的适应性

民族健身操的练习形式丰富多样，运动量可大可小，容易控制，对场地、器材的要求也不高，适合各个年龄层次、不同性别、不同身体素质和不同技术水平的人练习。各类人群都能从民族健身操练习中找到适合自己的方式，都能从民族健身操的练习中得到乐趣。

三、民族健身操的创编原则

民族健身操创编是民族健身操教学中学生综合能力培养的一个重要组成部分，体现的不仅是一个量的积累，还是一个质的飞跃。民族健身操的编排在民族健身操教学、训练和比赛中都占有十分重要的地位。

在民族健身操教学中，当掌握了单个动作后，练习者就要进行组合动作的练习，这需要精心地编排动作。教学动作的编排可以进一步提高练习者的学习兴趣和积极性，增强练习者的协调性和节奏感，以及巩固已经学会的单个动作。

（一）针对性原则

进行民族健身操的编排，创编者首先应该了解练习对象的具体情况。目的不同，创编的要求也不同。练习对象的身体情况，锻炼时间、场地、器材等方面各有不同，职业和爱好也千差万别，因此，创编任何一套民族健身操都要针对不同对象的生理、心理特点，在选择动作的难易程度、节奏、幅度及表现的风格等方面进行斟酌。

（二）成套结构的合理性原则

成套民族健身操的结构可分为3个部分：准备部分、基本部分和结束部分。

准备部分，又称热身部分，练习者一般先从远离心脏的部位开始，如各种民族特色的踏步、进行脊柱的伸展、加深呼吸等。要求动作柔和、速度缓慢，为完成整套动作做好身体和精神上的准备。

基本部分是锻炼的主要部分，练习者一般先从头颈或上肢动作开始，再进行肩、胸、腰、髋、下肢和多关节部位的全身动作与跳跃运动，使操能够从局部到全身进行锻炼。

结束部分以放松、拉伸为主，练习者一般应选择一些幅度不大、速度缓慢、轻松自如地放松四肢和躯干的练习，使身体和脉搏尽快地恢复到正常状态。

（三）动作的有序性和流畅性原则

有序性和流畅性是指活动部位的有序，以及动作前后连接的流畅，如按解剖的位置由上至下或由下至上，由外向内或由内向外，从一种步法连接至另一种步法，由局部到全部，由单一至综合与复杂。合乎规律的步法是锻炼顺利、不间断的有力保证，同时也可以减少运动损伤的出现。为了有利于教学的顺利进行，教师在创编中可以有意识地分解复杂动作，并对动作进行分析。在学习复杂动作时，练习者可以把该动作分成若干单一动作，然后加以组合，如先做动作的原形，再在原形动作上加以变化等，这样就能达到锻炼的目的。

（四）合理安排运动负荷原则

成套民族健身操的运动量安排，必须符合人体运动的生理规律，即运动负荷由小到大，心率变化由低到高，呈波浪形地逐步上升，然后逐渐恢复到平静状态。因此，编排动作也应由易到难，速度由慢到快，强度由弱到强，逐步增加运动负荷，达到和保持一定运动负荷后，再逐渐减小。

（五）动作与音乐的统一性原则

音乐是民族健身操的灵魂。民族健身操的特点和风格是通过操与音乐的协调配合表现出来的。因此，音乐的旋律和风格与动作的性质、节奏、风格及练习者的情绪必须融为一体。动作和音乐旋律协调一致，能够激发练习者的情绪，给练习者带来愉快和美的享受，延缓疲劳的出现，从而达到健身和陶冶情操的目的。

课后实践

1. 选择一项书中介绍的民族民间传统体育项目进行练习。

2. 选择一项书中未介绍的民族民间传统体育项目，了解其历史和发展，了解其动作技术和开展方式，并与其他人分享。

课程思政

作为中华优秀传统文化的重要组成部分，民族民间传统体育是一种具有独立的文化形态和丰富文化内涵的民族性的传统文化。民族民间传统体育能够有效培养大学生的爱国主义与集体主义精神，促进中华优秀传统文化的习得，增强民族团结意识。

附　录　实践项目自我评估参考

一、田径自我评估参考

中国田径协会大众田径健身达标标准如附表 1 和附表 2 所示。

附表 1　男子项目大众田径健身达标标准

男子项目		精英一级	精英二级	精英三级	精英四级	大众一级	大众二级	大众三级	大众四级	大众五级	可申请达标年龄
100 米		10.25	10.5	10.93	11.74	12.64	13.04	13.74	14	15.5	12 周岁及以上
200 米		20.62	21.35	22.02	23.84	25.74	26.64	28	30.42	31	12 周岁及以上
400 米		45.74	47.6	49.6	53.14	56.64	59	01:02.5	01:08.6	01:12.0	14 周岁及以上
800 米		01:46.3	01:51.0	01:54.5	02:03.0	02:12.4	02:18.0	02:26.0	02:30.0	02:39.0	14 周岁及以上
1500 米		03:38.2	03:48.0	03:54.9	04:15.0	04:34.1	04:35.0	04:58.0	05:11.4	05:25.0	14 周岁及以上
3000 米				08:35.0	09:10.0	09:25.9	10:19.0	10:48.6	11:23.7	12:00.0	16 周岁及以上
5000 米		13:31.4	14:10.0	14:40.0	16:10.0	17:06.0	17:51.8	18:43.8	19:45.5	21:00.0	16 周岁及以上
10000 米		28:19.0	29:45.0	30:50.0	34:00.0	36:12.4	37:52.3	39:45.9	42:00.0	43:30.0	16 周岁及以上
110 米栏	标准栏高、栏距	13.78	14.2	14.73	16.24	18.24	18.8	19.38	19.99	20.65	19 周岁以上
	U20—0.991 米 /9.14 米			14.23	15.64	16.64	17.14	18.14	18.64	19.24	18、19 周岁
	U18—0.914 米 /9.14 米			13.73	15.04	16.04	16.64	17.24	17.84	18.64	16、17 周岁
	U16—0.914 米 /8.70 米			14.54	16.54	16.54	17.04	17.64	18.14	18.74	14、15 周岁

续表

男子项目		精英一级	精英二级	精英三级	精英四级	大众一级	大众二级	大众三级	大众四级	大众五级	可申请达标年龄
400米栏	标准栏高、栏距	50	51.5	54.14	01:00.1	01:08.1	01:12.1	01:15.7	01:22.0	01:30.0	18周岁及以上
	（U18栏高0.838米）			53	58.5	01:06.5	01:09.4	01:13.5	01:20.0	01:25.0	16、17周岁
跳高		2.27米	2.20米	2.05米	1.85米	1.68米	1.56米	1.48米	1.40米	1.35米	16周岁及以上
跳远		8.00米	7.80米	7.30米	6.60米	6.00米	5.50米	5.20米	4.80米	4.40米	16周岁及以上
三级跳远		16.85米	16.40米	15.35米	13.80米	12.80米	11.80米	11.40米	11.05米	10.70米	16周岁及以上
铅球	（7.26千克）	20.10米	18.00米	16.20米	12.50米	11.00米	10.00米	9.50米	9.00米	8.50米	16周岁及以上
	（U20组6千克）		19.60米	17.80米	14.00米	12.50米	11.50米	11.00米	10.50米	10.00米	18、19周岁
	（U18组5千克）			19.05米	15.25米	13.75米	12.75米	12.25米	11.75米	11.25米	16、17周岁

附表2　女子项目大众田径健身达标标准

女子项目	精英一级	精英二级	精英三级	精英四级	大众一级	大众二级	大众三级	大众四级	大众五级	可申请达标年龄
100米	11.38	11.7	12.33	13.04	13.8	14.46	15	16	16.8	12周岁及以上
200米	23.1	24	25.42	27.24	29	30.04	31.54	33.24	34.14	12周岁及以上
400米	51.89	54	57.3	01:03.1	01:08.1	01:10.8	01:15.8	01:20.0	01:24.1	14周岁及以上
800米	02:00.1	02:06.0	02:12.8	02:26.0	02:37.8	02:44.8	02:53.4	03:03.7	03:15.0	14周岁及以上
1500米	04:08.0	04:18.0	04:31.0	05:05.0	05:31.6	05:49.8	06:07.6	06:30.7	06:55.0	14周岁及以上
3000米	08:55.0	09:20.0	09:50.0	11:00.0	12:03.0	12:44.6	13:25.3	14:15.2	15:05.0	16周岁及以上
5000米	15:30.0	16:00.0	17:10.0	20:00.0	20:57.8	21:58.0	23:20.5	24:54.3	26:00.0	16周岁及以上
10000米	32:30.0	33:30.0	37:00.0	42:00.0	44:04.1	46:45.8	49:44.7	53:07.7	1:00:00	16周岁及以上

女子项目		精英一级	精英二级	精英三级	精英四级	大众一级	大众二级	大众三级	大众四级	大众五级	可申请达标年龄
100米栏	标准栏高、栏距	13.2	13.7	14.33	15.74	17.24	18.54	20.04	21.54	23	18周岁及以上
	U18甲—0.762米/8.5米			13.83	15.24	16.54	17.24	18.84	19.24	20.04	16、17周岁
	U18乙组栏高0.76米/栏间距8米			14.14	14.94	16.04	16.8	17.24	17.84	18.34	14、15周岁
400米栏	标准栏高、栏距	55.5	58.5	01:01.0	01:08.0	01:16.0	01:20.0	01:24.0	01:28.0	01:32.0	18周岁及以上
跳高		1.90米	1.84米	1.75米	1.56米	1.45米	1.38米	1.26米	1.20米	1.15米	16周岁及以上
跳远		6.65米	6.35米	5.85米	5.35米	4.70米	4.50米	4.20米	3.90米	3.50米	16周岁及以上
三级跳远		14.15米	13.50米	12.50米	11.20米	10.20米	9.70米	9.40米	9.00米	8.80米	16周岁及以上
铅球	4千克	18.30米	17.30米	15.30米	12.50米	11.00米	10.00米	9.50米	9.00米	8.50米	16周岁及以上
	（U16组3千克）			16.60米	13.80米	12.30米	11.30米	10.80米	10.30米	9.80米	14～15周岁

二、篮球自我评估参考

行进间运球投篮和罚篮的评估参考标准如附表3所示。

附表3 行进间运球投篮和罚篮的评估参考标准

分值	行进间运球投篮		罚篮	
	男	女	男	女
100	23	29	7	6
95	24	31	7	6
90	25	34	6	5
85	26	36	6	5
80	27	39	5	4
75	28	42	5	4
70	31	44	4	3
65	33	46	4	3

续表

分值	行进间运球投篮		罚篮	
	男	女	男	女
60	35	48	3	2
55	37	53		
50	40	58	—	—
45	42	63		
40	45	68	2	—
35	47	73		
30	50	78	1	1

三、排球自我评估参考

排球自我评估参考如附表 4 至附表 7 所示。

附表 4　自传球和自垫球相结合的评估参考标准

级别	自评标准	自测记录
A	21～30 个	
B	16～20 个	
C	10～15 个	
测评标准	（1）面对墙，离墙 1～3 米，练习自传球和自垫球，交替进行，高度为 1.5 米。 （2）要求控球及协调性好，18 个及格	
测评等级		

附表 5　发球的评估参考标准

级别	自评标准	自测记录
A	发过 8～10 个球	
B	发过 6 或 7 个球	
C	发过 4 或 5 个球	
测评标准	（1）要求动作协调，发在有效区域内。 （2）每人发 10 个球，每发过一个球，记 10 分	
测评等级		

注：此发球测评，女生采取正面下手发球，男生采取正面上手发球。

附表 6　双人隔网传垫的评估参考标准

级别	自评标准	自测记录
A	41 ～ 50 个	
B	31 ～ 40 个	
C	21 ～ 30 个	
测评标准	（1）两人相距 5 ～ 6 米，隔网练习连续传垫球。球落地，则测评结束。 （2）要求控球及协调性好，30 个及格	
测评等级		

附表 7　扣球的评估参考标准

级别	自评标准		自测记录
	男	女	
A	11 ～ 16 分	9 ～ 12 分	
B	9 ～ 10 分	6 ～ 8 分	
C	4 ～ 8 分	3 ～ 5 分	
测评标准	（1）4 号位扣抛球 10 次。 （2）扣球具有一定力量和速度，得 2 分；扣一般球，得 1 分；出界或未扣过网，得 0 分		
测评等级			

四、足球自我评估参考

（一）颠球

要求：脚背正面连续颠球 3 组。

评分方法：一组颠球数量，男生达到 10 个为及格，女生达到 8 个为及格，每多颠一个球加 4 分。取 3 组中的最好成绩。

（二）射门

要求：① 将球放定在距球门 16.5 米处（男生）或 14.5 米处（女生）。② 脚法不限，球进门前不得接触地面。

评分方法：射进 4 个为及格，射进 5 个得 70 分，射进 6 个得 80 分，射进 7 个得 85 分，射进 8 个得 90 分，射进 9 个得 95 分，射进 10 个得 100 分。

（三）传球

要求：① 将球放定在距球门 15 米处（男生）或 14.5 米处（女生）。② 脚内侧传地滚球，球不得离地，传球准确，力度适当，技术动作规范。

评分方法：准确传球 4 个为及格，准确传球 5 个得 70 分，准确传球 6 个得 80 分，准确传球 7 个得 85 分，准确传球 8 个得 90 分，准确传球 9 个得 95 分，准确传球 10 个得 100 分。

（四）运球

场地设置：① 在罚球区线的中点处画一条长 20 米的垂线，距罚球区线的远端为起点。② 距罚球区线中点 2 米处起，沿 20 米垂线依次摆放 8 个标志杆。每两个标志杆间距 2 米，第 8 个标志杆距起点 4 米。

要求：① 受试者从起点开始运球，球开始滚动即开始记时；运球逐个绕过标志杆后射门，球越过球门线时则停止计时。② 每人有 2 次机会，取最佳成绩。③ 运球漏杆或球未射中，则无成绩，若射中球门横梁或立柱，可补测 1 次。④ 运球脚法不限，用最快速度完成运球并把球射入球门即可。

运球射门的评估参考标准如附表 8 所示。

附表 8　运球射门的评估参考标准

分值	成绩		分值	成绩	
	男／秒	女／秒		男／秒	女／秒
100	9	10	79	11.8	14.5
96	9.4	10.3	77	12	14.9
92	9.8	10.6	75	12.4	15.3
90	10	10.9	73	12.8	15.7
88	10.2	11.3	71	13	16.1
87	10.4	11.7	70	13.5	16.5
86	10.6	12.1	68	14	16.9
85	10.8	12.5	66	14.4	17.3
84	11	12.9	64	15	17.7
83	11.2	13.3	62	15.5	18.1
82	11.4	13.7	61	16	18.5
80	11.6	14.1	60	17	19

五、乒乓球自我评估参考

（一）初级

1. 推挡技术

由一人发球，然后双方连续推挡。要求双方至少完成 20 个回合，失误不超过 5 次。评价主要参考推挡的落点、速度、击球力量、击球效果等方面。

2. 攻球技术

由一人发球，然后双方连续正手攻球。要求双方至少完成 20 个回合，失误不超过 5 次。评价主要参考攻球的落点、速度、击球力量、击球效果等方面。

（二）中级

1. 正手发下旋球

由一人发下旋球，另一人搓下旋球配合。评价主要参考发下旋球的规范性、击球效果、下旋球旋转情况、球落地情况等方面。

2. 正反手搓下旋球

由一人发下旋球，另一人用正反手搓下旋球配合。评价主要参考正反手搓下旋球动作的规范性、击球效果、球落地情况等方面。

3. 左推右攻

由一人发球，另一人左推右攻。要求双方至少完成 10 个回合，失误不超过 3 次。评价主要参考左推右攻动作的规范性、击球效果、球落地情况等方面。

（三）高级

1. 推－侧－扑组合技术

由一人发球，另一人运用推－侧－扑组合技术。要求双方至少完成 10 个回合，失误不超过 5 次。评价主要参考推－侧－扑组合技术动作的规范性、击球效果、球落地情况等方面。

2. 搓－拉－打组合技术

由一人发下旋球，另一人运用搓－拉－打组合技术。要求双方至少完成 10 个回合，失误不超过 5 次。评价主要参考搓－拉－打组合技术中的发下旋球效果、搓球质量、拉球起板效果、扣杀质量、成功完成组合数量等方面。

六、羽毛球自我评估参考

（一）手法评估

（1）握拍法是否正确，是否能够灵活、及时地转换。
（2）准备动作是否合理、到位，引拍动作是否正确。
（3）全身用力是否协调，腿、腰、上臂、前臂、腕、指等的动作是否充分、协调。
（4）高远球、吊球、杀球、搓球、挑球等的击球点的选择是否合理。
（5）不同技术击球时，拍面击球的位置是否合理。
（6）不同技术击球时，拍面角度是否合理。

（二）步法评估

（1）站位姿势是否合理。
（2）起动姿势和技巧是否合理，身体重心是否移至脚掌，身体重心的高度是否合适。
（3）回动姿势和技巧是否合理，身体是否保持平衡，是否有利于动作的连贯性。
（4）起动和回动的节奏是否符合击球和回球的节奏。
（5）步法是否根据临场的实际情况进行调整。

（三）战术评估

（1）是否充分发挥了自身的技术特长。

（2）是否有效地限制了对方的技术发挥。

（3）能否根据临场的实际情况调整技战术。

（4）能否在关键比分时进行清晰判断和合理选择。

七、网球自我评估参考

（一）正手、反手抽球

要求：考生站在底线处用正手或反手抽球过网，球应落在有效区内。正手、反手各10个球，每个球满分为10分。

90～100分：正手、反手抽球动作正确熟练，击球点准确，步法移动灵活，全身用力协调，抽球效果较好。

75～89分：正手、反手抽球动作正确，拍面击球正确，步法移动及时，全身用力基本协调。

60～74分：正手、反手抽球动作较正确，后摆引拍不稳定，步法移动不灵活，击球点的准确性不稳定，全身用力不协调。

60分以下：均不符合以上标准。

（二）发球

要求：发10个球，左边发球区、右边发球区各发5个球，每个球满分为10分。发球擦网弹落时，若球落入有效发球区，可以重发。

90～100分：发球动作正确熟练，抛球稳定、垂直，击球点准确，全身用力协调，发球成功率高。

75～89分：发球动作正确，抛球稳定、垂直，击球点准确性不稳定，全身用力协调，发球效果一般。

60～74分：发球动作较正确，抛球不稳定，击球点准确性不稳定，全身用力基本协调，发球效果较差。

60分以下：均不符合以上标准。

八、武术和健身气功自我评估参考

（一）24式简化太极拳评分标准

技术评分分为5个等级：优秀，90分及以上；良好，80分及以上；中等，70分及以上；及格，60分及以上；不及格，59分及以下。

优秀：动作规范，方法清楚，劲力顺达，虚实分明，手眼协调配合，熟练完成套路。

良好：动作规范，方法清楚，劲力比较顺达，手眼有配合，能较熟练地完成套路。

中等：动作比较规范，方法比较清楚，能较熟练地完成套路。

及格：动作无大错误，方法比较清楚，演练时虽有短暂遗忘（遗忘不超过2次）和动作不协调现象，但动作僵劲不太明显，能独立完成套路。

不及格：动作不规范，方法不清楚，套路不熟练，不能独立完成套路。

（二）健身气功八段锦评分标准

技术评分分为5个等级：优秀，90分及以上；良好，80分及以上；中等，70分及以上；及格，60 分及以上；不及格，59 分及以下。

优秀：动作规范，劲力顺达，熟练完成套路。

良好：动作规范，劲力比较顺达，能较熟练地完成套路。

中等：动作比较规范，能较熟练完成套路。

及格：动作无大错误，演练时虽有短暂遗忘（遗忘不超过 2 次）和动作不协调现象，但动作僵劲不太明显，能独立完成套路。

不及格：动作不规范，套路不熟练，不能独立完成套路。

九、游泳自我评估参考

游泳自我评估可参考国家体育总局于 2011 年颁布的《全国游泳锻炼等级标准》，如附表 9 所示。

附表 9　全国游泳锻炼等级标准

项目		等级				
		一级金海豚	二级银海豚	三级粉海豚	四级绿海豚	五级蓝海豚
小学生（6～12 岁）	50 米自由泳	01:30.00	01:50.00	02:10.00	不限泳姿，连续游 50 米	不限泳姿，连续游 25 米
	50 米蛙泳	01:40.00	02:00.00	02:20.00		
	50 米仰泳	01:40.00	02:00.00	02:20.00		
	50 米蝶泳	01:35.00				
中学生（13～18 岁）	50 米自由泳	01:05.00	01:15.00	01:30.00	不限泳姿，连续游 100 米	不限泳姿，连续游 50 米
	50 米蛙泳	01:20.00	01:30.00	01:40.00		
	50 米仰泳	01:20.00	01:30.00	01:40.00		
	50 米蝶泳	01:18.00				
	200 米混合泳	04:40.00				
成人女子	50 米自由泳	00:55.00	01:05.00	01:20.00	01:30.00	不限泳姿，在 02:30.00 内连续游完 50 米
	100 米自由泳	02:15.00	02:25.00	02:55.00	03:20.00	
	50 米蛙泳	01:10.00	01:20.00	01:30.00	01:40.00	
	100 米蛙泳	02:30.00	02:50.00	03:20.00	03:40.00	
	50 米仰泳	01:10.00	01:20.00	01:30.00	01:40.00	
	100 米仰泳	02:30.00	02:48.00	03:15.00	03:35.00	
	50 米蝶泳	01:08.00				
	100 米蝶泳	02:25.00				
	200 米个人混合泳	04:35.00				
成人男子	50 米自由泳	00:40.00	00:55.00	01:05.00	01:20.00	不限泳姿，在 02:10.00 内连续游完 50 米
	100 米自由泳	01:40.00	01:58.00	02:20.00	02:50.00	
	50 米蛙泳	00:50.00	00:58.00	01:10.00	01:30.00	
	100 米蛙泳	01:50.00	02:05.00	02:26.00	02:58.00	
	50 米仰泳	00:50.00	00:58.00	01:10.00	01:30.00	
	100 米仰泳	01:50.00	02:02.00	02:25.00	02:55.00	
	50 米蝶泳	00:50.00				
	100 米蝶泳	01:50.00				
	200 米个人混合泳	04:20.00				

参考文献

[1] 孙永梅. 大学体育与健康[M]. 西安：西安电子科技大学出版社，2018.

[2] 世界卫生组织. 城市健康[EB/OL].（2021-10-29）[2022-03-02]. https://www.who.int/zh/news-room/fact-sheets/detail/urban-health.

[3] 国家卫生健康委员会. 国家卫生健康委关于印发"十四五"卫生健康标准化工作规划的通知[EB/OL].（2021-01-25）[2022-03-02]. http://www.nhc.gov.cn/fzs/s7846/202201/0a93c6e17e804d359ba1d2579ce38032.shtml.

[4] 国务院. 国务院关于印发全民健身计划（2021—2025年）的通知[EB/OL].（2021-08-03）[2022-03-03]. http://www.gov.cn/zhengce/content/2021-08/03/content_5629218.htm.

[5] 国家体育总局. 体育总局关于印发《"十四五"体育发展规划》的通知[EB/OL].（2021-10-08）[2022-03-03]. http://www.gov.cn/zhengce/zhengceku/2021-10/26/content_5644891.htm.

[6] 林德韧，王镜宇. 国家体育总局发布《"十四五"体育发展规划》[EB/OL].（2021-10-26）[2022-03-03]. http://www.gov.cn/xinwen/2021/10/26/content_5644894.htm.

[7] 卢文云. 落实全民健身国家战略 推动健康中国建设:《"十四五"体育发展规划》全民健身内容解读[EB/OL].（2021-11-02）[2022-03-03]. https://www.sport.gov.cn/n315/n331/n405/c23682040/content.html.

[8] 肖林鹏. 体教融合引领新阶段青少年体育工作高质量发展:《"十四五"体育发展规划》青少年体育内容解读[EB/OL].（2021-11-02）[2022-03-03]. https://www.sport.gov.cn/n315/n331/n405/c23682059/content.html.

[9] 左伟. 推动我国冰雪运动跨越式发展:《"十四五"体育发展规划》冰雪运动内解读.[EB/OL].（2021-11-11）[2022-03-03]. https://www.sport.gov.cn/n315/n331/n405/c23723895/content.html.

[10] 陈世阳. 深化体制机制改革，推动体育人才高质量发展:《"十四五"体育发展规划》体育人才内容解读[EB/OL].（2021-11-09）[2022-03-03]. https://www.sport.gov.cn/n315/n331/n405/c23718645/content.html.

[11] 国家卫生健康委员会. 国家卫生健康委发布《中国吸烟危害健康报告2020》[EB/OL].（2021-05-30）[2022-03-03]. http://www.gov.cn/xinwen/2021-05/30/content_5613994.htm.

[12] 叶雨婷. 2021年全国普通高校毕业生达909万人 如何从"能就业"到"就

好业"[N/OL]. 中国青年报, 2021-05-31[2022-03-03]. http://news.cyol.com/gb/articles/2021-05/31/content_Kq7KmhBA3.html.

[13] 夏征农, 姚颂平. 大辞海·体育卷[M]. 上海: 上海辞书出版社, 2008.

[14] 北京赛普力量教育科技有限公司. 赛普健身私人教练[M]. 北京: 北京体育大学出版社, 2018.

[15] 全国科学技术名词审定委员会. 心理学名词（第二版）[M]. 北京: 科学出版社, 2014.

[16] 教育部办公厅. 教育部办公厅关于加强学生心理健康管理工作的通知[EB/OL].（2021-07-12）[2022-04-06]. http://www.moe.gov.cn/srcsite/A12/moe_1407/s3020/202107/t20210720_545789.html.

[17] 教育部. 提高政治站位 加强源头治理 强化过程管理 完善综合保障[EB/OL].（2021-11-30）[2022-04-06]. http://www.moe.gov.cn/jyb_xwfb/gzdt_gzdt/ moe_1485/202111/t20211130_583568.html.

[18] 教育部. 教育部关于印发《全国普通高等学校体育教育本科专业课程方案》的通知[EB/OL].（2003-06-19）[2022-04-06]. http://www.moe.gov.cn/srcsite/A17/moe_938/s3273/200306/t20030619_80793.html.

[19] 陈华东, 王常青, 罗金满. 当代大学体育文化[M]. 北京: 中国农业出版社, 2012.

[20] 薪跃. 规律运动 健康生活 办公一族远离"亚健康"[N/OL]. 中国体育报, 2017-05-16[2022-04-12]. https://www.sport.gov.cn/n20001280/n20001265/n20066978/c20286482/content.html.

[21] 中国田径协会. 田径竞赛规则（2018—2019）[M]. 北京: 人民体育出版社, 2018.

[22] 中国足球协会. 足球竞赛规则（2021/2022）[M]. 北京: 人民体育出版社, 2022.

[23] 中国篮球协会. 篮球规则（2020）[M]. 北京: 北京体育大学出版社, 2020.

[24] 中国排球协会. 排球竞赛规则 2017—2020[M]. 北京: 人民体育出版社, 2017.

[25] 中国乒乓球协会. 乒乓球竞赛规则（2016）[M]. 北京: 人民体育出版社, 2017.

[26] 中国羽毛球协会. 羽毛球竞赛规则（2021）[M]. 北京: 人民体育出版社, 2021.

[27] 中国网球协会. 网球竞赛规则（2018）[M]. 北京: 人民体育出版社, 2018.

[28] 国家体育总局武术运动管理中心. 武术套路竞赛规则与裁判法[M]. 北京: 人民体育出版社, 2012.

[29] 中国武术协会. 武术散打竞赛规则（试行）[R]. 北京: 中国武术协会, 2016.

[30] 国家体育总局健身气功管理中心. 健身气功竞赛规则（试行）[R]. 北京: 国家体育总局健身气功管理中心, 2017.

[31] 中国游泳协会. 游泳竞赛规则 2019—2022[R]. 北京: 中国游泳协会, 2019.